과정중심 평가 도구 개발을 위한

문항반응모형을 적용한 척도개발

과정중심 평가 도구 개발을 위한

문항반응모형을 적용한 척도개발

Constructing Measures: An Item Response Modeling Approach

Mark R. Wilson 지음

백순근 · 이용상 · 신동광 · 이문수 · 전유아 옮김

한국문화사

과정중심 평가 도구 개발을 위한
문항반응모형을 적용한 척도개발

1판 1쇄 발행 2018년 8월 30일
1판 2쇄 발행 2021년 8월 20일

원　　　제 | Constructing Measures: An Item Response Modeling Approach
지 은 이 | Mark R. Wilson
옮 긴 이 | 백순근·이용상·신동광·이문수·전유아
펴 낸 이 | 김진수
펴 낸 곳 | 한국문화사
등　　　록 | 제1994-9호
주　　　소 | 서울시 성동구 아차산로49, 404호(성수동1가, 서울숲코오롱디지털타워3차)
전　　　화 | 02-464-7708
팩　　　스 | 02-499-0846
이 메 일 | hkm7708@hanmail.net
홈페이지 | http://hph.co.kr

ISBN 978-89-6817-661-6　93370

 측정 및 평가를 위한 검사도구(혹은 척도)의 개발은 사회과학 분야의 연구를 위한 자료 수집을 위해 매우 중요한 과정입니다. 이를 위해 이론적인 검토에서 시작하여 검사 문항 개발과 자료 수집, 그리고 수집된 자료들에 대한 분석과 결과 보고에 이르기까지 체계적이고 종합적인 계획을 가지고 검사도구를 개발하는 것은 검사도구 자체는 물론 그 검사도구를 활용하는 해당 연구의 질을 좌우하는 매우 중요한 요건 중 하나라 할 수 있습니다.

 이 책에서는 검사도구 개발과 관련하여 네 가지 구성 요소(four building blocks: 구인지도(construct map), 문항 설계(item design), 반응공간(outcome space), 측정 모형(measurement model))를 제안하고, 각각의 구성 요소를 중심으로 검사도구의 개발 절차를 단계별로 제시하고 있습니다. 이 책에서는 검사도구 개발을 위한 절차를 다양한 예제를 통해 구체적으로 설명함으로써 독자들이 실제로 검사도구 개발을 해 볼 수 있도록 편의성을 제공하고 있습니다. 측정 및 평가를 위해 좋은 검사도구를 만드는 과정은 일방향 일회성으로 이루어지는 것이 아니라, 검사도구 개발을 위한 각 단계의 결과가 이전 단계나 이후 단계에 적절히 반영되어 지속적으로 수정·보완되는 순환적이고 종합적인 과정이라 할 수 있습니다. 이 책을 관통하는 검사도구 개발 절차의 핵심 아이디어는 바로 각 단계별 결과에 대한 피드백과 이를 통한 검사도구의 지속적인 수정·보완이라고 할 수 있습니다.

 이 책의 저자인 Mark Wilson 교수는 1986년부터 UC Berkeley 교수로 재직하면서 학생들을 지도해왔으며, 측정·평가 연구소인 BEAR Center

를 설립하여 다양한 프로젝트를 수행해 왔습니다. 저자는 또한 심리측정 학회, 교육측정학회 회장 등을 역임한 측정 분야의 세계적인 권위자이며, 이 책의 많은 부분은 그동안 저자가 학생들을 가르치고 프로젝트들을 수행하면서 얻은 경험과 함께 전문적인 식견과 노하우들이 잘 반영되어 있습니다. 특히 이 책에서 소개하고 있는 검사도구 개발 절차는 저자가 지속적으로 주장해온 '네 가지 구성요소(four building blocks)'의 체계를 충실히 따르고 있습니다. 특히 저자는 '네 가지 구성요소'가 검사도구 개발을 위한 핵심적인 요소이자 동시에 서로 유기적으로 연계되어야 함을 반복적으로 강조하고 있습니다.

이 책은 우선 측정 및 평가를 위한 검사도구의 개발 절차를 이해하고 직접 개발해 보고자 하는 연구자들, 검사도구 개발 절차에 대해 체계적으로 공부하고자 하는 학부생들이나 대학원생들, 그리고 검사도구의 개발 절차에 대해 가르치고자 하는 강의자들 모두에게 유용할 것입니다. 아울러 초·중·고등학교 교육현장에서 강조되고 있는 교사별 학생평가와 과정중심 평가 도구 개발을 위한 교사용 연수자료로도 활용될 수 있을 것입니다. Mark Wilson 교수의 대학원 박사과정 지도학생이었던 역자는 이 책이 한국의 많은 연구자들과 학생들에게 많은 도움을 줄 수 있기를 기대합니다. 특히 이 책을 통해 연구자들과 학생들이 더욱 과학적이고 체계적으로 검사도구를 개발하기 위한 절차에 대해 제대로 이해하고, 측정 및 평가 분야의 전문성을 쌓아가는 데 많은 도움이 되기를 기대합니다.

마지막으로 이 책을 번역하는 데 헌신적으로 참여해주신 동료 역자들과 출판을 위해 성심성의껏 도움을 주신 한국문화사와 편집실 관계자 여러분들께 깊은 감사를 드립니다.

역자 대표 백순근(서울대 교수)

무언가를 배우는 가장 좋은 방법은 직접 해보는 것이라는 말이 있습니다. 비록 검사도구의 개발을 직접해보는 것이 필수사항은 아니지만 측정을 이해하는 가장 좋은 학습 방법이라 할 수 있습니다. 이러한 맥락에서 이 책은 올바른 측정(measurement)의 원칙과 실천에 대한 소개를 위해서 독자들이 직접 검사도구를 개발해보면서 측정에 대해 배울 수 있도록 구성되어 있습니다.

목적

이 책의 목적은 독자가 책을 읽은 후 (a) 주어진 검사도구의 장점과 단점 파악, (b) 검사도구들의 적절한 사용, (c) 책에 기술된 방법들을 적용해 새로운 검사도구 개발 및 이전의 검사도구 개량과 같은 사항을 수행할 수 있도록 하는 것입니다. 검사도구 개발 방법을 배우는 목적이 새로운 도구를 개발하기 위한 것만은 아니며, 이 책을 완전히 숙독하였다고 해서 숙련된 검사도구 개발자가 되는 것도 아닙니다. 다만 이 책을 통해 측정의 기초에 대해 배우고 세부적인 사항이 어떻게 유기적으로 연계되는지 볼 수 있는 기회를 가짐으로써 측정 과정에 대한 이해도를 높일 수 있을 것입니다. 책의 내용을 심도 있게 이해하기 위해서 세부적인 단계에 따라 검사도구를 개발해 보는 것을 추천하며, 이러한 도구 개발 과정을 통해 측정의 기본과 복잡한 개념을 익힐 수 있게 될 것입니다.

이 책의 내용은 (a) 측정에 대한 기본적인 강의를 위한 주요 참고서이자, (b) 기술적 부분에 대한 개념적/실용적 참고서가 되도록 구성하였습니다. 이 책은 측정의 통계적 모형들도 제시하지만, 그것들에 대해서 세부적인 내용을 깊게 다루지는 않을 것입니다. 기본 개념을 먼저 알아보고 그것들을 표현하는 수리적(통계적) 모형들을 살펴보는 것이 자연스러운 학습 방법이라 할 수 있지만, 만일 독자 중에 기본 개념과 통계적 모형을 동시에 학습하고자 원한다면, 이 책과 더불어 측정 모형을 수리적으로 설명하는 책들을 같이 읽어 보기를 권합니다.

독자

이 책을 효과적으로 읽기 위해서 독자들은 (a) 검사도구 개발을 통해 측정의 기본적 개념들에 대해 이해하려는 흥미, (b) 구체적인 검사도구를 개발하려는 흥미, (c) 기술통계, 표준오차, 신뢰구간, 상관관계, t 테스트, 양적 분석을 위한 컴퓨터 프로그램 사용의 기본 지식을 포함하는 정량적/계량적 접근법에 대한 기본배경 지식 등을 가지고 있어야 합니다. 이 책의 주된 독자는 대학원생이지만 측정에 대한 깊은 흥미를 가진 학부생도 좋은 독자가 될 수 있습니다.

구성

이 책은 검사도구를 개발하는 특정 접근방식의 절차별로 장을 구성하였습니다. 독자들이 무엇을 배우는지 알 수 있게 하기 위해 1장에서는 개발 단계들을 요약하여 제시하였습니다. 2장부터 5장까지는 각 단계에 대해서 자세하게 기술하였습니다. 각 장에서는 검사도구를 구성하는 네 가지 핵심요소 중 하나에 초점을 맞추어 기술하였습니다. 즉, 2장에서는 측정하고자 하는 구인에 대한 구인지도(construct map)에 대해 설명하였습니다. 측정하고자 하는 구인과 함께 이를 시각적으로 표현한 구인지도는 이 책에서 다루고 있는 검사도구 개발 방식에서 핵심이 되는 개념입니다. 3장에서는 문항 설계(item design)에 대해 다루고 있으며, 4장에서는 답변을 분류하고 채점하기 위한 반응공간(outcome space)에 대해 설명하였습니다. 5장은 검사결과를 분석하기 위해 점수를 척도로 정리하는 측정 모형(measurement model)에 대해 설명하였습니다.

5장까지가 검사도구 개발을 중심으로 설명하였다면 6장부터 8장까지는 검사도구의 질관리 방안에 대해 설명하였습니다. 6장에서는 점수들이 계획된 대로 일관되게 작동하는지를 검증하는 방법에 대해 설명하였으며, 7장과 8장은 구인지도를 활용하여 검사도구의 신뢰도와 타당도를 검증하는 방법에 대해서 설명하였습니다. 마지막으로 9장은 미래의 검사도구 개발자들을 위한 제언을 중심으로 구성하였습니다.

학습도구

각 장은 독자의 학습을 위한 몇 가지 특징이 있습니다. 우선 각 장에서 소개되고 사용되는 주요 개념과 각 장의 내용에 대해 간략한 설명을 제공하였습니다. 또한 장의 말미에 독자가 좀 더 깊이 있는 연구를 하는데 참고할 수 있도록 "참고 자료"를 제공하였습니다. 또한 몇몇 장은 검사도구 개발 과정에 대해 좀 더 자세한 설명과 자료 분석 결과에 대한 상세한 해석을 제공하였습니다. 또한 배경지식이 필요하거나 추가 학습이 필요하다고 판단되는 부분을 위한 보조 자료의 리스트와 이 자료가 어떻게 도움이 되는지에 대한 설명을 9장에 정리하였습니다.

강의 교재로서의 사용

이 책은 저자가 UC Berkeley에서 1986년도부터 가르치는 측정 관련 입문 강의의 주요 교재입니다. 이 책은 해를 거듭하며 발전하였고 1990년쯤 상당히 안정적인 형태를 갖추었습니다. 이 책은 강의에서 학생들이 검사도구를 만드는 데 활용할 수 있게 순차적으로 장을 구성하였습니다.

앞서 말한 것처럼 책의 내용은 최상의 학습 효과를 위해 학생들이 직접 검사도구를 만들어 볼 수 있도록 구성하였습니다. 학생들에게 직접 검사도구를 개발해보게 하는 이유는 내용 숙지와 연습을 통해 더 큰 그림에서 이해할 수 있게 하기 위해서입니다. 이런 측면에서 이 책은 개념 이해나 토의를 위한 강의 교재를 넘어 측정 전문가가 되기 위한 첫 번째 단추 역할을 할 것입니다.

2장부터 8장까지의 도구개발 과정을 배우는 것은 쉽지는 않을 것입니다. 개별적으로 진행하려면 학생들이 도구개발에 명확한 흥미를 가지고 있어야 합니다. 논문 작성을 위해 도구를 개발 또는 개량해야 되는 대부분의 석/박사과정 학생들에게 이것은 크게 어려운 일이 아닐 수 있으나 대학원 과정 초기에 있는 학생들, 예를 들면 논문 주제를 정하지 않은 학생들에게는 지속적인 노력을 기울이는 것이 벅찰 수 있습니다. 이와 같은 학생들은 검사도구 설계 과정에 대해 지도를 받을 수 있는 그룹 프로젝트에 참여해 보는 것을 권장합니다.

학생들이 서로 검사도구 예시들을 공유하고 교류하는 것은 학생들 전체에게 큰 도움이 될 수 있으므로 중요합니다. 이를 위해 강의자가 각 장의 예제와 연습 활동들에 있는 가이드라인을 잘 따를 필요가 있으며 이를 통해 검사도구 개발의 각 과정이 각 학생들에 의해 수업 전체에 공유될 수 있을 것입니다. 이 책의 검사도구 개발 절차에서 나오는 예시들은 학생들이 강의에 가져오는 검사도구들을 활용한 것입니다.

감사의 말

이 책에서 사용된 네 가지 구성 요소는 Geoff Masters 그리고 Ray Adams(Masters, Adams, & Wilson, 1990; Masters & Wilson, 1997)와의 공동 연구로 개발되었습니다. 이 책은 시카고 대학의 Benjamin Wright의 업적에서 영감을 받았습니다. 또한 Mislevy, Steinberg, and Almond (2003) 그리고 Mislevy, WIlson, Ercikan, and Chudowsky(2003)에 묘사된 "증거적 추론"(evidentiary reasoning) 평가 접근법과 공통된 점이 있습니다. 제 아이디어와 이 결과물에 대해 조언해주신 위 저자들에게 감사함

을 표합니다.

UC Berkeley에 개설된 EDUC 274A 수업의 학생들은 그들의 노력과 통찰력으로 이 책이 탄생하는 데 정말 큰 역할을 했습니다. 그중에서도 꼼꼼한 비평을 제공한 제 리서치 그룹의 일원(Derek Briggs, Nathaniel Brown, Brent Duckor, John Gargani, Laura Goe, Cathleen Kennedy, Jeff Kunz, Lydia Liu, Qiang Liu, Insu Paek, Debora Peres, Mariella Ruiz, Juan Sanchez, Kathleen Scalise, Cheryl Schwab, Laik Teh, Mike Timms, Marie Wiberg, Yiyu Xie)에게 감사함을 표합니다.

많은 동료가 그들의 생각과 경험을 이 책에 보태주었습니다. 그분들을 다 언급할 수는 없지만 그분들(Ray Adams, Alicia Alonzo, Paul De Boeck, Karen Draney, George Engelhard, Jr., William Fisher, Tom Gumpel, P.J. Hallam, June Hartley, Machteld Hoskens, Florian Kaiser, Geoff Masters, Bob Mislevy, Stephen Moore, Pamela Moss, Ed Wolfe, Benjamin Wright, Margaret Wu.)의 큰 도움은 잊지 않겠습니다.

그레이드맵 소프트웨어 개발팀(Cathleen Kennedy, Karen Draney, Sevan Tutunciyan, Richard Vorp) 또한 이 책에 큰 도움을 주셨습니다.

또 이 책이 쓰여질 때 도움을 준 기관에도 감사를 표합니다. 대표적으로 UC Berkeley는 제가 이 과목을 다른 방식으로 가르칠 수 있도록 학술적 자유를 주었습니다. 또 벨기에의 K. U. Leuven, 호주의 University of Newcastle, Australian Council for Educational Research 들도 원고 이곳저곳에 피와 살을 붙이는 데 도움을 주었습니다.

또한 원고 검수에 소중한 견해를 제공해주신 Emory University의 George Engelhard, Jr., 그리고 UCLA의 Steve Reise에게도 감사의 마음을 전합니다.

- *Mark Wilson*
Berkely, California, USA

■ 차례

4부 새로운 출발을 위한 제언

1부
측정에 대한 구성적 접근법

1

구인 설계: 네 가지 구성 요소 접근법

1.0 개관 및 주요 개념

이 장에서는 측정(measurement)이 의미하는 바가 무엇인지에 대해 기술하고, 구인 설계(construct modeling)에 대한 개괄적 설명을 통해 측정 도구(instrument)가 어떻게 설계되고 다루어지는지에 대한 이해를 돕고자 한다. 구인 설계는 네 가지 구성 요소(four building blocks)를 차례대로 이용하여 측정 도구를 개발하는 틀을 의미한다. 이 장에서는 네 가지 구성 요소를 요약하여 설명하고 각각에 대한 상세한 설명은 다음 장들에서 제시하고자 한다. 이 책에서 측정 도구(instrument)는 '실제 세계에서 관찰되는 것을 이론적으로 존재하는 것과 연결시키는 기술'로 정의하였다. 이러한 정의는 물론 문항과 같이 명백한 형태의 도구를 지칭하는 것보다는 광범위한 개념이라고 할 수 있지만, 측정(measurement)에 대해 잘 알려지지 않은 부분을 다루고자 하는 것이 이 책의 목적이기 때문에 도구에 대한 광범위한 개념을 선택하였다. 도구의 유형과 형태에 대한 예시는 이 장과 다음 몇 몇 장을 통해 소개할 것이다. 일반적으로 측정

(measurement)에는 측정의 대상이 되는 응답자(respondent)와 측정을 실시하는 평가자(measurer)가 있다. 독자는 평가자의 입장에서 이 책을 접근할 필요가 있으나, 동시에 응답자의 역할에 대해 생각해 보는 것도 매우 유용할 것이다. 다음 네 개의 장에서는 네 가지 구성 요소(four building blocks)에 대한 자세한 설명과 예시, 그리고 아이디어를 도구 개발에 적용하는 방법에 대해 차례대로 다룰 것이다.

1.1 측정이란 무엇인가?

대부분, 측정(measurement)은 관찰된 범주(현상)에 숫자를 부여하는 것으로 정의된다. 따라서 명명, 서열, 동간(혹은 등간), 비율과 같은 숫자의 특성이 곧 측정의 특성이 된다(Stevens, 1946). 범주에 특성을 지닌 숫자를 부여하는 것 또한 이 책에서 다루고자 하는 내용에 해당된다. 하지만, 숫자를 부여하는 작업은 측정의 한 측면에 지나지 않는다는 것을 알아야한다. 즉, 측정의 기초를 마련하기 위해서 숫자를 부여하는 작업 이전에 진행해야 하는 단계가 있고, 숫자를 부여한 후에는 (a) 숫자를 부여하는 작업이 적절하게 이루어졌는지와 (b) 측정(measurement)이 잘 이루어졌는지 점검해야 하는 단계가 있다.

측정의 주요 목적은 검사지나 설문지와 같은 측정 도구를 통해 얻어진 피험자들의 성취, 태도, 의견 등을 요약할 수 있는 합리적이고 일관된 방법을 제공하는 데 있다. 또한 측정에 사용되는 도구들(attitude scales, achievement tests, questionnaires, surveys, and psychological scales)은 주로 복잡한 구조를 띠고 있기 때문에 측정을 함에 있어 적절한 절차(procedures)를 미리 생각해 두는 것이 필요하다. 하나의 질문으로 이루어진 단순한 구조의 측정도구라면 당연히 측정절차는 단순할 것이다.

하지만, 대부분의 측정도구는 하나 이상의 질문으로 이루어진 복잡한 구조를 띄고 있으며, 복잡한 구조를 가질 수밖에 없는 이유를 다음 장에서 논의하고자 한다.

이 책에서는 많은 검사지나 설문지가 어떤 특성을 측정하기 위해 고안되었다고 가정하며, 여러 가지 특성이 측정도구들을 통해 측정 가능하다는 것을 전제하고 있다. 그리고 이 책에서는 구인(construct)이라고 불리는 어떤 특성을 측정하기 위해 도구를 설계하고 개발하는 사람을 평가자(measurer)라 칭하고자 한다. 그리고 측정도구는 구인을 파악하기 위한 논리적 전제(근거)라고 여겨지기 때문에 결과적으로 평가자가 의도한 목적을 돕는 역할을 수행하게 된다. 다음 장들에서는 그러한 논리적 전제(근거)의 바탕이 되는 일련의 단계들에 대해 설명하고 있다. 참고로 이 책에서 강조하는 첫 번째 전제(argument)는 구성적(constructive)이다 - 즉, 특정한 논리에 따라 도구를 구성하는 것을 의미한다(2장~5장 참조). 그리고 두 번째 전제는 반추적(reflective)이다 - 즉, 도구가 계획한 대로 기능을 수행하였는지에 관한 정보를 수집하는 것을 의미한다(6장~8장에 참조). 그리고 이 책의 결론 부분에서는 평가자가 추가적으로 고려해야 할 단계에 대해 논의할 것이다.

이 책에서는 측정을 명사 형태가 아닌 동사 형태, 즉 "측정하다"에 치중하여 설명하고자 한다. 더불어 이 책에서 다루고 있는 측정의 과정이 유일한 방법은 아니며 다른 접근 방법도 있음을 미리 밝히고자 한다(일부 다른 방법들에 대해서는 6장과 9장에서 논의될 것이다). 이 책의 목표는 저자가 지난 20년 동안 University of California, Berkeley에서 학생들에게 측정(measurement)을 가르치고, 다양한 방면에서 측정도구 개발을 필요로 하는 사람과의 만남을 통해 얻은 특정한 접근법에 대해 논의하고자 하는 것이다.

1.2 구인지도(The Construct Map)

　측정도구는 부차적 성격을 지닌다. 즉, 도구는 항상 사용 목적이나 맥락에 따라 결정된다. 이것은 응답자에게 우리가 관심을 갖고 있는 개념이나 아이디어를 촉발시킨다. 이러한 개념이나 아이디어를 구인(construct)이라 칭하고자 한다(참조 Messick, 1989). 구인은 특정 사물에 대한 이해 및 태도를 나타내는 인지적(cognition) 측면을 묘사하는 것이 될 수도 있고, 성취욕구 등의 심리학적 변인을 나타내는 것일 수도 있으며, 조울증 진단 등에 사용되는 성격 관련 변인이 될 수도 있다. 이 외에도 학업 성취(educational achievement)의 영역이나, 삶의 질과 같은 건강 관련 구인, 혹은 식물이 새로운 환경에 적응해 나가는 것과 같은 생물학적 현상, 심지어는 화산의 폭발 성향과 같은 무생물학적 현상까지도 구인으로 볼 수 있다. 실질적으로 구인과 관련한 많은 이론이 있지만, 이 책에서는 구인을 측정하기 위한 동기 및 구조를 제공할 수 있는 이론에 초점을 두고자 한다.

　구인(construct)보다는 구인지도(construct map)가 더 정교한 의미를 지닌다. 우리는 우리가 측정하고자 하는 구인이 단순 형태(simple form)일 것이라 가정한다. 예를 들어, 구인은 극단적인 형태로 대변된다고 보는데, 크다 혹은 작다, 긍정적이다 혹은 부정적이다, 강하다 혹은 약하다 등의 특성을 지닌다고 보는 것이다. 실질적으로 관찰값은 양 극단값 사이에도 존재할 수 있지만 우리의 주 관심사는 각각의 응답이 양 극단에 어떻게 분포되는가 하는 것이다. 하지만 해석에 있어 중요하고 유용한 질적 수준의 관찰값이 양 극단값 사이에 있을 수도 있다는 것을 명심해야 한다. 이러한 측면에서 구인은 명백하다기보다는 피상적이고 잠재적인 성격을 지닌다고 본다. 비록 질적 수준이라는 것이 정의 가능한 영역이라 하더라도, 우리는 각각의 응답이 양 극단값 사이에 존재할 것이라 가정하며, 이는 곧 기저 구조(underlying construct)가 연속 변인임을 뜻한다. 한 마디로, 구인지도는 일차원 잠재 변인(unidimensional latent variable)이라고 볼 수 있다. 하지만 실질적으로 많은 구인은 다차원적, 즉 복잡한 구조를 지닌다. 또한 구인 중에는 구인지도로 설명하기 어려운 것도 있다.

이 장에서는, "Living by Chemistry: Inquiry-Based Modules for High School"(Claesgens, Scalise, Draney, Wilson, & Stacey, 2002)이라는 고등학교 화학 교육과정 평가를 위해 개발된 평가 시스템을 예로 들어 네 가지 구성 요소(four building blocks)에 대해 설명하고자 한다. LBC (Living by Chemistry) 프로젝트는 학생들에게 친숙하고 흥미로울 수 있도록, 실제 세계를 반영한 1년 화학 교육과정 코스를 개발하여 1999년 미국국립과학재단(National Science Foundation)으로부터 상을 받았다. 이 프로젝트의 목표는 과학 교과의 필수 과목으로 화학을 선택한 학생들의 준비 정도를 향상시켜주는 것과 더불어, 조금 더 다양하고 많은 그룹의 학생들이 화학에 접근할 수 있도록 하는 것이었다. 또한 수업시간에 학생들이 배운 지식(knowledge)과 화학에서 사용되는 개념을 이해하고 추론해 내는 구조적인 상호작용과정을 파악하는 데 중점을 두었다.

LBC 교육과정(curriculum)과 평가 시스템의 구인들은 "화학자들의 관점들"이라고 불리는 것을 바탕으로 만들어졌다. 화학에서 세 가지 "큰 개념"이라고 불리는 '물질', '변화', '안정성'을 설명하기 위한 요인들로 설계되었다. '물질'은 원자와 분자의 관점을 설명하는 것과 관련이 있다. '변화'는 화학적 변화가 일어나는 동안 운동(kinetic)의 변화와 유지에 관련된 관점을 포함한다. '안정성'은 에너지 보존의 관계망(network of relationship)에 대해 다룬다. 표 1.1은 물질 관련 구인지도를 나타낸 것이다. 이는 학생의 사물을 지각하는 관점이 어떻게 지속적이고 실질적인 관점에서 원자와 분자의 존재를 설명하는 특정 관점으로 변화하고 성장해 가는지 묘사하고 있다. 이러한 성장과정(progression)은 시각화 (visualizing)와 측정(measuring)이라는 물질(matter)의 두 하위개념을 반 추하는 개념화(conceptualizing)를 통해 이루어진다.

성공단계(수준)	원자와 분자의 관점	측정과 모형 정교화
5 통합하기	원자간 결합과 상대적 반응	모형과 증거
4 예측하기	원자 단계와 구성	모형의 제한점
3 관계하기	물질의 특징과 관련된 원자	측정된 물질의 총량
2 표현하기	물질과 관련된 화학기호	입자의 질량
1 묘사하기	물질의 특성	물질의 총량
	A 물질의 시각화	B 물질의 측정

〈그림 1.1〉 LBC 문제를 위한 물질 관련 구인지도

사전 연구에서의 평가(assessment)에 따르면 원자 관점(atomic view) 을 전혀 가지고 있지 않은 수준에서 원자 관점(atomic views)을 지닌 수 준으로 성장하는 학생의 예를 확인할 수 있었다. 예를 들어, 단순히 문제 의 성격을 묘사한다든가, 고체와 액체의 기본적인 차이점에 대해서만 설명하는 경우라면 이것은 사실상 가장 낮은 수준에서 물질(matter)을 설명하는 방식이라고 할 수 있다. 위의 예와 같은 가장 초보적 단계의 학생들은 화학의 분자구조식을 정확하게 기술해낼 수 없지만, 평가 기간 전반에 걸쳐, 전혀 모르는 무지의 상태에서부터 물질과 관련된 부분을 관찰하고, 논리적인 사고를 하려는 단계까지 진보(발달)한다는 것을 알 수 있었다(물론 이러한 발전을 보인 후에도 첫 번째 시도로서 그들이

설명하는 실질적 화학 지식은 틀린 경우가 대부분이다). 이와 유사하게 설명하는 방식은 발달 단계 중 가장 낮은 1단계에 해당되며 이를 'Describing'(묘사하기) 레벨이라고 부른다.

학생이 간단한 화학적 분자 구조의 개념을 이용하여 변화(transition)를 만들어 낼 때 이를 2단계인 'Representing('표현하기) 레벨이라고 칭한다. 이 단계의 학생들은 한 가지 측면(one-dimensional) 모형을 사용하여 화학에 접근한다는 것을 확인할 수 있다: 간단한 표현이나 하나의 정의를 사용하여 화학적 현상을 설명하거나 해석하려고 한다. 또한 이 단계의 학생들은 화학과 관련된 아이디어들을 결합하는 능력이 거의 없다고 볼 수 있다. 이 단계에서는 학생들이 경험을 넓히기 시작할 뿐만 아니라 정확한 화학의 특정 영역의 지식을 포함하는 논리적인 사고를 하기 시작한다. 개념적인 틀의 측면에서 설명해 보자면, 학생들은 후에 추가적으로 사고해야 하는 것이나 의미에 대한 고찰을 위해 이 단계에서 정의, 용어, 원칙을 받아들인다고 할 수 있다. 2단계의 학생들은 화학용어 및 지식(정보) 습득에 대해 신경 쓰고 존재론적(ontological) 분류에 대해 처음 접하게 되며 인식론적 믿음에 노출된다. 학생들은 화학과 관련된 개념을 설명하는데 있어 그들이 알고 있는 정확한 지식(정보)의 한 단면에만 초점을 두기 때문에 조금 더 완벽한 단계의 해석(설명)에는 어려움을 겪는다.

학생들이 관련된 지식을 결합하기 시작하고, 설명력을 지닌 관련 패턴을 찾아내기 시작한다면 3단계로 이동하고 있다고 볼 수 있으며 이 단계를 'Relating'(관계하기) 레벨이라 부른다. 화학에 있어 발전 단계의 지식을 서로 연결시키고 정리하는 것은 3단계로 나아가는데 있어 매우 중요한 요소이다. Niaz와 Lawson(1985)의 주장에 따르면, 이해(understanding)를 위한 일반화 가능한 모델 없이는, 학생들은 고작 규칙을 암기하는 것을 선택할 수밖에 없게 된다고 한다. 즉, 자신들의 이해 정도를 표현하는 단계로 국한시킬 수밖에 없게 된다는 것이다. 이해의 단계로 넘어가기 위해 지식을 결합하고 정리하기 이전에 학생들은 각 영역에 해당하는 기초 지식에 대해 반드시 알고 있어야 한다(Metz, 1995). 학생들이 관계하기 단계로 점점 나아감에 따라, 학생들은 반드시 기초적인 지식을 알고 있어야 하며, 이를 바탕으로 화학자들이 화학에서 사용되는 특정 용어들을 개념적 모형에 연결시키는 것과 같은 사고를 할 수 있어야 한다. 이는 단순히 알고리듬을 외우거나 용어를 외우는 것과는 차원이 다른 단계라고 할 수 있다. 따라서 학생들은 관계하기 단계로 나아가기 위해 아이디어를 시험하고 연결하여 의미 있는 무언가를 찾아 낼 수 있어야 한다.

<그림 1.1>의 사례는 비록 대학 및 대학원 수준에서의 검사에서는 아직 시행되지 않고 있지만, 비교적 완벽한 형태의 구인지도를 가지고 있는 하나의 대표적인 예라고 볼 수 있다. 구인지도가 처음 나왔을 때, 지금 설명되는 것처럼 잘 개념화되지는 않았다. 구인지도는 도구의 발달과 함께 여러 가지 과정을 거치며 재정립되었으며, 여기서 여러 가지 과정이라 함은 다음과 같은 것을 포함한다: (a) 구인지도에 기반하여 구인(construct) 설명하기, (b) 구인지도의 단계별 정보를 얻을 수 있는 적절한 문항을 개발하기, (c) 일부 응답자에게 시범적으로 개발된 문항을 사용해 보기, 그리고 마지막으로 (d) 연구자 본인이 원래 계획했던 것과 일치한 결과가 나오는지 응답 자료를 분석해 보기.

1.3 문항 설계(The Item Design)

다음 단계로 평가자들은 반드시 이러한 이론적 구인을 실제 상황에서 어떻게 사용할 것인가에 대한 방법을 생각해야 할 것이다. 첫 번째로 우리가 쉽게 생각해 볼 수 있는 것은, 구인이 반드시 포함되어 있다고 여겨지는 맥락(context)에서 구인은 실질적인 역할을 수행해 낼 것이라고 볼 수 있다. 이러한 생각은 시간이 흐르면서 다듬어지면 특정 패턴을 갖게 된다. 물론, 문항과 구인 사이에 한 방향으로만 진행되는 관계가 반드시 있어야 하는 것은 아니다. 종종 우리는 문항을 먼저 생각해 내고 나중에 이에 알맞은 구인을 찾기도 한다 - 이는 또한 도구 개발과 같은 창의적인 작업이 얼마나 어려운 것인지 보여주는 하나의 예가 되기도 한다. 여기서 중요한 것은 문항과 구인은 반드시 구별되어야 하지만 결과적으로 봤을 때, 문항이 해당 구인을 잘 나타내고 있어야 한다는 것이다.

예를 들어, LBC 문항들은 종종 화학자에게 특별히 중요하다고 여겨지는 일상생활의 사건들을 기반으로 만들어진다. 전형적으로, 도구에서 실제 세계를 반영하기 위해 사용하는 방식은 다양하다. 따라서 도구의 부분 부분이 되는 이것들을 문항이라고 부르며, 응답자에게 보여지는 문항의 조합 형태를 문항 설계(item design)라고 하는 것이다. 이렇게 다양한 방식 중 가장 흔한 형태는 아마도 성취도 검사의 선다형(multiple-choice) 문항이나 설문조사나 태도검사의 리커트(Likert) 척도 문항일 것이다. 이 두 가지 예시 문항 형태는 선택을 강제하는(forced-choice) 선택형 문항이라고도 하며, 이렇게 불리는 이유는 응답자들이 제공된 가능한 응답 중 반드시 선택을 해야 하기 때문이다. 물론 자유 응답(free response) 문항들도 만들 수 있는데 이에는 에세이, 인터뷰 등이 있을 수 있다. 문항들은 또한 내용과 형식에 따라 다양할 수가 있다: 인터뷰 문항은 전형적으로 여러 가지 다양한 측면의 주제를 다룬다. 성취도 시험에서 연속 문항은 앞 문항에 어떤 답을 했느냐에 따라 달라지며, 설문조사에서 사용되는 문항들은 아마도 여러 가지 다른 세트가 선택적으로 사용될 수 있을 것이며, 어떤 시험에서는 선택형 문항이, 어떤 시험에는 자유 응답 문항이 나올 수 있다.

LBC의 경우, 문항들은 교육과정에 내재되어 있기 때문에 학생들은 선생님이 말해주지 않는 한 그들이 평가받고 있다는 사실을 알지 못한다. <그림 1.2>는 LBC 시험의 문항 예시이다. 이 문항은 <그림 1.1>에 나와 있는 '물질' 구인의 하단 부분에 속하는 부분과 관련해 학생들의 반응을 유발하기 위해 제작된 것이다(이 문항과 관련된 학생들의 응답은 <그림 1.6>에서 다룰 것임).

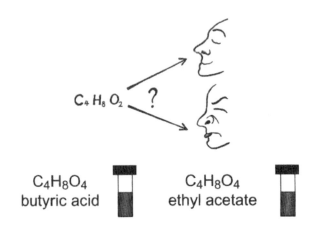

위의 두 가지 용액의 분자식은 같지만, 전자는 악취와 좋지 않은 냄새가 나고, 후자는 달콤하고 좋은 냄새가 납니다. 이렇게 서로 다른 냄새가 나는 이유를 설명하시오.

〈그림 1.2〉 LBC 시험문항 예시

첫 두 구성 요소(building blocks)에 관련해서는 <그림 1.3>에 묘사되어 있다. 여기서 보면, 구인과 문항은 모두 명확하지 않은 상태이며, 단지 둘 사이에 관련이 있을 것이라는 직감이 있을 뿐이다. 이 단계에서는 인과관계(causality)가 주로 명확하게 설명되지 않는다. 다만, 문항 개발자의 의도에 따라 문항이 먼저 만들어지고, 이 문항과 관련된 구인이 개발될 수 있도록 할 것이라는 생각은 해 볼 수 있다. 도구의 개발에 있어 이 둘의 관계를 중요하게 살펴보는 것이 중요하고도 자연적인 단계라고 할 수 있다 - 이 단계는 도구를 이용하여 검사를 수행하고, 그 결과를 바탕으로 검사도구를 수정되는 단계를 여러 번 거치면서 반복된다.

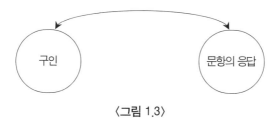

〈그림 1.3〉

불행하게도, 어떤 경우에는 도구 개발의 노력에도 불구하고, <그림 1.3>에서 보여지는 것과 같은 개념적 접근이 더 이상 어려운 경우도 발생한다. 도구 개발에 있어 이러한 어려움은 결과적으로 다음과 같은 단점을 야기시키기도 한다. (a) 문항 및 문항 형태의 선택이 임의적일 수밖에 없고, (b) 도구의 개발과 실질적 결과를 연결시킬 수 있는 명확한 방법이 없으며, (c) 구인을 좀 더 명확하게 설명하기 위해 실질적 결과를 사용하는 것이 불가능하다는 것이다. 따라서 이러한 문제를 피하기 위해서, 평가자는 구인과 문항을 최대한 가깝게 연결시킬 수 있도록 구조(structure)를 만들어야 할 필요가 있으며, 이를 통해 가장 정확한 추론(inference)이 가능할 것이다.

〈그림 1.4〉

정확한 추론이 가능하게 할 수 있는 한 가지 방법은 구인으로부터 문항으로 가면서 인과관계를 따져보는 것이다. 즉, 평가자는 응답자가 어느 정도의 구인을 "가지고 있다"라고 가정하고, 응답자가 가지고 있는 구인이 문항의 응답을 야기시킨다고 보는 것이다. 이러한 상황은 <그림 1.4>에 잘 나타나 있다 - 그림에서 나타나듯이 인과관계와 관련된 화살표의 방향이 왼쪽에서 오른쪽임을 확인할 수 있다. 하지만 이러한 인과관계를 야기시키는 주체(agent)는 사실상 우리가 눈으로 실질적인 관찰을 할 수 없는 잠재적인 성격의 것이다. 대신, 평가자들은 문항에 대한 응답자들의 반응을 통해 기저에 깔려있는 구인에 대해 추론을 해야만 한다. 이것이 바로 <그림 1.4>에서 추론의 화살표 방향이 오른쪽에서 왼쪽으로 향하고 있는 것을 설명해 준다. 네 개의 구성 요소 중 남은 두 개(반응공간과 측정 모형)는 각기 다른 두 단계의 추론을 포함한다. 한 가지 여기서 확실히 하고 넘어가야 하는 것은 바로 여기서 우리가 생각하고 있는 인과관계라는 것은 단순히 가정이라는 것이다. 분석을 통해 살펴보면 인과관계가 그림에서 보이는 것과 같은 방향을 가지고 있다고 증명할 수 없으며, 단지 우리가 이러한 방향일 것이라고 가정하는 것일 뿐이다. 구인이라는 것은 보이지 않는 것이기 때문에 우리가 <그림 1.4>에서처럼 생각하는 것보다 훨씬 더 복잡한 관계를 가지고 있을 수도 있다. 하지만 연구의 결과가 복잡한 관계성에 대해 확실히 증명해 주기 전까지는 평가자들은 위에서 설명한 것 같이 구인과 문항 사이에 단순한 관계가 성립하는 것처럼 생각할 수밖에 없을 것이다.

1.4 반응공간(The Outcome Space)

추론의 첫 단계는 추론을 위해 문항 응답의 어떤 측면을 활용할 것인지에 대해 결정을 내리고, 측정결과들을 어떻게 유목화하고 점수화할지에 대해 결정하는 것이다. 이를 '반응공간'(outcome space)라고 부른다. 반응공간의 예로 설문조사에서 사용되는 문항의 응답을 참과 거짓으로 나누거나 서답형 문항 형태의 인터뷰에서 응답에 따른 프로토콜을 미리 결정해 놓는 것, 채점기준(rubric 또는 scoring guide)을 이용하여 수행 능력을 위계적인 단계로 나누는 것 등을 포함한다. 때때로 분류된 유목들이 반응공간의 최종 결과물이 되기도 하고, 때로는 유목들이 점수화되어, 이 점수들이 (a) 유목들을 설명하는 역할을 하거나, (b) 다른 여러 가지 방식으로 조작(manipulate)되기도 한다. 이 둘의 차이점을 강조하기 위해서, 반응공간은 점수화된 반응공간이라고 불려질 수도 있다. 점수는 구인지도 접근법에 있어 상당히 중요한 역할을 한다. 이 점수들은 곧 구인지도의 방향성의 구체화를 의미한다.

반응공간은 주로 응답을 채점하는 사람들에게 제공된다 - 저자는 이러한 역할을 수행하는 사람을 채점자(rater)라 칭하기로 한다. 'Intelligent tutoring system(ITS)'과 같은 경우에는 채점자가 사람이 아닌 소프트웨어가 될 수도 있다. 반응공간(outcome space)과 문항 설계(item design)의 구분이 항상 명확하게 되는 것은 아닌데, 이는 선택형 문항과 리커트 척도 문항과 같은 일반적으로 사용되는 문항들의 형태 때문이다. 이 두 가지 문항 형태에서는, 문항 설계와 반응공간이 서로 통합되는데 그 이유는 채점자가 응답자의 응답들을 범주화하지 않아도 되기 때문이며, 대부분의 경우에 유목별 점수는 사전에 미리 정해진다. 하지만 이러한 일반적인 형태의 문항은 "특별한 경우"로 취급되어야 하며, 훨씬 더 일반적인 상황은 자유응답의 형태일 것이다.

LBC 물질 관련 구인들의 반응공간은 <그림 1.5>에 요약되어 있다 - 그림에서 살펴보면 반응공간은 위계적으로 분류되어 있는데, 그 이유는 LBC 교육과정의 개발자들이 근본적인 잠재 구인을 국면(dimension)이

X. No opportunity.
 There was no opportunity to respond to the item.

0. Irrelevant or blank response.
 Response contains no information relevant to item.

1. *Describe* the properties of matter
 The student relies on macroscopic observation and logic skills rather than employing an atomic model. Students use common sense and experience to express their initial ideas without employing correct chemistry concepts.

1 −	Makes one or more macroscopic observation and/or lists chemical terms without meaning.
1	Uses macroscopic observations/descriptions and restatement AND comparative/logic skills to generate classification, BUT shows no indication of employing chemistry concepts.
1+	Makes accurate simple macroscopic observations (often employing chemical jargon) and presents supporting examples and/or perceived rules of chemistry to logically explain observations, BUT chemical principles/definitions/rules cited incorrectly.

2. *Represent* changes in matter with chemical symbols
 The students are "learning" the definitions of chemistry to begin to describe, label, and represent matter in terms of its chemical composition. The students are beginning to use the correct chemical symbols (i.e. chemical formulas, atomic model) and terminology (i.e. dissolving, chemical change vs. physical change, solid liquid gas).

2−	Cites definitions/rules/principles pertaining to matter somewhat correctly.
2	Correctly cites definitions/rules/principles pertaining to chemical composition.
2+	Cites and appropriately uses definitions/rules/principles pertaining to the chemical composition of matter and its transformations.

3. *Relate*
 Students are relating one concept to another and developing behavioral models of explanation.

4. *Predicts how the properties of matter can be changed.*
 Students apply behavioral models of chemistry to predict transformation of matter.

5. *Explains the interactions between atoms and molecules*
 Integrates models of chemistry to understand empirical observations of matter/energy.

〈그림 1.5〉 물질 구인들의 반응 공간

있는 것으로 보았고, 결국, 교육 첫 시작 단계에서 아는 것이 거의 없는 학생들이 교육의 마지막 단계에 이를 때쯤 더 많은 것을 알게 되고 그 사이 발달과정을 거친다고 전제하고 있기 때문이다. 그림과 같은 채점기 준은 선생님들로 하여금 학생들의 응답을 여섯 가지의 다른 인지적 단계와 연결시켜 채점하는 것을 가능토록 해 주었다. 1단계인 "묘사하기 (Describing)"는 세 개의 하위 범주를 가지도록 더 세분화되었다 - 점수(+ 또는 -)가 학생의 바람직한 발달 방향과 범주들을 어떻게 연결시키는지에 대해서도 주의 깊게 살펴보아야 할 것이다. <그림 1.6>은 문항에 대한 학생의 응답을 예시한 것이다. 한편 '평가 조정(assessment moderation)' 이라고 불리는 트레이닝 방법은 선생님들이 좀 더 정확한 채점자가 되고, 수업의 결과를 해석하는 것을 도와주는 역할을 한다(Wilson & Sloane, 2000 참고). 이 모든 것의 합이 바로 진정한 반응공간이며, <그림 1.5>는 전체 중의 한 부분에 지나지 않는다. 우리가 반응공간으로부터 얻어낼 수 있는 것은 바로 점수이며, 일련의 과제에 대해서도 일련의 점수들을 얻어낼 수 있다.

A response at the Representing Level:

"They smell differently b/c even though they have the same molecular formula, they have different structural formulas with different arrangements and patterns."

분석: 분자식이 같은 용액일지라도 원자의 배열이 다를 수 있다는 원칙을 적절히 인용하고 있으나, 구조-속성 관계를 간단하게만 언급하고 있음 (3수준의 '관계하기' 단계임)

〈그림 1.6〉 그림 1.2의 문항에 대한 학생의 응답(예시)

1.5 측정 모형(The Measurement Model)

추론의 두 번째 단계는 점수를 구인과 연관시키는 것이다. 이것은 네 번째 구성 요소를 통해 이루어지며 전통적으로 이를 측정 모형 (measurement model) 혹은 통계적 모형이라고 부른다. 물론 통계적 모형을 활용하지 않을 경우에는 해석 모형이라고도 부를 수 있다(National

Research Council, 2001). 측정 모형은 반드시 우리가 점수를 이해하고 평가하는 것을 도울 수 있어야 하고, 이를 통해 구인에 대해 알려줄 수 있어야 하며, 동시에 실제적용 상황에서 결과를 어떻게 이용할 수 있는 지에 대한 지침도 줄 수 있어야 한다. 즉, 측정 모형은 점수화된 응답을 반드시 구인지도의 특정 위치에 관련시켜 해석이 가능하도록 해야 한다. 측정 모형의 몇 가지 예로는 전통 검사 이론의 "진점수(true-score) 모형", "영역 점수" 모형, 요인 분석 모형, 문항 반응 모형, 잠재 집단 모형 등이 있다. 이것들은 모두 정형적인 모형(formal model)들이며, 도구를 사용하 는 많은 사용자는 비정형적인 모형(informal model)을 사용하기도 한다.

Name: Mary Rodgers

	Visualizing Matter	Measuring Matter	Characterizing Change	Quantifying Change
2+				
2		*		
2-	*			
1+			*	
1				
1-				*
0				
To improve your performance you can:	Review periodic table trends, octet rule and phase changes. Be careful to answer questions completely and do not leave out key details.	You will often need to consider two or more aspects of the atomic model when you solve problems. Don't rely on just 1 idea.	Review phase changes and the kinetic view of gases. You need to know more about motions of atoms and molecules.	Keeping track of mass as it reacts or changes form is challenging. Consider the info you are given and be willing to take a best guess.

〈그림 1.7〉

　결과의 해석은 컴퓨터 프로그램에 의해 생성된 그래프들로 이루어진 요약보고서의 도움을 받을 수 있다(GradeMap; Wilson, Kennedy, & Draney, 2004). 예를 들어, 네 개의 구인에 걸친 학생의 프로필이 <그림 1.7>에 제시되었으며, 시계열 차트나, 전체 집단 및 하위 집단별 분석 결과, 적합도 분석 결과와 같은 다른 형태의 결과 보기도 가능하다.

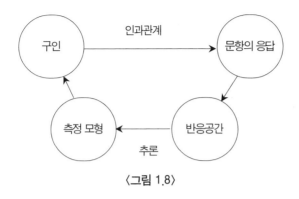

〈그림 1.8〉

<그림 1.8>에서는 문항에서 시작해서 구인으로 향하고 있는 추론의 방향에 주목할 필요가 있다. 이 방향은 인과관계의 방향성과는 명확하게 구분되어야 하며, 이 그림에서, 인과관계의 화살표는 반응공간이나 측정 모형을 지나가지 않는데, 그 이유는 평가자의 채점기준이나 측정 모형과 무관하게 구인 자체가 응답을 유도했을 것으로 가정하기 때문이다. 이러한 관계는 가끔 사람들을 당황스럽게 만들기도 하지만, 잠재적 인과 관계와 명백한 추론 사이의 차이점을 충분히 잘 표현해 주고 있는 그림이라고 할 수 있다. <그림 1.3>과 같은 초창기의 모호한 인과관계는 종국적으로 <그림 1.8>로 대체될 수 있을 것이다.

1.6 검사도구 개발을 위한 네 가지 구성 요소 활용

LBC 예제와 별도로 지금까지의 설명은 어느 정도는 추상적인 수준이었다고 볼 수 있다. 따라서 앞으로 다룰 다음의 네 개의 장에서는 검사도구 개발을 위한 네 가지 구성 요소(four building blocks) 각각에 대해 상세히 설명할 예정이다. 따라서 이 장은 독자들로 하여금 앞으로 설명될 것이 무엇이지에 대해 간략하게 소개하는 것에 초점을 맞추고 있었다고 보면 될 것이다.

이 장의 또 다른 목적은 독자들로 하여금 도구 개발의 실질적인 과정에 대해 생각해 보고 학습하게 하는 것이다. 만약 독자가 검사도구 개발에 대해 배우고 싶다면, 독자는 반드시 이 장을 읽고, 다음에 이어질 장에서 소개되는 프로젝트와 유사한 것을 수행해봐야 할 것이다. 그 이유는 검사도구를 실제로 개발해 보지 않고 측정에 대해 배운다는 것은 독자들에게 불완전한 지식을 전달하는 것과 같기 때문이다 - 이는 마치 실질적이 경험이 없이 책을 통해 자전거 타는 방법을 배우고 요리하는 방법을 배우는 것과 같다. 상당량의 지식은 주로 경험과 적절히 연결되었을 때 그 진가를 발휘하는 법이다. 물론, 프로젝트를 실제 수행하는 데 어려움이 있을 수 있고, 단순히 책을 읽는 것보다 훨씬 더 많은 시간을 필요로 할 수도 있지만, 이러한 경험이 측정의 복잡성에 대해 조금 더 깊이 알아갈 수 있는 기회를 제공해 줄 것이라 생각한다.

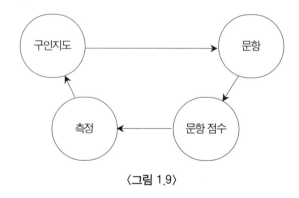

〈그림 1.9〉

네 개의 구성 요소는 구인의 추론을 위한 통로를 제시하는 것뿐만 아니라, 구인을 측정할 수 있는 도구를 개발하는 지침으로도 사용할 수 있다. 앞으로 이어질 네 개의 장에서는 <그림 1.9>에 나타나 있는 네 개의 구성 요소에 따라 구성되어 있다. 2장에서는 구인지도에 있어서의 구인에 대한 정의를 논의하는 것으로부터 시작하여, 구인과 관련된 문항 및 맥락을 개발하는 문항 설계를 다루는 3장으로 이어진다. 개발된 문항들은 응답을 만들어 내고, 결국 이 응답들은 범주화하여 점수화되는데 이는 반응공간을 다루는 4장에서 설명될 것이다. 또한 5장에서는 측정 모형을 이용하여 점수화된 자료들을 분석하는 방법에 대해 다루게 될 것이며, 이러한 흐름은 결국 각각의 문항이 구인을 제대로 측정하고 있는지에 대해 검토가 이루어지도록 한다. 그러므로 이러한 과정은 전체적인 네 가지 구성 요소(four building blocks) 사이에서 끊임없이 일어날 것이다. 그 다음에 이어지는 세 개의 장(6, 7, 8장)에서는 도구가 어떻게 작용(works)하는지를 평가하는 과정으로서 모형 적합도, 신뢰도 및 타당도 증거에 대해서 논할 예정이다.

모든 새로운 도구는 아이디어로 시작된다. 도구의 핵심은 "무엇을 측정하느냐"에서의 "무엇"이며, "어떻게 사용될 것이냐"에서의 "어떻게"이다. 만약 이러한 것들이 도구 개발에 있어 먼저 고려된다면, 내용에 대한 배경 지식을 상당히 많이 포함할 수 있을 것이고 이는 곧 도구 개발에 사용될 것이다. 어떤 도구를 개발하든, 한 가지 중요한 단계는 (a) 구인의 배경이 되는 이론과 (b) 관련 내용에 대해 어디까지 연구가 진행되어 왔는지에 대해 조사하는 것이다. 따라서, 문헌 연구는 반드시 필요하고, 다른 단계를 진행하기 이전에 반드시 완료되어야 하는 단계라고 할 수 있다. 하지만, 문헌 연구는 필연적으로 해당 관심 분야에 대해 연구해 왔던 사람들의 관심 정도에 의해 제한적일 수밖에 없으므로, 다른 단계들을 함께 수행해 나가는 것이 꼭 나쁜 것만은 아니다.

시작 단계에서, 평가자들은 도구 설계를 위한 기초 정보를 제공할 수 있는 응답자 즉 '정보 제공자(informants)'가 필요하다. 정보 제공자들은

통상적 응답의 범위를 살짝 벗어날 정도까지의 영역 내에서 선택되어야
한다. 이러한 정보 제공자는 (a) 관련된 분야에서의 전문가, 선생님, 연구
자 등, (b) 측정의 전반적인 부분에 대해 알고 있는 사람 또는 측정의
특정한 분야 전문가, 그리고 (c) 개발자가 관심 있어 하는 분야에 대한
전문가, 정책가 등을 포함할 필요가 있다. 여기서, 위의 그룹에 해당되는
사람들은 관련된 분야에서의 경험을 나누거나, 평가자의 아이디어를 비
판 혹은 확장하는 등의 방식을 통해 평가자를 도와줄 수 있을 것이다.
그리고 정보 제공자들로부터 제공받은 정보는 문헌 연구와 공통되는 부
분이 있어야만 할 것이다.

1.7 참고자료

구인의 개념에 대한 초기 관점을 살펴보고자 한다면 Messick(1989)의
세미나 논문을 참고할 만하며, 초기의 관점에 근거하여 정립된 현재의
관점을 살펴보고자 한다면 Mislevy, Wilson, Ercikan, Chudowsky(2003)
과 Mislevy, Steinberg, Almond(2003)의 논문을 참고하기 바랍니다.

구인지도와 측정 모형간의 관계는 Wright의 두 책(Wright & Stone,
1979; Wright & Masters, 1981)에서 명시적으로 다루고 있으며, 그들의
책에서 다루고 있는 구인지도와 측정 모형 간의 관계는 이 책에서 취하
고 있는 접근방식에서도 중요하다.

검사 도구 개발의 네 가지 구성 요소(four building blocks)에 기반한
BEAR 평가 시스템(Wilson & Sloane, 2000)은 LBC 예시 이외에 (a)
'SEPUP의 IEY 커리큘럼'(Wilson & Draney, 2000 참조)와 'Golden State
Exams'(Wilson & Draney, 2000 참조) 등의 다른 맥락에서도 찾아볼 수
있다.

ACER의 Geoffery Masters와 그의 동료들에 의해 발달 평가(Developmental Assessment)라고 명명된 접근 방식은 호주의 'Department of Employment, Education, and Youth Affairs(1997)'과 Masters와 Forster (1996)의 책에서 적용된 사례를 찾아 볼 수 있으며, 이것은 또한 OECD 의 PISA 프로젝트의 접근 방식의 기초가 되고 있다.

성취도와 태도 검사와 관련한 구인지도의 많은 예시가 "Objective Measurement: Theory into Practice"라는 일련의 책들에서 찾아 볼 수 있으며, 더 많은 예시를 이들 책의 참고 문헌 목록에서 찾아 볼 수 있다.

2부

네 가지 구성 요소

2

구인지도(The Construct Map)

2.0 개관 및 주요 개념

이 장에서는 앞에서 소개한 구인지도(construct map)의 개념에 중점을 두고, 측정의 기초가 될 수 있는 유용한 접근법을 통해 구인을 개념화할 수 있도록 돕고자 한다. 물론, 이러한 접근법이 측정에 있어 모든 요구 (need)를 충족시킬 수는 없지만 도구 개발에 유용한 시사점을 제공하기 위해 구인의 한 측면에 대해 소개하고자 한다. 구인은 일련의 구인지도 로 구성되어 있다. 이것은 응답자 지도, 문항 반응 지도, 구인지도와 같 은 주요 유형으로 나타낼 수 있다. 또한 이 책에서 사용된 모든 예제는 공개된 자료를 사용하였다.

2.1 구인지도

이 장에서 다루고 있는 구인지도는 시각적 표현에 적합하기 때문에 구인지도라 부른다. 구인지도의 가장 중요한 특성은 (a) 일관되고 실질적인 구인 내용에 관한 정의와 (b) 구인의 속성이 연속적이라는 것이다. 구인지도는 구인에 있어서 응답자의 위치와 문항반응의 위치 등 두 가지 측면으로 나타낼 수 있다. 즉 구인의 두 가지 다른 측면인 응답자와 응답자의 반응을 (a) 응답자의 능력을 순서대로 정렬하여 능력 단계별로 구분하는 응답자 구인지도, (b) 문항 반응을 순서대로 정렬하여 능력 단계별 문항반응(곤란도)을 구분하는 문항 반응 구인지도 등 두 가지의 구인지도를 제공한다.

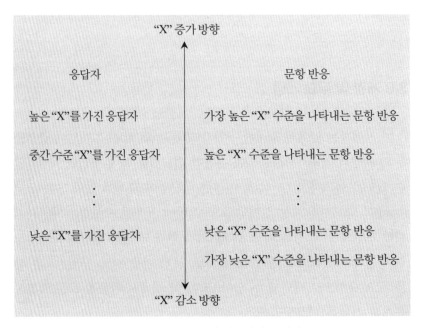

〈그림 2.1〉 구인 "X"의 일반적인 구인지도

일반적인 구인지도는 <그림 2.1>과 같다. 이 그림과 관련된 설명은 이 책 전반에 걸쳐 이루어 질 것이기 때문에 다른 예시를 사용하기에 앞서 필요한 몇몇 부분은 미리 설명하도록 하겠다. <그림 2.1>에서 측정되는 변수는 "X"이고, 지도의 중간에 위치한 수직선(양 끝에 화살표 있음)은 구인의 연속성을 상징하며, 아래쪽은 측정 변수 X가 나타내는 구인의 낮은 수준, 위쪽은 높은 수준을 의미한다. 지도의 왼쪽 면은 질적으로 구분 가능한 응답자 그룹을 나타내며 위쪽으로 올라갈수록 높은 수준의 X를 보이는 응답자, 아래쪽으로 내려갈수록 낮은 수준의 X를 보이는 응답자임을 의미한다. 지도의 오른쪽 면은 질적 특성이 다른 문항 반응들을 나타내며 위쪽은 높은 수준의 X를 가진 응답, 아래쪽은 낮은 수준의 X를 가진 응답을 의미한다. 문항 반응 구인지도는 오른쪽 면만을 포함한다. 전체 구인지도는 왼쪽 면과 오른쪽 면을 모두 포함한다.

　이 책에서 사용하는 구인지도는 기술적 표현이 아닌 아이디어 수준을 묘사한 것임을 주의할 필요가 있으며, 구인지도가 가지고 있는 아이디어 자체에 중점을 두기 바란다. 상술한 구인지도의 특성을 요약하면 다음과 같다.

(1) 구인의 연속선상에 응답자나 문항 반응으로 위치시킬 수 있는 숫자는 제한이 없다. 물론, 자료의 한계로 정확도와 관련된 제한은 있을 수 있지만 이는 별개 문제다(5장과 6장 참고).

(2) 문항 라벨은 실질적인 응답의 요약정보다. 누군가는 문항을 문항 자체의 가치로 구체화시키려 할 수도 있지만, 여기서 중요한 것은 문항 자체의 위치가 아닌, 문항에 대한 특정한 응답의 위치이다. 즉, 문항들의 위치는 응답자들의 각 문항에 대한 반응을 통해 표현되는 것이다.

　물론 구인(construct)과 지도(map)는 맥락에 따라 여러 의미로 사용되나 이 책에서는 구인과 지도는 아래의 목적으로만 사용된다.

　지도로 만들 수 있는 구인(constructs)의 예는 다양하다. 예를 들어, 태도조사(attitude survey)에는 응답자가 동의하거나 선호하는 정도 또는 행동을 순서로 표시하는 항목들이 있다. 그리고 교육용 검사(educational testing)는 필연적으로 정확성을 증대시키거나 정밀함이나 능숙도를 높이고자 하는 생각을 기저에 깔고 있다. 마케팅 분야에서는 다른 물건보다 더 매력적이고 만족스러운 물건이 있고, 정치학 분야에서는 다른 후보보다 더 나은 마음을 끄는 후보가 있다. 마찬가지로, 보건 연구에서는 더 나은 건강 상태의 결과와 안 좋은 건강 상태의 결과가 있다. 이처럼 대부분의 영역에서, 지도화될 수 있는 특정 구인에는 중요한 맥락이 있다.

구인은 구인지도로 가장 쉽게 표현될 수 있고, 구인은 하나의 연속선상에 놓인다. 이것에 근거하여 평가자는 측정도구의 목적에 따라 응답자들을 위에서 아래로, 또는 왼쪽에서 오른쪽으로 순차적으로 배열하기를 원한다. 여기서 한 가지 주의할 점은, 응답자들의 순차적 나열이 평가자가 관찰하고자 하는 관련 특성(변수)만이라는 것을 의미하지 않는다는 것이다. 따라서, 측정(measurement)은 반드시 맥락(context)과 함께 고려되어야만 한다 (Wright, 1977). 물론, 맥락을 고려해야 한다는 입장을 취하는 데에는 타당한 이유가 있지만 이 장을 서술해 나가는 데 있어 이러한 입장은 꼭 필요한 전제가 아니다. 즉, 이 책에서는 도구를 설계하는 데 있어 고려되어야 할 구인을 뒷받침하는 좋은 근거로서만 위의 전제를 인정한다.

구인은 항상 이상적이고, 구인지도의 개념은 실제 사용에서는 매우 복잡한 형태로 존재한다. 만약, 이론적 접근이 구인지도 제작 개념과 일치하지 않는다면, 기본적으로 구인지도를 사용하는 것은 옳지 않다. 경우에 따라서는 다차원 구인과 같이 구인지도보다 훨씬 더 복잡한 형태를 지닌 구인이 있을 수도 있으나 이조차도 구성요소로서 구인지도를 포함한다. 이러한 경우, 구인지도 접근법을 사용하기 위해서는 한 번에 한 차원씩만을 고려하는 것이 필요하다. 또 다른 경우는 학습자가 문제를 해결하기 위해 각기 다른 해결 전략을 사용하는 것과 같이 구인이 부분적으로 순서화된 범주 세트로 여겨지는 경우이다. 이 상황에서는 부분적으로 순서화된 것(partial ordering)을 사용해 구인이 가지고 있는 문제를 단순화시켜 구인지도에 응축될 수 있도록 할 수 있다. 물론 구인을 단순화하는 과정에서 정보의 손실이 있을 수도 있지만, 단순화된 구인이 오히려 사용하기에 더 적합한 형태를 띠게 되기도 한다.

앞 장에서 소개된 LBC의 예를 살펴보면, <그림 1.1>에서 묘사된 구인은 다시 <그림 2.2>와 같이 구인지도로 표현될 수 있다. <그림 1.1>에서 사용된 수준(levels)은 본질적으로 학생들이 사고하는 수준(level)과는 다르기 때문에 결과적으로 구인지도의 왼쪽 면을 사용한다.

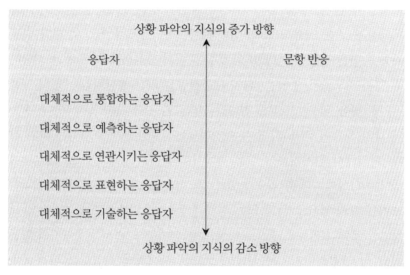

〈그림 2.2〉 LBC 측정도구의 물질(matter) 구인을 위한 구인지도 개요

2.2 구인지도 예시

교육평가 맥락에서 구인지도(construct map)는 매우 자연스럽다. 물론, 교육평가 영역 외에서도 구인지도는 얼마든지 사용될 수 있다. 예를 들어, 태도 조사는 만족, 호감, 동의 등 감정 상태에 높고 낮음이 있다고

가정하고 이를 측정하고자 하기 때문에 태도 조사에서도 사용 가능하다. 또한 구인지도는 다음에 설명될 예시와 같은 다양한 상황에서도 적용이 가능하다.

2.2.1 신체 기능 평가(The Health Assessment, PF-10)

SF-36 보건 설문조사(Ware & Gandek, 1998)의 하위 척도인 신체 기능 (PF-10; Raczek et al., 1998)은 자기보고식 측정 도구로서, 구인지도를 제작할 수 있는 예 중 하나이다. 이 설문 도구는 총체적인 건강 상태를 체크하기 위해 사용되며, PF-10 하위척도는 총체적 건강 상태의 신체 기능 측면을 측정한다. PF-10의 문항은 여러 종류의 신체 활동을 기술하고 있는 것으로서, 응답은 "많이 제한적임", "약간 제한적임", "전혀 제한적이지 않음"의 세 가지 중 하나를 선택하면 된다. 실제 문항은 <표 5.2>에 나와 있으며 PF-10의 초기 구인지도는 <그림 2.3>에 보이는 바와 같다. 여기에서 신체기능이 쉬운 것에서부터 어려운 것 순으로 나열되어 있다는 사실에 주목할 필요가 있다. 즉, 아래쪽으로 내려갈수록 육체적인 노력을 크게 필요로 하지 않는 신체 활동이며, 위쪽으로 올라갈수록 더 왕성한 육체적 활동을 필요로 하는 것을 의미한다. 순서는 응답자의 활동이 전혀 제한적이지 않음이라고 보고한 상대적인 곤란도를 나타낸다.

2.2.2 과학 성취도 평가(The Science Assessment, IEY)

두 번째 예는 중학교 과학 교과과정을 위해 개발된 평가 시스템으로 일명 "Issues, Evidence and You"(IEY; Science Education for Public Understanding Program, 1995)이다. Lawrence Hall of Science의 SEPUP은 중학생과 고등학생을 위한 이슈 기반(issue-oriented) 과학 교육과정을 개발한 공로로 1993년 국제과학재단(National Science Foundation)으로부터 상을 받았다. 이슈 기

반 과학에서 학생들은 과학의 내용과 절차를 배우지만, 배움의 과정에서 과학적 증거를 발견하고, 현대의 이슈나 문제점에 대해 어떤 해결책을 제공할 수 있는 지에도 중점을 둔다. 이러한 접근법의 목표는 사회적 이슈와 관련하여 보수적 입장을 지지하지 않고 과학의 이해와 문제해결(problem-solving) 접근법을 개발시키는 데 있다. 교과과정 개발자들은 적어도 두 가지 이유로 IEY의 평가에 있어 새로운 접근법을 시도하고자 했다. 첫째, 교과과정 개발자들은 교육과정에 있어 교사와 학생들에게 문제해결(problem-solving) 및 의사결정(decision-making) 측면을 강조하고자 했다. 전통적인 사실 기반(fact-based) 검사는 이러한 측면을 강조하지 못했고, 만약 평가의 한 형태로 포함된다 하더라도, 과정 개발자들이 중요하다고 생각하는 과정의 목표로부터 크게 벗어나게 될 것이다. 둘째, 개발자들은 그들이 최종적으로 내어 놓고자 하는 시험을 시장화하기 위해서는 학생들의 성취도가 새로운 접근법에 따라 어떻게 달라졌는지 증명할 수 있어야 한다는 것을 잘 알고 있었다.

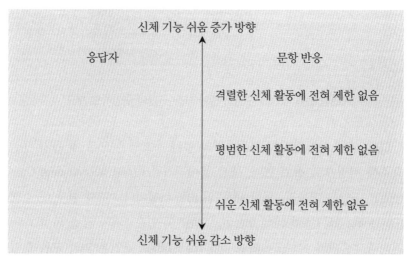

〈그림 2.3〉 SF-36 보건 설문조사의 신체기능 하위척도(PF-10)의 구인지도 개요

증거 사용 지적 수준 증가 방향

문항 반응

아래의 수준을 성취하고 뛰어난 방법
으로 그 수준을 넘어서는 응답, 예를
들어 증거의 양, 출처나 타당성에 대
해 질문하거나 정당화하는 것,

주요한 객관적인 이유를 제공하고 각
각 관련이고 정확한 근거로 뒷받침하
는 응답

선택에 대해 약간의 객관적인 이유와
뒷받침하는 증거를 제공하는 응답, 적
어도 하나의 이유가 빠져 있거나 증거
의 부분이 완성되지 않는 응답

선택에 대해 단지 주관적인 이유만을
제공하는 응답과 활동에서 부정확하
고 관련 없는 증거를 사용하는 응답

무응답; 판독이 어려운 응답; 선택을
뒷받침하는 이유와 증거가 없는 응답

증거 사용 지적 수준 감소 방향

〈그림 2.4〉 IEY ET 구인의 증거 사용 구인의 구인지도 개요

LBC 예와 같이 IEY의 교육과정과 평가 시스템은 모두 네 가지 구성
요소를 바탕으로 하고 있다. 예를 들어 "개념 이해(Understanding Con-
cepts)" 구인은 전통적 "과학 내용"의 IEY 버전이다. "조사 설계 및 수행
(Designing and Conducting Investigations)" 구인은 "과학 과정"의 IEY 버
전이다. "증거와 교환(Evidence and Trade-offs)" 구인은 과학 교육에 있
어 비교적 새로운 개념이다. 이 구인은 환경영향 성명서와 같은 과학 보

고서를 평가, 논쟁 및 논의하는 것과 그 정보를 실제 세계에서 의사결정을 하는 데 사용하는 기술 및 지식으로 구성되어 있다. "과학정보 의사소통(Communicating Scientific Information)" 구인은 논의 및 논쟁 과정에 있어 필요한 의사소통 능력(기술)으로 구성되어 있다. 네 가지 구인은 학생들이 교육과정 및 교육 활동, 그리고 교과과정에 대한 평가를 통해 성장시키고자 하는 네 가지 차원으로 볼 수 있다. 이 네 가지 측면은 교육적으로는 서로 구분이 되지만 과학이라는 공통점 아래 서로 정적 관계를 가지고 있다.

"증거와 교환(ET)" 구인은 교육과정과 연결시키기 위해 두 가지 하위 요소로 나뉜다. 증거와 교환 구인의 하위 요소 중 하나인 "증거 사용하기(Using Evidence)"는 학생들이 교육과정을 통해 발달의 과정을 겪으면서 그 복잡성을 어떻게 증대시키는가를 고려하였다. 이 예시의 대략적 구인지도는 <그림 2.4>에 나타나 있다. 그림에서 연속선상의 오른쪽 면은 학생들이 증거와 교환 문항에 어떻게 응답했는지 보여준다.

2.2.3 학습 활동 설문지(The Study Activities Questionnaire, SAQ)

SAQ 구인지도 예는 일반적으로 생각하는 것과 매우 다르다. 이 도구는 학생들이 공부하는 동안의 활동을 조사하기 위해 개발된 것으로 문헌 연구 및 학습 맥락에 대한 저자의 해석에 기반을 둔다. 이 도구는 여러 측면으로 이루어져 있지만 여기에서는 "노력 관리(Effort Management)" 위계구조에서 하위 요소인 "학습 효율(Learning Effectiveness)"에 초점을 두고자한다. 여기서 위계(hierarchy)를 언급한 이유는 이 영역에서 각각의 단계는 이전 단계의 기반 위에 세워진다고 보기 때문이다. 그러나 여기에서는 위계를 꼭 필요한 것으로 간주하지는 않는다는 것도 주의할 필요가 있다. 예를 들어 학생은 자기 모니터링 없이 계획에 참여할 수 있다. 이 도구의 목적에 의하면, 노력 관리는 메타인지(metacognitive)와 자기 조절

(self-regulatory) 프로세스로 이루어진다. 이 과정은 자신의 집중력, 시간, 학습 효율 등을 계획하고 평가하는 것을 포함한다. 이 도구는 노력 관리의 효율성의 네 가지 수준을 상정하고 있는데, <그림 2.5>에서처럼 상위 수준은 하위 수준을 포괄한다.

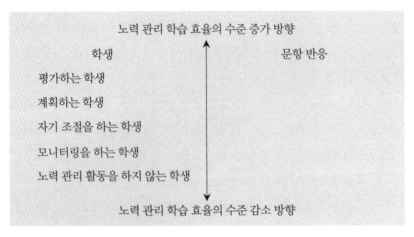

노력 관리 학습 효율의 수준 증가 방향

학생

문항 반응

평가하는 학생

계획하는 학생

자기 조절을 하는 학생

모니터링을 하는 학생

노력 관리 활동을 하지 않는 학생

노력 관리 학습 효율의 수준 감소 방향

〈그림 2.5〉 SAQ의 노력 관리 부분의 학습 효율성 구인에 대한 구인지도 개요

첫 번째 단계인 모니터링(monitoring)은 자신의 학습 효율을 인지하는 것이다. 예를 들어, 학생들은 각 문단을 읽을 때, 문단의 끝에 멈추어 앞의 내용을 상기시키는 과정을 통해 자신이 중요한 내용을 얼마나 잘 이해하고 있는지 점검할 수 있다. 두 번째 단계는 자기조절(self-regulation)로, 이는 모니터링하면서 얻은 자기인식을 사용하여 자신의 행동을 수정하거나 방향을 재설정하는 것을 의미한다. 예를 들어, 학생이 문단을 읽어 내려가면서 자신이 중요한 포인트를 놓쳤다는 사실을 지각하게 되면, 문단을 다시 읽거나 중요 포인트를 열거하는 리스트를 만드는 행위를 하게 된다. 세 번째 단계는 계획(planning)으로, 학생이 공부를 시작하기 전이나 혹은 하는 도중에 그들의 노력을 증가시키거나 조절하기 위해 계획을 짜는 행위를 의미한다. 예를 들어, 학생은 전체 글을 한 번

에 읽어 내려가기보다 매 문단을 끊어 읽으며 중요 포인트를 얼마나 이해했는지 점검하는 방식을 채택할 수 있다. 마지막 단계는 평가(evaluation)로 학생은 열심히 공부한 후, 공부 계획이 얼마나 성공했는지를 반추해보고, 대안이 무엇인지에 대해 생각해 볼 수 있다. 예를 들어, 학생이 실질적으로 본인이 읽은 글에서 중요 포인트를 모두 이해했다는 사실을 확인함으로써 공부에 방해가 되는 요소가 없었다는 결론을 내릴 수 있다. 질문은 컴퓨터로 제공되고, 후속 문항들(subsequent items)은 앞에 나왔던 문항의 응답에 따라 달라질 수 있다. 예를 들어 만약 학생이 모니터링을 하지 않았다고 말하면, 자기 조절에 관한 것은 묻지 않는다 (그림 2.5 참고).

2.2.4 인터뷰(The Interview, Good Education)

인터뷰도 구인지도를 개발하기 위한 기초적 역할을 수행하는 데 사용될 수 있다. Dawson(1998)은 Armon(1984)이 성인들이 교육의 질에 대해 토론하기 위해 사용하는 논쟁의 복잡성에 대해 조사하기 위해 개발한 인터뷰 형식인 "Good Education Interview"를 사용하였다. 그녀는 "좋은 교육이란 무엇인가?" 또는 "좋은 교육의 목표는 무엇인가?" 등의 질문과 함께 피험자의 생각을 알아보기 위해 "왜 그것이 좋은가?"라는 질문도 함께 사용하였다. 피험자의 응답은 점수화가 가능한 논쟁으로 구분하였고(Stinson, Milbrath, & Reidbord, 1993) 그 후 Commons' Hierarchical Complexity System(HCSS; Commons et al., 1983, 1995)을 이용해 점수를 부여하였다. 결과적으로 도출된 구인지도는 <그림 2.6>과 같다. 그림의 왼쪽 면의 응답자 단계는 HCSS의 단계를 보여 준다. 오른쪽의 응답은 각기 상응하는 레벨에 따른 사람들의 전형적인 진술(statement)을 나타낸다. 이 예시는 구인지도의 양쪽 면이 모두 지정된 최초의 예시라는 점에 주목할 필요가 있다.

응답자	문항 반응: 좋은 교육이란
메타 체계적인 : 좋은 학습은 사회적 상호작용 안에서 일어난다는 생각은 학습이 담론적이라는 생각과 어울린다. 학습은 학생과 교사, 혹은 학생과 학생이 학습의 재미있는 활동에 몰입하는 변증법적 과정으로 여겨진다. 피드백의 연속적인 과정으로서 평가는 그 순서에 있어 왔다갔다 할 수 있는 개념이다. 이 변증법이 학습 과정을 정의한다.	지속적인 평가를 포함하는 것이다. 학습 과정에서 변증법적인 참여를 요구한다
체계적인: 학습은 담론적이고 참여적 맥락에서 일어난다고 생각하기 위해 학습에 있어 활동적인 참여의 개념은 좋은 사회적 상호작용을 통해 지적 참여가 증가될 수 있다는 생각에 부합된다. 이것은 학습을 위한 맥락을 정의하는 것은 아니나 가장 즐거운 것이다	대화와 논의를 포함한다 그룹 활동을 포함한다
형식적인 : 학습 과정에 있어 학습에 활동적인 참여가 가장 중심이다. 흥미의 개념은 학생이몰두하는 개입, 참여, 영감과 같은 개념과 구별된다. 영감, 자극, 개입, 참여는 교사에 의해 구현된다. 참여를 강화하는 데 있어서 사회적 상호작용은 매우 중요하다.	학생들이 질문할 수 있게 독려하는 것이다 활동적인/경험적인 학습을 포함한다
추상적인 : 학생들이 재미있을 때 지식 습득은 강화된다. 흥미는 학습을 재미있게 만들기 때문에 흥미는 학습 동기를 부여한다. 재미있는 학습이 흥미 있는 학습이다. 특정한 재미있는 활동들은 명백히 교육적인 것으로 여겨진다. 학습을 재미있는 만드는 것은 교사의 직무이다.	게임이나 재미있는 활동을 포함한다. 놀이를 통한 학습을 포함한다 학과 수업이나 교사가 재미있는 것이다. 배움이 재미있는 것이다.
실제적인: 실제적인 아이에게 교육은 학교와 같다. 좋은 학교는 놀고 재미있는 곳이다. 아이들은 재미와 놀이의 개념을 학습과 연결시키지 않는다.	놀이를 포함한다. 학생들이 재미있는 것이다.

논쟁의 복잡성 감소 방향

2.2.5 Binet와 Simon의 지능검사(Intelligence Scale)

구인지도와 관련하여 저자가 제일 처음 찾을 수 있었던 예시는 Binet 과 Simon(1905)의 지능검사 척도(Measuring Scale of Intelligence)의 설명이다. Binet과 Simon은 지적 행동(intelligent behavior)과 관련하여 각기 다른 수준의 과제를 구체화하였고, 이는 쉽게 시행되고 받아들여졌다. 다양한 연령의 아이들(그리고 어른)에 의해 성공적으로 행해지는 행동들을 그룹화하고, 평범한 보통의 아이라면 어느 정도 수준으로 무엇을 할 수 있을 것이라고 하는 기대치를 설정하였다. 대표적인 예시 문항은 "무게의 배열(Arrangement of weights)"이다. 이 문항은 다음과 같이 설명되어 있다:

부피와 색깔이 같은 다섯 개의 상자가 책상 위에 놓여 있다. 각각의 무게는 2, 6, 9, 12, 15그램이다. 이 상자들을 피험자에게 보여주며 다음과 같이 말한다. "이 작은 상자들을 보십시오. 이 상자들의 무게는 동일하지 않습니다. 당신은 이 상자들을 알맞은 순서로 이 책상 위에 배열하여야 합니다. 가장 왼쪽에 가장 무거운 것이 오도록 하고 오른쪽으로 갈수록 점점 가벼운 것을 놓으십시오."

위의 문제를 수행하는 능력에 따라 세 가지 그룹으로 나뉜다. 첫째, 무게를 고려하지 않고 아무렇게나 배열하는 피험자(심각한 오류를 범함), 둘째, 무게를 비교하지만 한두 개 정도 순서를 틀리게 배열하는 피험자, 셋째, 정확한 순서로 박스를 나열하는 피험자의 부류가 있다. 우리는 이 시험에서 상자를 몇 번 이동했을 때 다시 정확한 순서로 배열할 수 있는가를 고려하여 오류를 예측할 것을 제안하였다. 즉, 12, 9, 6, 3, 15의 순서로 배열했다면 15는 4단계의 오류를 범한 것을 의미한다. 이는 15를 제자리에 놓기 위해서는 네 개를 추가적으로 옮겨야하기 때문이다. 그리고 다른 상자들은 1단계씩 옮겨져야한다. 올바른 순서로 놓기 위해 생기는 변화의 합이 곧 전체 오류를 의미하므로 여기에서는 변화의 합인 8단계가 전체 오류를 나타내게 되는 것이다(pp. 62~63).

위의 예로 설명한 구인지도는 <그림 2.7>에 나타나 있다. 대략적으로 동일한 연령의 아이들의 성공적으로 수행할 것으로 예측되는 과제들은 그림의 오른쪽 면에, 실질적으로 각 과제에 상응하는 적절한 나이는 왼쪽에 제시되어 있다. Binet과 Simon은 이 구인을 이용해 프랑스 보호소에 있는 발달 장애가 있는 아이들을 설명하였다. 2~3세 과제를 성공적으로 수행하지 못하는 아이들은 '중증 정신 박약아'로 분류된다. 그리고 2~3세 단계는 성공적으로 수행하지만 7~8세 과제를 수행하지 못하는 아이들은 '정신 박약아'로 그리고 7~8세 단계는 성공적으로 수행하나 그 다음 단계의 과제를 수행하지 못하면 '허약아'로 구별된다. 흥미롭게도 그들은 프랑스 보호소에서 발달장애로 진단 받은 아이들이 실제로는 또래의 일반적인 아이들보다 더 높은 수준에 있다는 것을 발견하였다.

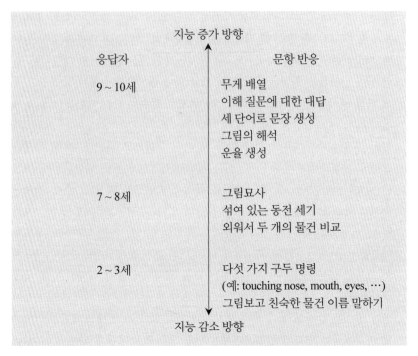

〈그림 2.7〉 Binet과 Simon(1905)의 지능 측정 척도 구인지도 개요

2.3 검사도구 개발을 위한 구인지도 활용

　도구 개발의 초기 단계에 측정·평가 전문가들이 구인지도를 사용하는 것은 측정하고자 하는 필수 특성을 잘 반영하기 위해서이다. 측정하고자 하는 것은 "높다 혹은 낮다", "동의한다 혹은 동의하지 않는다" 등의 표현으로 반영되며 이러한 표현 방식은 도구가 사용되는 상황에 따라 다양하다. 하지만 표현 방식이 다르다고 하더라도, 구인은 질적 순서를 가지며, 또한 연속선상에 놓을 수 있는 개념이라고 가정한다. 이러한 개념에 대한 한 가지 성공적인 접근 방식은 연속선상에 있을 수 있는 양 극단의 예를 생각해 보고(초보자에서 전문가까지, 혹은 혐오하는 감정에서 사랑하는 감정까지), 각 극단의 값에 정확하고 정밀한 정의를 내린 후 양 극단 값 사이에 또 다른 어떤 값이 올 수 있는지 단계를 개발하는 것이다. 또한 각 능력 집단의 응답자들이 문항에 답할 수 있는 전형적인 응답이 어떤 것인지를 생각해보는 것도 위의 개념을 이해하는 데 도움이 될 것이다.

　그러나 도구를 개발하기 전, 측정·평가 전문가들은 "변수(혹은 변인) 명세화"(variable clarification)라는 작업을 종종 하게 된다. 이는 측정하고자 하는 구인이 다른 것들과는 명확히 구분되는 동시에 서로 간에 긴밀히 연결되어 있어야 하기 때문이다. 측정·평가 전문가들은 꽤 많은 경우에 여러 가지 다른 구인이 사실상 하나의 근본적인 아이디어(구인)에 근거한 것이라는 것을 확인하게 된다.

　구인지도를 만드는 데 있어, 측정·평가 전문가들은 반드시 구인의 개념이 응답자의 입장에서 그리고 문항 응답 자체의 측면에서 정확하게 정의되어 있는지를 확인할 필요가 있다. 물론, 위의 두 가지를 다 고려해야 하지만 상황에 따라서는 둘 중 하나가 다른 하나보다 우선시되는 것이 일반적이다. 예를 들어, 발달 이론과 관련하여 응답자들을 발달 단계 중 어딘가에 위치시켜야 하는 상황이 주어진다고 하면, 이때는 문항 자체보다는 응답자 측면에서 구인을 정의하는 것이 우선시될 것이다. 반면, 구인이 여러 개의 문항에 의해 정의되는 상황에서는, 응답자보다는 문항 응답이 어떻게 될지를 먼저 고려하는 것이 당연하다.

2.4 참고자료

구인지도의 다른 예들은 1장의 참고자료 부분에 제시되어 있는 참고문헌들에 있다. 그러나 그 중 몇 개만이 연속선상에서 있는 응답자와 문항 반응 측면 둘 모두를 고려하고 있다.

중요한 이슈 중 하나는 구인지도로 사용 가능한 구인과 그렇지 않은 구인을 구별할 필요가 있다는 것이다. 분명한 것은 개별 응답자를 하나의 점수로 측정하는 구인이라면 어느 것이나 구인지도로 제작할 수 있다. 만약 어떤 구인이 위와 같은 연속으로 이루어져 있다면 각 순서는 구인지도로 간주될 수 있다. 또한 앞에서 예로 든 부분적으로 순서화된 구인도 단순화될 수 있으면 그것을 구인지도로 간주할 수 있다.

지도화할 수 있는 구인으로 보여지지 않는 주된 유형은 근본적인 연속선이 없는 것들이다. 예를 들면, 구분은 되지만 순서가 없는 항목으로 이루어진 것이라고 생각할 수 있다. 이런 것들은 어떤 문제를 해결하기 위해 단지 몇 가지 전략만이 가능하다고 가정하는 인지심리학과 같은 분야에서 종종 발견된다. 잠재 계층 분석(Collins & Wugalter, 1992)은 이러한 구인을 가정하는 접근법으로 측정·평가 전문가가 응답자를 구분하기 위한 목적으로 구인을 사용하고자 할 때 사용될 수 있다.

전략의 속성에 있어 복잡성이 증가하는 것과 같이 잠재 계층 사이에 순서(혹은 부분적으로 순서)가 있다면, 다른 가능성이 생긴다. 예를 들어

전략은 기저에 복잡성의 잠재 연속선을 갖는 관찰 가능한 항목으로 취급될 수도 있다(Wilson, 1992a, 1992b).

또한 두 가지 종류의 구인을 결합하는 것도 시도해 볼 수 있다. 이는 계층 안에 구인지도를 추가(Wilson, 1989; Mislevy & Wilson, 1996)하거나 특별한 계층에 차원을 추가(Yamamoto & Gitomer, 1993)함으로써 가능하다. 이는 다소 복잡한 결합도 가능하며(Junker, 2001; National Research Council, 2001), 점점 더 갈수록 더 복잡한 결합도 가능하다.

3

문항 설계(The Item Design)

3.0 개관 및 주요 개념

이 장에서는 평가자가 측정하고자 하는 구인을 관찰할 수 있는 응답을
유도하는 방법에 중점을 두고 설명하고자 한다. 관찰(observation)은 단순
히 보는 것을 넘어 관찰 대상에 대한 기록, 기억, 그것에 대하여 메모하는
모든 행위를 의미한다. 여기서, 문항(item)은 특별한 종류의 관찰로 여겨진
다. 문항이 관찰의 한 종류로 간주된다는 것은 (a) 문항을 만들 때, 특정한
절차 또는 설계(design)가 존재한다는 것을 의미하며, 관찰은 그 문항이 측
정하고자 하는 범위가 미치는 일련의 조건하에서 이루어지게 되는 것을 뜻
한다. 또한, (b) 이러한 관찰에 대하여 표준화된 범주로 분류하는 절차가
존재한다는 것을 의미한다.

첫 번째 내용은 이 장의 주제이며, 두 번째 부분은 다음 장에서 주로
다뤄지게 될 내용이다. 이 장의 첫째 절에서는 문항에 대한 이해에 초점
을 맞추어 설명하고, 문항의 일반적인 유형에 대해 논의한다. 그리고,
문항의 유형론(typology)적 분류를 통해서 여러 문항 사이의 관계를 보

여주고자 한다. 이러한 내용들은 다음 절에서 소개될 문항 설계에 대한 의미와 그 구성요소에 대한 이해를 도울 것이다. 이 장의 마지막 부분에서는 실제로 문항을 개발하는 방법에 대해 다루고자 한다. 다음 장에서는 관찰이 표준화된 분류 시스템을 통하여 확장 기록되는 방법에 대하여 소개할 것이다.

3.1 문항 구상

우리가 처음 문항을 개발할 때 첫 번째로 고려해야 될 사항은 문항을 이용하여 어떻게 응답자의 고유한 성격, 특성(구인)을 드러나게 할 것인가이다. 응답자의 고유한 성격이나 특성은 많은 경우에 정형화되지 않은 방식으로 나타난다. 예를 들어, 일상 대화에서의 발언, 학생이 자신이 이해하는 것에 대하여 기술하는 방법, 특정한 논쟁을 이끌어내는 질문, 예술작품에 대한 특별한 감흥 또는 특정 신문기사에 대한 반응 등을 통해서도 나타난다. 연구자가 응답자로부터 정형화되지 않은 여러 반응을 이끌어내는 구체적인 방법은 측정의 질을 결정하는 데 있어 중요하다. 사실 많은 경우에, 문항을 개발하여 응답자에게 실시해보기 전까지는 문항이 특정 구인을 정확히 드러내는지 여부를 명확하게 알 수 없다.

이미 앞서 검사의 예시에서 본 것처럼 매우 다양한 유형의 문항이 많은 종류의 구인, 맥락과 결부되어 개발된다. 먼저 1장의 <그림 1.2>에서 설명한 바와 같이 LBC 화학에 관한 예(단답식 서술형의 문항을 사용함)가 있었다. 그리고 2장에서 언급한 PF-10 보건 설문조사에서는 신체적인 활동에 관하여, 다음과 같은 질문을 하였다. "당신의 건강 상태는 특정한 신체 활동을 하는 데 제한 받고 있는가?" 이 질문은 신체 활동 범위에 대한 내용으로 "많이 제한적임", "약간 제한적임", " 전혀 제한적이지 않음" 등의 세 가지 중에 하나를 선택하도록 하였다. 위의 두 가지 예는 매우 자유로운 응답과 매우 제한적인 응답으로 문항 응답의 양극단이라 할 수 있다. 2장에서의, SAQ는 교육 평가에서 많이 사용되는 선다형 문항과 유사한 제한된-응답 유형의 예시였다. IEY 과학 성취도 평가와 Good Education 인터뷰는 자유 응답형의 예시였다. 측정이 필요한 연구자는 과거부터 사용해온 특정 유형의 문항과 더불어 다른 여러 맥락에서 사용되어 온 문항의 종류에 대해서도 알아야 한다. 현실에는 다양한 많은 유형의 문항이 존재하고 있음을 알아야 하며, 이러한 문항 유형을 간략히 설명하면 다음과 같다(교육평가 분야에서 이용되는 문항을 종합적으로 보고자 한다면 Nitko, 1983을 참고).

아마도 대부분의 사람이 가장 널리 접해 본 문항은 학교수업이나 다양한 평가에서도 많이 사용되어온 일반적인 자유형 문항(open-ended item format)일 것이다. 이 유형의 문항의 질문은 말이나 글로 표현될 수 있고, 문항에 대한 응답은 말, 혹은 글의 형식으로 표현될 수 있거나 구체적인 산물, 즉 수행 활동(active performance)과 같은 형태로도 나타날 수 있다. 문항에 대한 응답의 길이는 하나의 숫자나 단어에서부터, 간단한 산출물이나 수행 활동의 결과, 장편의 에세이, 더 복잡한 산출물, 인터뷰, 장기간의 수행활동이나 다양한 복잡성을 가진 산출물에 이르기까지 다양할 수 있다. 문항은 교사 혹은 전문화된 개발절차에 의하여 즉석에서 만들어질 수도 있다. 이 유형의 문항은 학교 등의 교육적인 환경에서는 물론, 직장이나 일상생활에서도 널리 사용된다. 이러한 문항 유형의 대표적인 예는 에세이, 간략한 논증, 그리고 단답형 문항 등이다.

이와는 대조적으로, 문자화된 측정도구 중에서 가장 보편적인 문항의 유형은 선택형 문항(fixed-response format)이다. 어떤 이들은 선택형 문항이 가장 일반적인 문항 유형이라고 생각할지도 모르지만, 그것은 그들이 자유형 문항과 연관된 수많은 일상의 상황을 고려하고 있지 않기 때문이다. 일반적으로 선택형 문항은 거의 모든 사람에게 친숙하며, 학교를 비롯한 교육 환경에서 매우 중요한 역할을 해왔다. 선택형이나 리커트 척도 응답형은 다양한 분야(보건학, 응용심리학, 공공정책학; 고객만족도 조사, 여론조사)의 설문지에 일반적으로 많이 쓰인다. 문항에 대한 응답은 일반적으로 "매우 반대(Strongly Disagree)"에서 "매우 찬성(Strongly Agree)"까지이지만, PF-10의 예시에서와 같이 다른 형식의 응답 선택지들도 찾을 수 있다.

문항과 구인의 관계는 측정에 있어 매우 중요하다. 일반적으로, 문항은 구인을 측정하는 데 사용될 수 있는 수많은 것 중 하나일 뿐이다. Ramsden 외(1993)는 물리 성취도 평가를 위한 글쓰기에 대해 다음과 같이 언급했다:

교육자의 관심은 학생이 조깅을 하는 사람, 복도를 따라 걷는 사람, 경주용 모터보트 자체에 대해 아는 것보다는 사물의 속도, 거리와 시간을 얼마나 잘 이해하는가에 있다. 그렇지만, 모순적으로, 구체적인 예시를 통한 방법보다 이해한 것을 더 잘 보여주는 다른 방법은 없다.(Ramsden et al., 1993, p. 312).

마찬가지로, 앞에서 살펴보았던 건강 상태를 측정하는(PF-10) 예에 대하여 생각해보자. 여기서 사용된 문항들이 구인을 정의하는 데 모두 필요한 것은 아니고, 신체적인 기능 개념에 대한 모든 의미를 포함하기에 충분하지도 않다. 따라서, 측정을 하고자 하는 연구자의 일은 합리적인 방법을 통하여 구인을 대표하는 문항들을 선택하는 것이다. Ramsden이 언급하였듯이, 이 일은 간단한 것이 아니다. 일반적으로 사람들은 특정한 구인에 대하여 중요한 실마리를 제공해 줄 수 있는 "결정적인 작업", "완벽한 문항", 또는 특별한 관찰 방법을 찾을 수 있으리라 생각한다.

측정에 대해서 익숙하지 않은 연구자에게서 흔히 볼 수 있는 이러한 오해는 측정도구에 대하여 충분한 수준의 타당도와 신뢰도를 고려하지 않는 것에서 기인한다. 어떤 사람이 하나의 측정도구를 개발할 때, 측정도구가 넓은 범위의 개념을 포괄하기를 원한다면, 소수의 문항을 사용하는 것보다는 많은 문항을 사용하는 것이 바람직하다. 측정도구가 더 많은 문항을 포함하고 있으면 (1) 측정도구가 특정 구인의 더 많은 내용을 수집할 수 있으며(자세한 내용은 8장을 참고하라), (2) 응답자가 특정 구인에 대하여 어떤 의견을 가지고 있는지에 대한 더 많은 정보를 더 정확하게 산출할 수 있다(자세한 내용은 7장을 참고하라). 이 필요조건은 응답자의 반응이 충분한 양의 정보를 포함하고 있어 연구자가 원하는 방향으로 해석이 가능하게 하는 문항형식을 사용하기 위한 조건과 균형을 이루어야 한다. 이 두 가지 필요조건은 특정 개념을 측정함에 있어 요구되는 시간과 비용의 범위 내에서 만족되어져야 한다.

3.2 문항 설계 구성 요소

문항 설계는 문항 모집단에 대하여 기술하는 과정, 또는 측정도구에서 특정한 문항이 표집되는 "문제은행(item pool)"의 개념으로 설명할 수 있다. 이는 측정도구가 구인을 어떻게 대표할 것인가, 또는 문항의 "공간(space)" (문항의 전집(universe)이라고도 불린다)을 어떻게 구분하여 각 계층으로부터 표집을 할 것인가에 대한 결정 과정이다. 이러한 결정은 구인의 기본적인 정의 및 구인에 대한 연구 배경과 관련이 있다. 이 가운데 몇몇은 시행과 사용에 있어 실질적인 제한을 가져오기도 하지만 다른 몇몇은 합리적인 제약 하에 문항을 만들어내는 작업을 계속하도록 도와준다. 일반적으로, 문항 설계는 (a) 구인 요소(construct)와 (b) 기술적 요소(descriptive)라는 두 종류의 문항 구성요소로 구분할 수 있으며, 이들 요소는 문제은행을 설명하는 데 유용하게 활용된다.

3.2.1 구인 요소

모든 문항 설계에서 찾아볼 수 있는 공통적인 구성요소는 특정한 구인과 관련한 준거-참조적(criterion-referenced) 해석을 가능하게 하는 구인 요소(construct component)이다. 이것은 해당 구인 내에서 구인과의 관련성이 높은 정도부터 낮은 정도에 대한 해석적 수준을 제공하기 때문에 구인 요소라고 불린다. 예를 들어 앞에서 살펴본 LBC 물질(matter)의 구인 요소는 <그림 1.1>에서 찾아볼 수 있다. 구인 요소는 구인지도 내용에 있어 필수적이라 할 수 있는데, 이는 하나의 측정도구가 하나의 구인지도를 이용하여 개발되고, 그 속의 구인 요소는 측정도구의 개발 과정 중에 생성되고 있음을 의미한다.

문항 설계 과정에서 각 문항은 응답자들로 하여금 일정한 반응을 이끌어낼 수 있도록 고안된다. 일반적으로 최소 두 개부터 해당 구인에서 허용 가능한 최대 수준까지 반응의 수는 다양하다. 예를 들어, <그림 1.2>의 문항에서는 학생들의 반응을 "개관하기(below describing)", "묘사하기(describing)", 그리고 "표현하기(representing)"의 세 개의 수준으로 나타내고 있다. 따라서, 이 경우에는 문항에서 세 수준의 응답을 제공해 준다. 반면에 또 다른 문항은 계획된 응답을 이끌어내는 과정이 복잡하지 않을 수 있으며, 이 경우에 문항은 예/아니오의 응답만을 요구할 수도 있다. 선택형 문항에서, 이러한 응답의 수준은 제공된 선택지에 의해 결정된다. 예를 들어 태도 척도(attitude-scale)에서도, 어떤 측정도구에서는 "동의", "반대"만 물어볼 수도 있고, 반면에 또 다른 측정도구에서는 "매우 동의", "동의", "반대", "매우 반대"와 같이 다양한 선택을 제공하기도 한다. 이와 같은 응답지의 선택이 문항 설계 단계에서 다소 지루하고 무의미해 보일 수도 있으나, 사실 이 과정은 문항 설계에 있어 매우 중요하다.

3.2.2. 기술적 요소

문항설계 과정에서 구인 요소를 정하였다면, 문항이 가져야 하는 특성에 대한 결정을 하여야 한다. 이 책에서는 이 과정을 기술적 요소(descriptive component)라는 용어를 사용하는데, 이는 각 요소가 문항의 특정 특성을 기술하는 데 사용되기 때문이다. 기술적 요소는 구인 요소와는 달리 측정도구를 안착시키기 위하여 문항의 종류를 확립하는 데 사용되며, 문항을 만들어내고 분류하는 기초 작업에 있어 중요한 역할을 한다.

예를 들어, 보건 검사(PF-10)의 문항들은 모두 자기보고식이다. 이는 자기보고식 문항에서는 응답자들에게 실제로 신체적 과업을 수행하도록 하는 등의 다른 잠재적인 구성요소는 사용하지 않고 일반적으로 사람들이 쉽게 응답할 수 있는 방식으로 측정도구를 구성하고 있음을 의미한다. 일반적으로 하나의 구인 안에는 다양한 구성요소가 있고, 어떤 요소들을 포함할지는 평가자가 결정하게 된다. 때때로 이러한 결정은 측정도구 사용에 있어 실질적인 제한점에 바탕을 두고 이루어지기도 하는데 예를 들어 PF-10 문항에서 신체적인 과업을 설정한다면 시간이 매우 많이 소비될 것이다. 때로는 이전의 선례(이전의 관련 연구 혹은 더 큰 규모의 측정도구의 참조)가 결정에 바탕이 되기도 한다. 또한 잠재적인 풀(pool)은 무한의 구성요소를 갖지만 선택된 문제은행은 반드시 유한의 구성요소를 가져야 하기 때문에 다소 임의적인 선택이 구성요소 결정에 바탕이 되기도 한다. 이러한 결정은 특정 구인에 대한 개념을 정립하는 데 있어 객관적이지 않을 수 있다. 본래 PF-10 구인이 다양한 신체적 기능을 아우르는 것으로 고려될 수 있을지라도 만약 문항 설계 과정에서 자기보고가 쉬운 문항만으로 측정도구를 구성한다면, 이는 도구에 대한 해석을 제한시킬 수 있다.

당신은 수자원공사에서 일하는 보건 행정가이다. 당신의 담당관은 차기 시의회 회의에서 물의 염소 살균에 대한 시민들의 질문에 대하여 답변을 준비하라고 지시하였다. 신문기사에서 제기된 문제를 설명하기 위한 서면화된 대답을 준비하시오.. 식수를 염소 살균하는 것에 대한 장단점을 논의하고, 마시는 물을 염소 살균해야 하는지에 대한 당신의 의견을 설명하시오.

〈그림 3.1〉 IEY 과업의 예

〈표 3.1〉 IEY 측정도구 검사 청사진의 일부분

| | 구인 요소 | | | |
	설계와 조사하기	증거와 교환	개념 이해하기	과학적 정보에 대해 의견교환하기
활동	• 조사설계 • 수행절차의 선택 • 데이터 수집 • 데이터 분석 및 해석	• 증거 활용 • 교환을 위한 증거 활용	• 관련 내용 인식 • 관련 내용 적용	• 조직화 • 기술적 측면

1. 수질
2. 감각 역치 탐색   ✓ : 모든 요소
                                      ★ : 위험 관리
3. 집중하기   ✓ : 관련 내용 적용
                                      ★ : 측정 및 척도
4. 죽음에 대한 지도 작성
5. John Snow   A : 증거 활용   A : 모든 요소
6. 수질오염   ✓: 조사설계
7. 염소살균   A : 모든 요소

★ 표시는 평가된 내용 개념을 의미함.

<그림 3.1>의 과학성취도(IEY)문항은 ET(증거와 교환)구인을 가지고 만들어진 IEY과업의 몇 가지 특징을 보여준다. IEY검사 청사진(blueprint)의 한 부분이 <표 3.1>에 제시되어 있다. 이 표에서 문항은 (1)구인, (2)교육과정에 따른 단위 활동 등 두 개의 특성에 의해 표현되어 있다. 이외에 특징을 요약하면 다음과 같다.

(3) 중요한 검사인지("A"로 표시) 아니면 덜 중요한 검사인지("빠른-확인"을 위하여 "√"로 표시)를 구분한다.

(4) 그 내용이 교육과정에 이미 포함되어 있기 때문에 문자로 완전하게 명시되지는 않는다.

(5) 학생들이 특정한 역할을 수행해야 하는 "실제 세계" 상황과 관련하여 간략하게 기술되어 있다.

(6) 보통 학생들에게 어떤 특정 절차를 수행하고 그것에 대하여 글로 적게 한다.

(7) 관련된 채점 안내서에서 특징지어지는 용어와 활동에 대하여 장점과 단점을 포함한 참조 내용을 담고 있다.

(8) 항상 각 구인에 대하여 채점 안내를 활용하여 채점될 수 있는 반응들을 만들어 내도록 고안된다.

(9) 실제-세계 상황을 고려하여 결정을 하도록 요청하여, 그 결정에 대한 설명할 것을 요청하는 두 부분의 구조를 자주 갖는다.

일반적으로 이러한 9가지의 기술적 요소를 전개하는 결정은 검사 설계자가 교육과정 개발자의 도움을 받아 만든다. 많은 측정도구들의 예시에서 볼 수 있듯이 이러한 기술적 요소들이 측정도구에서 사용되었던 전체 문항들을 모두 다 자세하게 설명하지는 못하며, 대부분의 요소는 다소 분명치 않게 기술된다. 문항 설계 과정에서 앞서 살펴본 기술적 요소 이외의 다른 요소들을 이용한 설계도 가능하며, 또한 몇몇 요소는 제거되기도 한다. 예를 들어 초기 문항의 형태는 각 문항에 해당하는 유일한 채점 안내를 사용했고 이 방법이 문항 개발자들에게는 쉬웠지만 교사들에게는 더 어려웠다. 이에 따라 문항을 개발하기에는 어렵지만 사용하기는 편한 문항유형으로 결정되었다(IEY 문항에 대한 더 자세한 정보는 Wilson & Sloane, 2000을 참조하라).

증거와 교환(ET) 구인을 위한 채점 안내에서 요구된 정보의 깊이에 대한 고려사항은 왜 이러한 특징이 나타나는가를 이해하는 데 도움을 준다(<그림 1.6>과 <표 3.1> 참조)(예를 들면, [i]의 "설명하시오"라는 안내가 없거나, 또는 충분한 정보를 주는 경우는 많지 않다). 그렇지만, 이러한 고려사항만으로 모든 IEY 문항 특징을 만들어내는 것은 충분하지 않으며, 다소 임의적인 과정을 통하여 특정 구인을 측정하는 문항 유형이 결정되는 경우도 많다. PF-10 문항들로 돌아가서, 해당 문항의 다른 요인들을 다음과 같이 요약할 수 있다. (1)넓은 범위의 해당 모집단에서 수행되는 신체적인 활동과 관련되어야 한다. (2)신체적인 활동과 관련하여 "당신의 현재 건강상태는 이러한 활동들을 수행하기에 제한 받고 있는가? 그렇다면 얼마나 그러한가?"에 대한 합리적인 응답들이 가능하도록 하여야 하며, "많이 제약됩니다"와 같이 주어진 선택지 중 하나를 사용하여 응답하기에 합리적이어야 한다. 또한 (3)이전의 Medical Outcomes Study(MOS) 측정도구로부터 온 문항이어야 한다(이 목록에 대한 자세한 내용은, Ware & Gandek, 1998을 참조하라).

어떤 특성은 한 도구의 특정 목록의 문항으로부터 나올 수 있으며, 이는 다소 임의적인 경우가 많다. 예를 들어, 위에서 살펴 본 두 개의 목록 모두 "반드시 영어로 작성하시오"라는 내용을 포함하지 않았지만, 이는 두 목록 모두에서 발견할 수 있는 특징 중 하나이다. 문항 설계에서 중요한 개념 중 하나는 이 임의성이 문항 개발 초기에 문제은행에 대한 기술을 명백하게 함으로써 감소시킬 수 있다는 점이다. 이러한 문항 설계는 측정도구 개발 절차 동안 여러 차례 잘 수정될 수 있지만, 그렇다고 해서 문항 개발 초기 단계에서 문항설계를 잘 해야 하는 중요성이 감소하지는 않는다. 적어도 잠정적인 문항 설계는 문항 생성의 첫 단계 또는 초기 단계 중 하나여야 한다. 잠정적인 문항 설계가 확정되기 전에 구성된 문항들은 문항을 설계하는 과정의 일부로 간주되어야 한다. 일반적으로, 기존에 존재하는 문항 집합(set)을 바탕으로 문항을 설계하는 것이 문항 설계를 바탕으로 문항을 개발하는 것보다 훨씬 더 어렵다.

3.3 문항 개발에 있어서의 문항 형식과 절차

문항 형식은 문항에 대한 응답을 사전에 특정한 방향으로 제한할 수 있다. 문항 형식의 경우 설계 단계에서 사전에 정해 놓은 것이 많을수록 응답 자료를 얻은 후 평가자가 해야 할 일이 적어진다.

사전에 명세화한 것이 거의 없는 문항 형식은 특정한 문항 특성, 해당 측정 도구의 목표인 구인조차도 아직 형성하지 않았을 가능성이 높다. 따라서 관찰을 통해 부족한 부분을 채울 수밖에 없다. 이러한 방식으로는 인류학 연구에서 흔히 볼 수 있는 참여자 관찰 기법이 대표적인 예이다(예를 들면, Ball, 1985). 또 다른 관련 기법은 Patton(1980)에서 기술된 것과 같이, "비정형적 대화 인터뷰(informal conversational interview)"이다:

참여자 관찰 기법에서 관찰자는 관찰의 목적을 알지 못할 수도 있고, 또한 이야기했던 사람은 그들이 인터뷰를 당했는지조차도 모를 수 있다(Patton, 1980, p.198). 참여 관찰 문항 형식의 사전 명세화표는 <표 3.2>에 나타나 있다. 이 표는 참여 관찰에서 고정된 응답 형식으로 옮겨감에 따라 사전에 명세화된 것이 많아지고 있음을 보여준다. 어떤 사람은 참여 관찰 같은 기법을 측정도구의 예로서 포함시키는 것에 대해 주저할 수도 있다. 그러나 이 책에서는 (1) 이 책에서 설명한 많은 기법이 참여 관찰 결과에 적용 가능하고, (2) 이러한 기법이 측정도구 설계에서 유용할 수 있으며, (3) 해당 기법은 문항 형식의 사전 지정과 관련하여 유용한 출발점이 될 수 있기 때문에 참여 관찰 방법을 측정도구에 포함하였다.

다음 문항 형식은 도구의 목적이 결정된 후 가용한 방식으로 주제 안내(topic guide)형식이라고 부른다(<표 3.2> 두 번째 줄). 인터뷰 상황에서 주제 안내는 다음과 같이 구성되어 있으며, 이것을 인터뷰 안내(interview guide) 접근법이라고도 한다(Patton, 1980).

인터뷰를 본격적으로 시작하기 전에, 각 응답자에게 물어야 할 질문들이 있다. 인터뷰를 위한 개요에서는 질문들이 어떤 특정한 순서가 있어야 하는 것은 아니고, 또한 해당 문제들에 대한 응답자의 반응을 얻을 수 있는 질문의 실제적인 단어는 미리 결정되어 있지 않다. 인터뷰 안내는 단순히 인터뷰 중 인터뷰 대상으로부터 얻어내야 하는 공통의 정보가 있다는 것을 알려주기 위한 기본적인 체크리스트 기능을 한다(p.198).

〈표 3.2〉 문항형식에 따른 사전 지정 수준

문항형식	구인 "X"의 측정 의도	문항 요소의 기술		특정 문항		
		일반	세부	채점 안내 X	채점 안내 O	응답
참여 관찰	전 / 후	후	후	후	후	후
주제 안내: 일반사항	전	전	후	후	후	후
주제 안내: 세부사항	전	전	전	후	후	후
개방형	전	전	전	전	후	후
개방형 + 채점안내	전	전	전	전	전	후
고정 응답	전	전	전	전	전	전

이 형식에서 두 가지 수준으로 구분된다. 더 일반적인 수준에서는 요소(구인의 정의와 다른 요소들을 포함하는)들이 오직 요약수준에 자세히 명시되며(일반적인 주제 안내 접근법), 완전한 설명은 관찰이 이루어진 후에 작성된다. 더 고차원적인 수준에서는 구인 정의를 포함한 완전한 요소가 검사 시행 전에 이용가능 하다(세부 주제 안내 접근법). 이러한 두 수준의 차이점은 전자는 개괄적인 요약의 성격을 보이며, 후자는 비록 불완전하더라도 더 자세한 요약의 성격을 띠고 있다는 것이다.

또 다른 문항 형식은 개방형(open-ended)이다. 이 개념은 공통의 개방형 검사를 포함하고 있으며, 이 단원 시작부분에서 언급했던 인터뷰 도구를 포함한다. 여기의 문항들은 도구의 시행 전에 결정되고, 표준적인 조건하에서 미리 정해진 순서에 따라 시행된다. 인터뷰 상황에서, Patton(1980)은 이것을 "표준화된 개방형 인터뷰(standardized open-ended interview)"라고 불렀는데, 문항 형식은 주제 안내와 같이 두 가지 수준으로 구분된다. 첫 번째 수준에서는, 응답 범주들이 아직 결정되지 않는다. 교사들이 직접 만들어 교실에서 사용하는 대부분의 검사는 이 수준에 있다고 할 수 있다. 두 번째 수준에서는, 구분된 응답들이 있는 범주가 미리 결정되며 이것을 채점 안내(scoring guide) 수준이라 부른다. LBS 화학 검사도구와 Good Education 인터뷰(이전 단원에서 예로서 사용)가 이 범주에 있다.

마지막 문항 형식은 표준화된 고정-응답형(standardized fixed-response)으로서 선다형과 리커트-형식 문항으로 유형화할 수 있다. 이 유형에서 응답자는 문항에 대한 응답을 만들어내기보다는 선택한다. 앞서 언급했듯이, 이것은 현재 사용되고 있는 측정도구에서 가장 널리 사용되는 문항 형식일 것이다. 이전 장에서 설명했던 SAQ와 PF-10 검사도구들은 모두 고정-응답형 문항의 예시들이다.

이 유형분류체계가 관련 연구와 실제 상황에서 많이 인용되고 있지만 검사도구에서의 문항들을 분류하는 유일한 방법은 아니다. 이 방법의 장점은 문항-생성(item-generation) 절차를 안내할 수 있다는 것에 있다. 모든 검사도구들은 지정된 형식에 따라 <표 3.2>의 열에 표시된 것과 유사한 개발 단계들을 거쳐야 한다.

일반적으로 무엇인가를 측정 하려는 연구자는 기존의 해왔던 방법보다는 개선된 검사도구를 만들기를 원하기 때문에, 단순히 문헌연구로부터 얻을 수 있는 것 이외에 도구 개발에 대한 새로운 정보를 가져오는 것이 중요하다. 검사도구 개발과 관련하여 유용하게 활용할 수 있는 주요한 정보 중 한 가지는 앞서 살펴보았던 참여자 관찰(participant obser-vation) 접근을 통해 얻을 수 있다. 그러므로 평가자는 사람들이 참여자 관찰방법을 통해서 관찰되거나 인터뷰 될 수 있는 상황을 찾아야 한다. 그 예로 비형식적인 대화 인터뷰, 수행활동의 기록 등을 들 수 있다. 이러한 과정을 통해 얻은 정보는 평가자들이 구인(즉, 구인 참조 요소의 수준)을 확립하는 데 있어 이론적 뒷받침을 해주며, 더 풍부하고 탄탄한 이론을 개발하는 데 도움이 될 것이다.

평가자들은 문헌연구 및 참여자 관찰을 통해 구인의 개념을 확립하고 이를 뒷받침 할 배경지식을 습득한 후, 문항 설계의 일환으로 주제 선정을 시작한다. 이 작업을 위해서 몇 가지 문항 초안을 개발할 필요가 있으며 문항 초안을 바탕으로 인터뷰를 통해 이들 문항들이 구인을 적절하게 측정할 수 있는지를 확인해 볼 필요가 있다. 또한 인터뷰를 통해 질문의 내용이 무엇에 집중할지와 질문은 어떻게 표현할지에 대해 확인해 볼 필요가 있다. 인터뷰 결과를 바탕으로 평가자는 주제를 더 세분화할지 여부를 결정해야 되는데, 이때 평가자들의 훈련 정도나 분석에 필요한 시간과 노력 정도 등을 고려해야 한다.

개방형 문항을 사용하기 위해서는 문항 세트를 만들거나, 문항의 형식을 표준화하여 문항들을 자동적으로 만드는 방식 중 하나를 선택하게 된다. 이 중 후자는 실제 연구 상황에서 보편적이지는 않으며, 매우 전문적인 방법이기 때문에 여기서 다루지 않을 것이다. 문항개발은 상당히 과학적이고 예술적인 기술이다. 과학적이라 함은 각 요소에 대한 타당한 설명을 만들어 내야 함을 의미하고 예술적이라 함은 그 이외의 것들을 의미한다. 측정, 검사에 있어 모든 맥락은 고유하고 유일하다. 만약 목표가 고정-응답 문항을 개발하는 것이라면 그 이상의 작업 단계가 필요하며 그 내용은 다음 장에서 논의할 것이다.

다음으로, 문항이 검사도구 내에 위치할 때, 검사도구의 형식을 고려해야 한다. 검사도구 설계에 있어 중요한 점은 검사도구 내에서 형식의 일관성을 유지하는 것이다. 많은 표준화 성취도 검사나 설문조사에서 사용되는 선다형 문항이나 리커트-형식 문항과 같은 한 가지 문항 형식으로 검사도구가 구성될 수 있다. 그러나 예술분야와 몇몇 전문 분야에서 일반적으로 사용되는 포트폴리오와 같은 더 복잡한 형식도 종종 사용된다. 포트폴리오의 경우 작품의 목적과 관련된 샘플들로 구성되고, 많은 종류의 문항에 대한 응답으로 구성될 수도 있으며, 정해진 규칙에 따라 응답자들이 다소 자유롭게 다양한 방식으로 구성할 수도 있다. 이외에도 검사들은 선다형 문항뿐 아니라, 에세이, 말하기 심지어 다양한 종류의 수행활동과 결합된 형식으로 구성될 수도 있다. 설문조사와 질문지는 서로 다른 여러 형식, 즉 진위형 문항, 리커트 문항, 단답형 문항 등으로 구성될 수도 있다. 인터뷰는 개방형 질문과 선택형 문항 섹션을 포함할 수도 있다.

3.4 응답자에게 귀 기울이기

검사도구를 개발하는 절차에서 중요한 단계이자, 인간을 측정하는 데에 있어 한 가지 독특한 점은 평가자가 응답자들에게 그들이 생각하고 있는 것을 특정 문항을 통해서 묻는다는 것이다. 이 내용은 8장에서 설명될 내용으로서 이러한 종류의 정보를 요약하는 이유는 도구의 타당도와 유용성에 대한 정보를 모으는 데 주요한 수단이 되기 때문이다. 특히, 문항에 대한 응답자들의 반응을 바탕으로 문항을 개선할 수 있을 것이다. 이처럼 문항 개선에 필요한 정보를 얻는 응답절차에는 두 가지 방법이 있다. 첫 번째 방법은 응답자가 문항에 대해 '생각하는 대로 말하게 하는 인터뷰'이며, 두 번째 방법은 응답자가 질문을 받기 전 어떤 종류의 정보가 주어졌을 경우에 대한 반응시간(RT) 연구, 눈의 움직임 연구 등을 수행하는 것이다.

생각하는 대로 말하기나 인지 연구는(American Institutes for Research, 2000) 학생들에게 그들이 실제로 문항에 답을 하는 동안에 그들이 생각하는 것에 대하여 생각을 말하도록 하는 것이다. 이 방법에서는 응답자가 말하는 것이 녹음되거나 그들의 행동이나 다른 미세한 특징(눈동자의 움직임 같은)이 녹화될 수 있다. 학생들이 직접 자기보고를 할 수 있도록 유도하고, 필요하다면 질문을 분명하게 이해하고 있는지 묻기도 한다. 일반적으로, 응답자들은 연구자의 관심이 무엇인지 이해하고 그 절차에 대해 편안하게 느끼도록 어느 정도의 훈련이 필요하다.

인지연구(cognitive lab)에 대한 간단한 한 가지 예는 <그림 3.2>에 제시하였다. <그림 3.2>는 캘리포니아 교육부(California Department of Education)에서 개발한 고등학교 시험의 문항에 대한 보고서이다(Levine & Huberman, 2000). <그림 3.2>에 나타나 있는 해당 문항은 학생이 정수 제곱근의 근사값을 결정할 수 있는가에 대한 특정 성취 기준을 측정하고 있는지에 대해 평가하고 있다. 이 경우에 평가의 방법으로는 생각하는 데로 말하기와 인터뷰를 함께 사용하였다. 진행 과정에서, 인터뷰 진행자는 학생이 구체적인 성취기준을 정말로 숙달했는지 학생과의 상호작

```
Item: M00XXX
The square of a whole number is between 2,400 and 2,500.
The number must be between
    A    40 and 45.
    B    45 and 50.
    C    50 and 55.
    D    55 and 60.
```

Student performance:

Mastery	Performance		
	Correct	Incorrect	No Response (not reached)
No Mastery	2	1	1
Mastery	10	0	

Student mastery:

    Two students who answered correctly had partial
mastery but were unable to square 45 correctly. They got
their correct answers through their ability to square 50—or
just by being able to square 5.. This (50 squared, or
2,500) defines the upper limit of the range and identifies
the option with 50 as the upper limit (option B) as the
correct answer.
    The student who got the item wrong did not know what
the "square of a whole number" meant. He thought it meant
the square root.

Cognitive processes:

    Students would generally square the numbers in the
options to identify a range. However, all that is required
is the ability to recognize that the square root of 2,500
is 50. This defines the upper limit of the range—and the
option B is the only option with 50 as the upper limit. At
least two students who could not square 45 were able to get
the correct answer because they could square 50.

Item problems:

    This item could be correctly answered by a student who
knows that 50 squared is 2,500—and cannot square the
"harder" numbers. It does not really demand that a student
be able to determine "between which two numbers the square
root of an integer lies".

Recommendation:

    Consider changing the numbers of ranges (e.g., 46-48;
49-51; 52-54; 55-58) even though it might be hard for some
students to square these numbers without a calculator.

〈그림 3.2〉 문항 인지 연구의 가상의 보고서(Levine & Huberman, 2000 에서 차용)

용을 통해 비형식적으로 결정하도록 하였다. 사실상 면접관의 결정은 동일한 구인에 초점을 맞춘 다른 형태의 문항에 기초하여 이루어진다.

응답자들에게서 나온 정보는 이 책의 앞에서 설명한 것처럼 몇 가지 도구 개발 단계에서 사용될 수 있다. 응답자들의 반응을 반영하는 방식은 구인에 대한 개념부터 전체적 척도 변화까지 다양하다. 응답자들은 구인의 구성 요소를 수정하게 할 수도 있고, 특정한 문항 또는 문항 유형들도 수정하게 할 수 있다. 또한 다음 장에서 소개될 내용인 채점 설계와 결과 영역에서의 변화를 이끌 수도 있다. 도구 개발과정에서 응답자들의 통찰력을 활용하기 위한 절차들을 포함하는 것은 매우 중요하다.

인간에 대한 측정이 다른 종류의 측정과 구분되는 또 하나의 이슈는 평가자들이 그들이 사용하는 문항이 응답자의 기분을 상하게 하거나 개인적인 정보를 유도하지는 않는지 확실히 점검해야 한다는 점이다. 앞서 설명했던 단계들에서는 그러한 문제들을 점검하는 한편 이러한 이슈에 대한 명시적인 안내문을 제공한 후, 응답자로부터 정보를 제공받아야 하며, 이렇게 제공된 정보를 통해 문항에 대한 충분한 수정이 이루어져야 한다.

예를 들면, 해당 문항이 응답자에게 불쾌감을 줄 수 있는지 여부를 조사하는 일은 더욱 많은 응답자들을 모으는 데 유용하게 활용될 수 있다. 검사도구와 모집단에 따라 검사 표본의 인구학적 범주는 다양한 그룹을 대표하여야 하며, 인구학적 변인은 나이, 성별, 인종, 사회·경제적 지위(SES) 등이 될 수 있다. 이 집단은 각 문항이 독립적으로 그리고 전체의 문항세트가 하나의 묶음으로 기능할 수 있는지에 대한 의견을 제시하고, 문항들을 수정 보완하기 위한 의견을 줄 수 있어야 한다.

3.5 참고자료

평가자의 독창성, 통찰력, 노력 이외에도 문항을 설계하고 실제로 문항을 개발하는 데 필요한 일반적인 자료들은 2장과 3장에서 이미 소개하였다. 잠재적인 구인 유형의 범위, 적용 분야, 문항 형식 등에 대한 세부 자료들에 대해서는 그 내용과 범위가 너무 광범위하기 때문에 여기서는 특정 출처만 소개하려고 한다. 그럼에도 불구하고 1장 뒷부분에 있는 참고 자료 등은 이미 완료된 부분과 특정 영역에 존재하는 문항 설계의 범위에 대하여 유용한 정보를 줄 수 있다. 학업 성취도 검사 분야에서는 문항 유형 및 개발 방법을 위한 참고할 만한 유용한 자료들은 다음과 같다. Haladyna(1996, 1999), Nitko(1983), Osterlind(1998), Plake et al.(2003), Roid와 Haladyna(1982).

무엇보다도 가장 큰 유익한 자료는 관련 분야에서 도구 개발을 실제로 수행한 전문가들의 경험이다. 이들은 특정 영역에서 측정 과정에서 발생하는 특정 문제에 대해서 설명할 수 있을 뿐만 아니라 문항 개발 및 검증 과정에서 도출된 다양한 종류의 정보를 통합하여 더 나은 문항을 만드는 방법을 설명할 수도 있을 것이다.

4

반응공간(The Outcome Space)

4.0 개관 및 주요 개념

이 장에서는 관찰을 어떻게 범주화하는지, 그리고 관찰 결과를 어떻게 채점할 것인지에 대해 집중적으로 논의한다. 먼저 반응공간의 개념을 설명하고 반응공간의 특성에 대해서 정의하고 예시를 들어 설명한다. 이어서, 하나의 반응공간에서 범주들을 채점하는 섹션으로 이어진다. 마지막으로, 반응공간과 채점 전략 모두를 개발하기 위한 두 가지 일반적으로 적용될 수 있는 전략에 대한 설명으로 마무리한다.

4.1 반응공간의 특성

반응공간이라는 용어는 Marton(1981)이 <그림 1.2>의 LBC 문항과 같이 표준화된 개방형 문항에 대한 학생들의 응답에 대하여 실시한 현상학적인 분석('4.2 반응공간과 구인지도' 참조)으로부터 개발된 어떤 반응 범주들을 설명하기 위해 소개하였다. Marton은 반응들의 집합을 만드는 것을 학생들의 반응에서 질적으로 다른 방법들을 찾아내는 과정으로 설명하였다. 이 책에서는 반응공간이라는 용어를 응답자들이 문항에 어떻게 답했는지 기록하고 판단하기 위해 더 넓은 의미에서 정성적으로 기술된 범주들의 집합으로 사용하였다. 반응공간의 몇 가지 예는 이미 이전의 다른 예시에서 제시하였다. 예를 들어 LBC채점 안내(그림 1.5)는 그 LBC문항에 대한 반응을 시각화한 물질(matter) 구인에 결부시켜 어떻게 범주화하는지 설명한다. 이것은 전형적인 개방형 문항의 반응공간이다. 반면에 고정형 문항에 대한 반응공간은 단순히 정해진 반응들이다. 예를 들면, 평가 문항에 대한 SAQ의 반응공간은 다음과 같다:

나는 공부에 대한 노력이 얼마나 효과적이었는지에 대해 생각하지 않았다.
나는 충분한 시간을 썼는지에 대해 생각했다.
나는 충분한 노력을 했는지에 대해 생각했다
나는 가장 중요한 자료를 공부했는지에 대해 생각했다.

이러한 두 종류의 반응공간이 매우 다른데도, 그들이 매우 강력하게 연결되어 있다고 보는 것은 중요하다. 고정된 반응 집합을 구성하는 가장 좋은 방법은 먼저 개방형 반응공간을 구성하고 그 다음에 고정된 반응으로 사용할 대표적인 반응을 어떻게 선택할 것인지 결정하는 것이다. 물론 선택 과정에서 고려해야 할 많은 사항이 있다.

범주화에 대한 개념에서 중요한 것은 반응공간을 정의하는 범주가 질적으로 뚜렷하게 구분되는 것(qualitatively distinct)임을 이해하는 것이다. 사실상 모든 측정결과들은 질적으로 구분될 수 있어야 한다. 선다형 문항과 리커트-방식의 설문조사 질문과 같은 고정된-반응 형식조차도 무엇이 다른 수준의 반응들을 구성하고 있는지에 대한 질적인 이해가 바탕이 되어야 한다. Rasch(1977)는 "과학은 측정 가능한 양적인 관찰을 요구해야 한다는 것이 실수이다. 심지어 물리에서도 그들의 마지막 분석에서처럼 관찰이 질적인 것일 수 있다"(p. 68)라고 지적하였으며, Dahlgren(1984)은 반응공간을 "일종의 분석적 지도"로 설명했다:

> 경험적인(empirical) 개념은 논리적이거나 추리적인 분석의 산물이 아니지만 경험적 자료의 세부적인 분석을 통해 결과들을 산출한다. 반응공간은 내용-세부적인데, 기술적인 범주들의 집합은 선험적으로 결정되지 않았지만 문항의 세부 내용에 달려있다.(p.26).

이 장의 나머지 부분은 Masters and Wilson(1977)에서의 내용을 바탕으로 타당하고 유용한 반응공간을 위한 조건에 대한 설명을 하고자 한다. 반응공간의 특성은 그 범주들이 잘 정의되고, 한정적, 포괄적이며, 순서가 정해진, 특정 상황의, 연구-기반의 특성을 갖는다.

4.1.1 명확한 범주화(Well-defined categories)

반응공간을 구성하는 범주들은 잘 정의되어야 한다. 그것들은 (1) 그 문항이 무엇을 측정하고 있는지에 대한 일반적인 정의(즉, 이 책에서 설명된 접근방법에서, 구인에 대한 정의) (2) 배경 자료, (3) 문항, 문항반응, 그리고 범주화의 예, (4) 훈련절차를 포함한다. LBC 예는 마지막 특성을 제외한 모든 것을 보여준다. <그림 1.1>은 물질(matter) 구인을 시각화하는 것에 대한 간략한 정의와 함께 (2) 다른 반응수준에 대한 설명을 제공한다. <그림 1.5>는 문항반응들이 범주화되어 범주 집합이 되는 것을 보여주며 <그림 1.6>은 <그림 1.2>에서 보여준 문항에 대한 전형적인 반응을 보여준다(Wilson et al., 2000).

LBC의 예시에 아직 포함되지 않은 것은 결과에 대한 높은 평정자 간 일치도와 결과의 유용성을 성취하기 위한 훈련프로그램이다. 높은 수준의 일치도를 얻으려면 서면 자료뿐만 아니라 훈련프로그램이 필요하다. Wilson과 Sloance(2000)가 제시한 평가 조정(assessment moderation)이라 불리는 방법은 교육적인 상황과 맥락에서 전문적인 경험을 바탕으로 판단 과정에 도움을 줄 수 있다는 점에서 특별히 교사들에게 유용한 것으로 밝혀져 왔다. 이 기법에서 교사들은 자신의 학생들로부터 반응의 예를 선택하고, 미리 조정집단(moderation group)의 다른 구성원들에게 회람한다. 그 집단의 구성원들은 이용 가능한 모든 자료를 사용하여 반응을 범주화시킨다. 그리고 회의를 통해 그 범주들을 함께 모아 조정안을 찾아 나간다. 이 회의의 목적은 해당 집단이 수행한 범주화를 비교하고, 점수에 대한 합의를 찾을 때까지 논의하며, 학생들이 어떤 범주로 분류되었는지 알 수 있는 교육적 함의에 대해 토론하는 것이다. 이 과정은 더 높은 수준의 초기 일치 정도를 얻기 위해 다른 응답 집합(set)을 가지고 여러 번 되풀이될 수 있으며, 시간에 따른 교사의 향상 정도를 살펴볼 수 있다. 결과적으로 반응공간은 이 과정을 통해 수정될 수 있다.

해석 가능한 세부사항이 충분히 제공되는지 확인하는 한 가지 방법은 여러 팀의 평가자가 자료를 사용하여 응답을 분류하도록 하는 것이다. 팀들 사이의 합의는 얼마나 그 반응공간의 정의가 성공적으로 이루어졌는가에 대한 지표를 제공한다. Marton(1986)은 반응공간을 개발하는 것과 그것을 사용하는 것 사이의 유용한 구별점을 주었다. 그는 식물의 종을 구별하는 식물학자의 입장에서, 평가자의 과업을 분석하여 다음과 같이 말했다.

독립적으로 일하는 두 사람들이 같은 생태학을 구성할 것이라고 기대할 이유는 없지만, 하나의 범주가 일단 발견되고 설명되었을 때 다른 이들에 의해 발견되거나 인정될 수 있는가는 중요한 문제이다… 만약 다른 연구자가 그것을 사용할 수 있다면 범주들의 존재나 부재에 관한 높은 정도의 일치에 이르는 것은 틀림없이 가능해야 한다.

4.1.2 연구기반 범주화(Research-based categories)

하나의 반응공간의 구성은 문항 개발 절차의 일부가 되어야 한다. 따라서 측정하고자 하는 구인을 명확히 하고 학생들이 구인을 측정하는 문항에 대한 다양한 반응을 확인하고 이해하기 위한 연구를 수행하고 이를 통해 정보를 수집해야 한다. 성취도를 측정하는 기관인, 국가 연구 위원회(National Research Council, 2001)는 최근 다음과 같이 결론지었다:

인지 및 학습 모형은 평가설계 과정에서 초석이 되어야 한다. 이 모형은 학생들이 지식을 표현하고 그 영역(domain)에서의 역량을 개발하는 방법에 대한 최선의 이해를 기반으로 해야 한다. 이 모델은 평가의 목적에 따라, 더욱 정교해질 수도 있고, 간단해질 수도 있다. 그러나 그것은 항상 하나의 영역에서 학습자들의 경험적인 연구에 바탕이 되어야 한다. 이상적인 관점으로 본다면, 모형은 학습자가 능력을 얻어가는 과정에서 전형적인 방법들을 보여주면서 또한 발달적 측면을 제공해 줄 수 있다.(pp. 2-5).

따라서, 성취도의 맥락에서, 인지와 학습의 연구-기반 모델은 구인 정의를 위한 토대로서, 반응공간 설계와 문항개발의 기초가 되어야 한다. 여러 분야에서(예를 들어, 심리학 척도, 건강에 대한 설문조사, 마케팅 설문조사) 하나의 구인은 여러 개발 노력과 함께 연관되어야 한다. 그러한 연구-기반 반응공간 뒤에는 연구가 기대할 수 있는 형식과 깊이의 다양성이 있다. 예를 들면, LBC 구인들은 관련 문헌(Claesgens, Scalise, Draney, Wilson, & Stacey, 2002)을 이론적 바탕으로 둔다. Pf-10을 위한 연구에서 비록 구인은 Ware와 Gandek(1998)에 기반을 두고 있다. 각 IEY 과업의 반응공간을 구성하는 범주 집합(set)은 학생들이 SOLP 접근법(Biggs& Bollis, 1981)을 사용하여 해당 평가(Wilson, Roberts, Draney, Samson, & Sloance, 2000)의 시험에 대한 다양한 응답을 분석하여 개발된다. SAQ는 구인을 확립하는 내용으로 작성된 이전 연구를 바탕으로 한다(Thomas & Rohwer, 1993). Good Education 인터뷰(Commans et al., 1983, 1995)의 채점 방식도 마찬가지였다.

4.1.3 세부 상황 범주화(Context-specific categories)

구인 측정에 있어, 반응공간은 항상 그 구인과 사용되는 맥락별로 달라져야 한다. 때때로 반응공간의 상황적인 특성과 그것으로부터 나온 점수의 일반성을 혼동하는 일이 발생한다. 예를 들어 어느 선다형 문항은 그 문항 속 맥락에서 의미 있는 점수를 부여할 수 있는 오답지들을 가질 것이다. 범주가 상황마다 겉으로는 같게 보일 때조차도, 그것들의 사용에 있어서는 각 맥락에서 재해석을 필요로 한다. 예를 들어, LBC 과업을 위한 범주는 검사 개발 프로젝트의 예비 검사를 시행했던 해에 사용된 작업에 대한 학생의 응답을 분석하여 개발되었다. LBC 물질(matter) 구인의 시각화를 위해 사용된 일반적인 채점 안내는 <그림 1.6>에서의 예와 같이 각 과업을 위한 세부적인 예에 의해 보충되었다.

4.1.4 유한적, 포괄적 범주화(Finite and exhaustive categories)

일반적으로 평가자가 수집한 개방형 문항에 대한 반응은 응답 전집으로부터의 표집이다. 하나의 에세이 주제를 생각해보자. "너는 지난여름에 무엇을 했는가?" 5페이지로 에세이 길이 제한이 있다고 가정해보자. 동일한 주제에 대한 응답에서 무한히 많은 다른 에세이가 가능할 것이다. 반응공간의 역할은 이렇게 무한한 반응 전집에 질서와 감각을 가져다주는 것이다. 여기서, 반응공간의 중요한 특성 중의 하나는 오직 유한한 수의 범주로 구성되어야만 한다는 것이다. 예를 들면, LBC 채점 안내는 <그림 1.5>에 제시된 것과 같이, 모든 문항 반응을 10개의 범주로 분류한다. 즉, 관련 없는 반응, 묘사하기(세 가지 수준), 표현하기(세 가지 수준), 관계 짓기, 예측하기, 설명하기이다. PF-10(그림 2.4) 반응공간은 "많이 제한된", "약간 제한된", "전혀 제한되지 않은" 단지 세 개의 범주이다

반응공간은 또한 포괄적이어야 한다. 이는 모든 가능한 반응에 대한 범주가 존재해야 함을 의미한다. LBC 예에서, "기회없음"과 "관계없는 또는 결측" 범주들은 분류하기 어려운 두 개의 공통된 종류의 반응을 포괄하도록 고안하였다. 첫째, 시행 조건이 충분히 표준화되지 않은 상태에서 발생하는 반응이 있다; 둘째, "Harry가 Sally를 좋아해", "검사가 엉망이야" 등과 같이 기대된 반응 범위와 일치하지 않는 것들이 있다. 비록 그러한 반응들은 때때로 더 큰 맥락에서 해석될 수 있는 정보를 포함하기 때문에 중요할 수도 있지만, 그들은 물질(matter) 구인에서의 응답자 위치에 대한 정보를 평가자에게 주지 않는다. PF-10 척도와 같이 고정된-반응 문항 형식에서, 유한성과 포괄성은 형식에 의해 정해진다. 평가자들이 범하기 쉬운 흔한 실수는 범주의 설명을 너무 내용적으로 자세하게 만드는 것이다. 따라서 이는 포괄적이지 못하다. 평가자들은 자신의 이론에 따라 생각하고 발생 가능성이 있는 모든 실수를 고려하여 각각에 대해 카테고리를 만들지만 응답자가 생각보다 더 많은 실수를 범한다는 것을 깨닫지 못한다.

4.1.5 서열화된 범주(Ordered categories)

구인을 정의하고 구인지도를 제작하는 데 있어 반응공간이 유용하기 때문에, 범주들은 몇 가지 방법으로 서열화될 수 있어야 한다. 어떤 범주들은 구인의 낮은 수준을 보여주어야 하고, 몇몇은 높은 수준을 대표해야 한다. 전통적인 고정된-응답 문항 형식(선다형 검사 문항과 진위형 설문조사 문항)에서, 반응들은 단지 두 개의 수준으로 순서화된다 - 진위형 문항의 경우에는 뚜렷하게, "참(true)"과 "거짓(false)"으로; 선다형 문항의 경우에는, 올바른 선택지를 고르기 위한 정확한 범주로, 그리고 오

답 선택지 중 하나를 고르기 위한 범주로. 리커트-유형 설문조사 문항에서, 순서는 선택의 특성을 본질적으로 포함하고 있다. "강하게 동의, 동의, 반대, 강하게 반대"는 반응에 대한 네 수준의 서열을 주는 것이다. 개방형 문항을 위한 채점 안내에서도 유사한 것을 해야 할 필요가 있다 - <그림 1.5>에서 보여지는 LBC문항의 점수들은 0점에서 5점까지 10개의 서열화된 범주들을 준다("-"와 "+" 점수를 포함).

상황에 따라, 가장 낮은 수준이나 서열화되지 않은 결측 자료 수준을 "X"범주로 할당하는 것은 유용할 수도 있다. 이 정렬은 구인과 관련한 이론 및 경험적 증거에 의해 뒷받침되어야 한다. 여기서 반응공간의 이론적 배경은 구인을 뒷받침하는 이론과 같아야 한다. 경험적 증거는 반응공간의 정렬을 지지하는 데 사용될 수 있으며, 이는 검사도구의 예비조사 및 현장조사에서 필수적이다. 범주들의 정렬이 꼭 완벽할 필요는 없다. 서열화된 부분구획(partition)(즉, 몇 개의 범주가 그 정렬에서 같은 순위를 가질지도 모른다) 또한 유용한 정보를 제공하는 데 사용될 수 있다(Wilson & Adams, 1995).

4.2 반응공간과 구인지도

일반적으로 하나의 반응공간에서 직접 도출된 범주 집합(set)들만으로는 측정에 충분치 못하다. 하나 이상의 단계가 필요한데 범주들은 구인지도의 반응 측면과 다시 관련되어야 한다. 이것은 반응공간의 서열화된 수준을 위해 수리적인 값을 제공하는 절차로 보여질 수 있다. 그러나 이것의 진정한 의미는 1단원에서 설명한 구인지도로 다시 돌아가는 것이다. 많은 경우에, 이 절차는 범주의 정의에 필수적인 것으로 보이며, 이는 범주화와 채점 과업이 서로 협력하여 작동하는 것을 의미하기 때문에 긍정적이다. 그럼에도 불구하고, 두 절차를 구분할 수 있는 것은 중요하다. 적어도 이론적으로 (1) 평가자는 도구를 개발하는 절차에서 각 단계를 정당화할 수 있어야 하고, (2) 다른 채점 틀을 가질 가능성이 종종 구인을 이해하는 데 유용하기 때문이다.

대부분의 상황에서, 특히 평가자가 정형화된 문항 형식을 사용하고 있는 상황이라면, 어떤 채점 절차를 사용해야 하는지에 대한 질문은 오랜 관행에 의해 해결될 수 있다. 예를 들면, 선다형 검사 문항에서, 올바른 선택지는 1로, 틀린 것은 0으로 점수를 주는 것이 일반적이다. 이것은 선다형 문항이 채점되는 거의 보편적인 방법이다. 설문조사와 질문지에서 리커트-형식 반응 질문들은 보통 허용된 반응 범주 수에 따라 채점이 된다-만약 매우 동의, 동의, 반대, 매우 반대와 같이 네 개의 범주가 있다면, 각각, 0, 1, 2, 3으로 각각 채점될 것이다. 부(-)적인 방향을 가진 문항이라면, 채점은 일반적으로 3, 2, 1, 0으로 반대가 된다.

만약 개방형 문항이면, 반응 범주는 질적인 분류에 따라 LBC 예에서 행해졌던 것과 같이 서열 범주로 서열화되어야 한다. 리커트-형식 문항들은, 연속적인 정수에 의해 서열 수준으로 생각하는 것이 합리적이다. <그림 1.5>에서 연속적으로 순서화된 범주들은 다음과 같이 채점된다:

설명하기=5,

예측하기=4,

관계짓기=3,

표현하기=2,

묘사하기=1,

관련없는 반응=0.

한편, 이것은 이용 가능한 세부적인 단계로 나누어질 수 있다 - 이를 보여주는 한 가지 방법은 LBC 예에서 볼 수 있듯이 "+"와 "-"를 사용하는 것이다. 또 다른 방법은 외부의 범주를 포함시키기 위해 점수의 수를 늘리는 것이다. <그림 1.5>에서 "기회없음"의 범주는 "X"로 채점 된다. 몇 가지 상황에서는 "X"가 논리상 0으로 간주되는 것은 합리적이 다. 예를 들어, 학생이 해당 내용에 대한 사전 지식이 전혀 없으면 문항 이 매우 어려워서 시행되지 않을 수 있다. 그렇지만, 만약 그 구인에 대 한 학생의 측정치와 관련 없는 이유(학생이 그날 아팠을 경우)로 문항이 시행되지 않았다면, 그때는 "X"를 결측치로 해석해도 무리가 없다.

Q. 다음 중 벨기에의 수도는?
A. Amsterdam
B. Brussels
C. Ghent
D. Lille

〈그림 4.1〉 다분 채점의 가능성이 있는 선다형 문항의 예

어떤 경우에는 채점하는 반응 범주의 대안적인 방법을 생각하는 것이 흥미로울 수 있다. 선다형 문항의 경우 때때로 뛰어난 수험자들(전체 검 사 또는 다른 관련 있는 문항에서 더 높은 점수를 얻은 경우)에 의해 채택되어지는 매력적인 오답의 선택지가 있기도 하다. 이러한 매력적인 오답지가 충분히 의미 있고, 구인과 관련하여 그 의미를 해석하는 방법 이 있다면, 이러한 선택지에 부분적인 점수를 부여하여 채점하고자 하는 것이 합리적일 수 있다. 예를 들면, <그림 4.1>의 선다형 문항을 생각해 보자: 표준 점수 틀은 A또는 C또는 D를 선택하면 0; B를 선택하면 1을 부여할 수 있다. 이 선택지에서, Ghent는 Belgium의 한 도시이고 다른 두 도시는 Belgium의 도시가 아니기 때문에 C를 선택한 응답자에게 A 나 D를 선택한 응답자보다 더 높은 점수를 주는 것이 가능할 수도 있다.

따라서, 대안으로 생각해볼 수 있는 채점 틀은 다음과 같다: A 또는 D는 0, C는 1, B는 2. 다른 반응공간에서도 점수 수준이 유의미하다면 이와 같은 분석이 적용될 수 있다.

4.3 반응공간 구성의 일반적 방법

반응공간의 구성은 평가자가 도구를 개발하고 있는 특정 상황이나 맥락의 이론적이고 실제적인 측면 모두에 의해 큰 영향을 받는다. 그것은 구인의 정의로부터 출발하여 문항 설계의 기술적인 요소에 대한 정의로 나아가고, 이를 바탕으로 예시 문항의 초기 개발을 요구한다. 다음으로 이 목적을 위해 개발된 두 개의 일반적인 틀인 (1) 이전에 언급한 현상학 (Marton, 1981)과 (2) SOLO 분류학(Biggs & Collis, 1982)에 대해 설명한다. 이 절의 마지막에서는 세 번째 방법이자 Guttman의 연구에서 나온 비인지적 맥락에 적용이 가능한 방법을 소개한다.

4.3.1 현상학적 방법(Phenomenography)

현상학은 학생 반응에 대한 세부적인 분석을 기반으로 인지적 작업을 위한 반응공간을 구성하는 방법이다. 현상학적 분석은 Marton(1981)의 연구에서 시작되었다. 그는 현상학적 방법을 "사람들이 주위 세계의 다양한 측면과 현상을 경험하고, 개념화하고, 인식하고, 이해하는 정성적으로 다른 방법을 구성하기 위한 하나의 연구방법"이라고 설명하였다 (Marton, 1986, p.31).

현상학적 분석은 대개 특별한 현상에 대한 개인의 이해 정도에 대한 정보를 이끌어 내도록 고안된 개방형 과업의 발표, 질문, 또는 문제를 포함한다. 가장 흔하게, 과업은 학생들이 문제의 개념이나 과업에 대하여 자유롭게 이야기할 수 있도록 비교적 구조화되지 않은 인터뷰에서 이용된다.

이러한 연구의 중요한 발견은 학생들의 반응이 현상, 개념 또는 원리에 대하여 생각할 수 있는 한정된 수의 질적으로 다른 방법들을 언제나 반영한다는 것이다(Marton, 1988). 예를 들어, <그림 4.2>에서 문제에 대한 반응의 분석은 빛과 보는 것 사이의 관계에 대하여 생각하는 몇 가지 다른 방법들을 드러내었다. 현상학적 분석의 주요한 결과는 학생들이 주는 질적으로 다른 몇 가지 반응을 설명하는 범주이다.

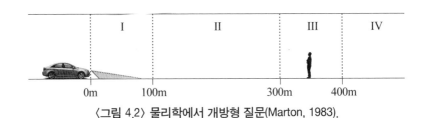

〈그림 4.2〉 **물리학에서 개방형 질문**(Marton, 1983).

이 문제에 대한 연구에서 분석된 자료는 인터뷰의 전사(transcription)인 경우가 종종 있다. 학생반응 분석에서, 할당된 과제에 대한 개별 학생들의 응답의 주요한 특징을 알기 위해 시도가 이루어진다. 즉, 토론 과정에서 학생들의 사고방식을 특히 드러내는 진술에 대한 검색이 진행된다. 그들이 만들어졌던 세부적인 맥락 속에서 이러한 진술들은, 전사된 것에서 발췌되어 다음 단계의 분석을 위한 인용구 모음(a pool of quote)으로 합쳐진다.

이 후 분석의 초점은 인용구 모음으로 옮겨진다. 학생의 진술들은 검토 후 그룹화하여 정리한다. 그룹 간의 차이점을 명확하게 하기 위하여 경계선의 진술을 조사한다. 이 과정에서는 대조 연구가 특히 중요하다.

맑고 깜깜한 밤에, 차 한 대가 평평한 직선도로에 주차되어 있다. 차는 헤드라

이트를 켜고 앞을 비추고 있다. 그 길에 서 있는 보행자가 차의 불빛을 본다. 네 개의 섹션에서 나누어진 아래의 그림에 이 상황이 표현되어 있다. 빛은 어느 섹션에 있는가? 답에 대한 이유를 말하라.

인용문을 함께 사용하면 그 범주의 의미가 개발되는 동시에 그 범주의 진화하는 의미에 따라 어떤 인용이 포함되고 포함되지 않을지 결정한다. 물론 이 것은 지루하고 시간이 많이 소비되는 반복적인 절차로, 인용에서의 변화를 가져오고 각 인용에서의 정확한 의미 변화를 가져온다(Marton, 1988, p.198).

분석의 결과는 여러 종류의 이해를 반영하여 인용문을 그룹화하는 것이다. 이러한 분류는 반응 범주가 되고, 표집된 학생들의 인용문을 사용하여 설명되고 묘사된다. 반응 범주는 "몇 가지 계층으로 나타내어진다. 최선의(best) 개념이 존재하고, 때때로 다른 개념이 평가적인 차원에 따라 서열화될 수 있다"(Marton, 1988, p.195). Ramsden 등(1993)의 연구에서, 반응 범주는 점차적으로 이해의 복잡성이 증가하는 계층적으로 서열화된 구인이고, 이러한 수준들 사이에 논리적인 관계를 설명하는 시도이다. 이 점이 다른 질적 연구방법으로부터 현상학을 가장 분명히 구분지어준다.

우리는 이제 빛과 시야 사이의 관계에 대한 학생들의 이해를 조사한 것을 가지고 반응공간을 생각해보자. 우주 공간에서 퍼지고 그 근원과 영향과는 별개로 존재하는 물리적 실체로서 빛의 개념은 물리학에서 중요한 개념이며, 빛과 보는 것 사이의 관계를 이해하는 데 필수적이다. Anderson과 Karrqvist(1981)은 스웨덴의 중등종합학교에서 9학년 학생들은 이러한 빛의 기본적인 특성을 거의 이해하지 못하고 있음을 발견하였다. 그들은 관찰을 통해서 대부분의 과학 교과서에서 학생들이 빛에 대한 이해를 당연히 하고 있을 것으로 여기고, 렌즈를 다루는 것과 시스템으로 빠르게 넘어갔다. 교사들 역시 학생들이 빛의 근원적인 특성에 대해 이해를 하고 있다고 가정한다. "교사들은 아마도 이 근원적인 내용을 체계적으로 가르치지 않을 것이다. 그들은 그것이 얼마나 기본적인 것인지도 생각하지 않고 그것이 학생들에게 얼마나 문제가 되고 있는지도 인식하지 못하고 있으며, 이것이 대부분 교사의 사고방식이다." (Anderson & Karrqvist, 1981, p. 82).

빛과 시야에 대한 학생들의 이해를 좀더 면밀히 연구하기 위해서, 스웨덴 중등종합학교의 4학년 학생들 558명에게 <그림 4.2>의 문제를 주었다. 그리고, 이 학생 중 22명과 인터뷰를 실시하였다(Marton, 1983). 학생들의 설명과 작성한 글을 바탕으로, 빛과 시야에 대해 다섯 가지 다른 사고방식이 있다는 것을 알게 되었다. 이것은 <그림 4.3>의 다섯 개 범주로 요약된다.

(e) 그 물체는 빛을 반사시키고, 빛이 눈에 도착했을 때 우리는 그 물체를 본다
(d) 눈과 물체 사이의 앞뒤로 나가가는 광선이 있다. 눈은 물체에 부딪히는 광선을 보내고, 그 광선이 되돌아와 그것에 대해 눈에게 알려준다.
(c) 눈에서 나오는 광선들이 있다. 그들이 물체에 부딪힐 때 우리는 볼 수 있다 (Euclid의 "빛의 광선(beam of sight)"의 개념과 유사).
(b) 물체에서 눈으로 가는 그림이 있다. 그것이 눈에 도착했을 때, 우리는 볼 수 있다(고대 그리스에서 원자의 "eidola" 개념과 유사)
(a) 눈과 물체 사이의 연결은 "당연히 여겨지는 것"이다. '우리가 단순히 보는 것'은 문제될 게 없다. 빛의 필요성이 지적될 수도 있고, 시력의 시스템 내에서 발생하는 일에 대한 설명이 주어질 수도 있다.

〈그림 4.3〉 현상학적 반응공간

<그림 4.3>을 아래에서 위로 읽어보면, 몇몇 학생들이 물체와 눈 사이의 빛의 통과에 대한 이해가 전혀 없음을 보여주는 반응이 있다: (a) 학생들의 반응을 살펴보면, 우리는 단순히 "본다". (b) 다른 학생들은 물체에서부터 눈에 이르기까지의 "그림"들의 통과(passage)로 설명한다. (c) 눈에서 물체에 이르는 "광선(beam)"의 통과는 하나의 플래시 빛이 직접

광선이 되는 것과 매우 유사한 방식으로 광선을 집중한다. (d) 물체에 광선이 통과하는 것이 눈에 다시 반사된다. 그리고 (e) 물체로부터 눈에 빛이 반사된다 등으로 분류될 수 있다.

이러한 각각의 반응들은 정성적으로 다른 이해의 수준은 보여준다. 이해의 가장 높은 수준은 범주 (e)이고, 가장 낮은 수준은 범주 (a)에 해당한다. Marton(1983)은 이해에 대한 다섯 수준을 구성하는 데 다섯 개의 범주를 고려했는가의 여부를 말하지 많았다. 그의 주요한 목적은 반응 범주 셋을 구성하는 절차를 설명하는 것이었다.

범주 (b), (c), 그리고 (d)는 범주(a)과 (e) 사이에 하나 이상의 중간 수준으로서, 질적으로 명확하게 다른 반응들을 나타낸다. 6학년 학생에서는 없었고, 오직 9학년에서 11%의 학생만이 범주(e)로 보여지는 응답을 하였다.

4.3.2 SOLO 분류법(The SOLO taxonomy)

학습결과의 구조(the Structure of the Learning Outcome(SOLO)) 분류법은 인지와 관련된 과업의 반응공간을 구성하는 데 사용될 수 있는 일반적인 이론적 틀이다. <그림 4.4>에 나와 있는 분류법은 학생들의 반응을 판단하고 분류하기 위한 참조의 틀을 제공하는 목적으로 Biggs와 Collis(1982)가 개발하였다.

SOLO 분류법은 Biggs와 Collis의 관찰을 바탕으로 하고 있는데, 학생들을 Piagetian 단계에 배정하고 예상치 못한 관찰 결과가 불가피하게 나오는 과업에 대한 학생들의 반응을 예측한다. 즉, 과업마다 개인의 수행이 일치하지 않는다. 이에 대한 Biggs와 Collis(1982)의 해결책은 초점을 단계의 계층성에서 관찰할 수 있는 반응 범주의 계층성으로 바꾸는

것이다: "실질적인 관점에서 볼 때 어려움은 특별한 과업에 대해 학생들에게서 그의 반응으로 라벨(label)을 바꿈으로써 단순하게 해결될 수 있다"(p.22). 따라서, SOLO 수준들은 "특별한 시간에 특별한 수행을 설명하는 것이지, 학생들에게 라벨(label)을 붙이는 것을 의미하지는 않는다"(p.23).

<그림 4.5>와 <그림 4.6>에서 구체화된 예는 일반적인 이론 틀의 수준과 일치하는 범주들을 정의하여 반응공간의 구인을 설명한다. 이 예제에서는 학생들에게 다섯 개의 SOLO 분류법 수준(전구조적인, 일차원 구조의, 다차원 구조의, 관계적인, 그리고 확장된 추상적인)에 의거하여 Stonehenge에 대한 역사적인 자료를 해석하는 과제를 부여하기 위해 개발하였다(Biggs and Collis, 1982).

확장된 추상적 응답은 모든 관련된 정보를 포함할 뿐만 아니라, 자극에 포함되지 않은 관련 정보들도 반응에 통합시켜 확장하는 것이다.
관계적인 응답은 자극으로부터 모든 관련된 정보를 통합시킨다.
다차원 구조의 응답은 자극으로부터 몇 가지 관련된 정보에 대한 반응이다.
일차원 구조의 응답은 자극으로부터 오직 하나의 관련된 정보만을 반응하는 것이다.
전구조적인 응답은 관련성이 없는 정보만으로 구성된 것이다.

〈그림 4.4〉 SOLO 분류법

스톤헨지(Stonehenge)의 기능

스톤헨지는 영국 남부의 솔즈베리 평원에 있다. 사진에 보이는 매우 큰 돌 반지가 있다. 돌의 일부가 쓰러지고 일부가 사라졌다. 우리는 그 당시 영국에 살았던 사람들을 청동기 시대인이라고 부른다. 도시가 생기기 훨씬 전에 스톤헨지는 예배와 희생을 위한 성전이었다. 돌의 일부는 인근 언덕에서 가져온 것이지만 블루 스톤(Blue Stones)이라고 부르는 다른 것들은 웨일즈의 산에서 나온 것이라고 생각한다.
질문 : 스톤헨지는 사원이 아니라 요새였다고 생각하는가? 그 이유는 무엇인가?

〈그림 4.5〉 역사 영역의 SOLO 과제(Biggs & Collis, 1982)

<그림 4.5>의 역사 문제는 불완전한 자료를 이용하여 그럴듯한 해석을 하는 학생들의 능력을 평가하기 위해 만들어졌다. 7.5세에서 15까지의 학생들에게 <그림 4.5>의 상황이 주어졌고, Stonehenge의 그림이 제시되었다. 그들에게 Stonehenge가 사원(temple)이라기보다는 요새(fort)였을 수도 있다는 생각에 대해서 글을 쓰게 하였다.

이 예는 일반적으로 이러한 종류의 이론적 틀이 얼마나 유용한가에 대한 흥미로운 질문을 제기한다. Biggs와 Collis는 다양한 과업과 학습영역에 SOLO 분류법을 적용할 수 있음을 보여주었고, 다른 연구자는 경험적인 자료에서 SOLO와 비슷한 구조를 관찰했다. 그렇지만, Dahlgren (1984)는 "SOLO 분류법의 훌륭한 장점은 일반적으로 적용이 가능하다는 것이지만 특정 과제의 특별한 내용에 대한 결과의 차이는 밝혀지지 않을 수 있기 때문에 그것이 또한 단점이기도 하다. 우리의 분석에서도, SOLO 분류법에서 나타난 것과 유사한 결과의 구조적 차이점들이 관찰될 수 있지만, 특정 내용에 의존하는 차이가 반복적으로 발견된다." 그럼에도 불구하고, SOLO 분류법은 많은 검사 환경에서 시작하는 하나의 방법으로서 이용되고 있다. 이러한 적용의 예는 앞서 SOLO 계층으로 시작하는 IEY Using Evidence 구인지도 제작에 시도되었으며, 결국에는 <그림 2.4>와 같은 구조로 변화했다. 이와 유사한 적용이 모든 IEY 구인에 대해 이루어졌으며, 이는 문항에 대한 학생들의 반응으로부터 얻은 증거에 기초하여 SOLO 구조로부터 수정되었으며, SAQ 문항에서도 마찬가지였다. SOLO 분류법은 응답의 분석을 위한 출발점으로 매우 유용하며, 이것이 가장 큰 장점일지도 모른다.

4 Extended Abstract

e.g., 'Stonehenge is one of the many monuments from the past about which there are a number of theories. It may have been a fort but the evidence suggests it was more likely to have been a temple. Archaeologists think that there were three different periods in its construction so it seems unlikely to have been a fort. The circular design and the blue stones from Wales make it seem reasonable that Stonehenge was built as a place of worship. It has been suggested that it was for the worship of the sun god because at a certain time of the year the sun shines along a path to the altar stone. There is a theory that its construction has astrological significance or that the outside ring of pits was used to record time. There are many explanations about Stonehenge but nobody really knows.'

This response reveals the student's ability to hold the result unclosed while he considers evidence from both points of view. The student has introduced information from outside the data and the structure of his response reveals his ability to reason deductively.

3 Relational

e.g., 'I think it would be a temple because it has a round formation with an altar at the top end. I think it was used for worship of the sun god. There was no roof on it so that the sun shines right into the temple. There is a lot of hard work and labor in it for a god and the fact that they brought the blue stone from Wales. Anyway, it's unlikely they'd build a fort in the middle of a plain.'

This is a more thoughtful response than the ones below; it incorporates most of the data, considers the alternatives, and interrelates the facts.

2 Multistructural

e.g., 'It might have been a fort because it looks like it would stand up to it. They used to build castles out of stones in those days. It looks like you could defend it too.'
'It is more likely that stonehenge was a temple because it looks like a kind of design all in circles and they have gone to a lot of trouble.'

These students have chosen an answer to the question (i.e., they have required a closed result) by considering a few features that stand out for them in the data, and have treated those features as independent and unrelated. They have not weighed the pros and cons of *each* alternative and come to balanced conclusion on the probabilities.

1 Unistructural

e.g., 'It looks more like a temple because they are all in circles.'
'It could have been a fort because some of those big stones have been pushed over.'

These students have focused on one aspect of the data and have used it to support their answer to the question.

0 Prestructural

e.g., 'A temple because people live in it.'
'It can't be a fort or a temple because those big stones have fallen over.'

The first response shows a lack of understanding of the material presented and of the implication of the question. The student is vaguely aware of 'temple', 'people', and 'living', and he uses these disconnected data from the story, picture, and questions to form his response. In the second response the pupil has focused on an irrelevant aspect of the picture.

〈그림 4.6〉 SOLO 반응 공간

SOLO 분류법을 사용한 후속 작업들에서, 몇 가지 다른 유용한 수준들이 개발되었다. 다만 다차원 수준은 다른 수준들보다 더 큰 경향이 있었기 때문에 분류학을 적용하는데 문제가 발견되었다. 이와 관련하여 부분점수를 주는 효과적인 방법이 있다. 그 수준들의 진단 방법을 개선하기 위해서 다양한 차원의 중간 수준들이 Berkeley Education and Assessment Research(BEAR)에 의해 개발되었으며, 이 새로운 유형의 반응공간을 BEAR 분류법이라 명명하였다. <그림 4.7>은 이러한 BEAR 분류법을 보여준다.

- 확장된 추상적 응답은 모든 관련된 정보를 포함하는 것뿐만 아니라, 자극에 있지 않는 관련 정보들도 반응에 통합시켜 확장하는 것이다.
- 관계적인 응답은 자극으로부터 모든 관련된 정보를 통합시킨다.
- 준관계적인 응답은 전체가 아닌 몇 개의 관련된 정보를 자체-일관성 있는 전부로 통합시키는 것이다.
- 다차원 구조의 반응은 자극으로부터 몇 가지 관련된 정보에 대한 반응이며, 그들은 모두 연관된다. 그러나 자체-일관성 있는 전부로 도출되지는 못한다.
- 복수의 반응은 하나 이상의 관련된 정보로 반응하지만, 그것들을 함께 연결시키는데 성공하지는 못한다.
- 일차원 구조의 반응은 자극으로부터 오직 하나의 관련된 정보로만 반응하는 것이다.
- 전구조적인 반응은 관계없는 정보만으로 구성된다.

〈그림 4.7〉 BEAR 분류학

4.3.3 Guttman 문항(Guttman Items)

태도와 행동 조사와 같은 영역에서 반응공간을 만들어내는 일반적인 접근은 리커트(Likert) 스타일의 문항이다. 이것의 가장 일반적인 형태는 진술문을 제공하고 응답자가 선택할 수 있도록 매우 찬성, 찬성, 반대, 매우 반대로, 때로는 가운데에 중립적인 선택지가 제공되는 것이다.

선택지들은 그 맥락과 연결하여 제공될 수도 있다. 예를 들어, PF-10 보건 조사에서도 이 접근을 사용한다. 이것은 널리 사용되는 방법이지만, 필요한 항목이 모두 진술문이 새로운 것일 때 많은 문항을 생각해내는 것이 상대적으로 쉽기 때문에 사용하는 것이 아닌지 의심스럽다. 문제는 '매우 반대'와 '동의' 사이의 차이를 판단하는데 응답자에게 자세하게 안내되는 내용이 별로 없다는 것이다. 응답자들은 선택지의 이러한 구분들에 대해 매우 다른 생각을 가지고 있을지 모른다. 이 문제는 선택지들이 단어 수준이 아니라 1, 2, 3, 4, 5와 같이 숫자나 문자 수준으로 제시되어 있을 때 응답자들이 선택지로부터 그들이 구별해야 하는 것이 무엇인지에 대한 힌트도 얻지 못하기 때문에 더욱 심각하다.

대안으로 생각할 수 있는 것은 각 선택지에 의미 있는 진술문을 끼워 넣은 것이다. 이것은 응답자들에게 선택지 간의 맥락적인 구분을 만들어 낼 수 있다. 이 방법의 목적은 각 문항과 전체적인 척도 간의 관계를 형성하여 해석 가능하게 하는 것이다. 이 방법은 도식(scalogram) 접근법 (Guttman Saling으로도 알려져 있다)으로 Guttman(1944)에 의해 만들어졌다.

만약 한 사람이 극단적인 진술을 승인하면, 그는 모든 덜 극단적인 주장들을 승인해야 한다(그 주장들이 [Guttman]척도로 고려된다면). … 우리는 다른 사람보다 높은 순위를 가진 사람이 다른 사람보다 모든 문항에서 더 높은 응답 결과를 나타낸다면 공통내용의 문항 셋을 척도로 볼 수 있다.(Guttman, 1950, p62)

예를 들어, 태도를 이분법적으로 측정하는 4 개의 문항이 Guttman척도를 구성한다고 가정해보자. 만약 문항 1, 2, 3, 4의 순서가 척도 순서이고, 응답이 찬성과 반대만 존재한다면, Guttman 척도 아래서는 <표 4.1>

에 있는 응답들만이 가능하다. 만약 모든 응답들이 이러한 종류라면, 그 응답들은 채점될 때,(찬성=1, 그리고 반대=0으로 말함) 점수와 문항반응 셋 사이의 일 대 일 관계가 있다. 1번 문항에서 1점을 얻은 사람은 그 문항에 찬성해야 하고 나머지는 아니어야 한다. 따라서 그의 의견은 문항 1과 2 사이에 있는 것으로 해석될 수 있다. 마찬가지로 3점을 받은 사람은 첫 번째 3문제를 찬성하고 나머지를 반대해서 문항 3과 4 사이에 있는 것으로 해석될 수 있다. 이 문항들에 대한 다른 응답들(예: 반대, 반대, 찬성, 반대)은 네 개의 문항이 완벽한 Guttman척도를 형성하고 있지 않았다는 것을 의미한다.

〈표 4.1〉 가상의 Guttman 척도 응답

문항 번호				
1	2	3	4	점수
찬성	찬성	찬성	찬성	4
찬성	찬성	찬성	반대	3
찬성	찬성	반대	반대	2
찬성	반대	반대	반대	1
반대	반대	반대	반대	0

이 접근법을 사용하여 Guttman에 의해 개발된 네 개의 문항들은 <그림 4.8>에 나타나 있다. 이러한 문항들은 세계 2차대전을 참전하고 온 미국 군인에 대한 연구에 사용되었다. 이 문항들은 두 개 이상의 범주를 가지고 있었고 Guttman 문항으로 해석하기에 다소 복잡하기도 하다. 그럼에도 불구하고, 이 문항들은 여전히 같은 방법으로 간주될 수 있다. 도식의 일부(여덟 문항 중 첫 문항만 제시)를 <그림 4.9>에서 설명하고 있다. Guttman 도식과 일치하는 네 개의 문항에 대한 여덟 가지 종류의 반응은 <그림 4.9> 아래 부분에 있는 것처럼 0부터 7까지 점수가 매겨졌

다. 각 응답 종류의 빈도는(모든 다른 것들은 삭제됨) 다음 행에 제시된다. 그리고 첫 번째 문항에 대한 도식의 범위는 윗부분에서 각 반응 범주의 비율과 함께 보여진다. 따라서, 5번 문항에서 3점을 받은 응답자들은 (1)번 선택지에 응답하였을 것으로 여겨지며, 반면에 6점을 받은 응답자들은 (2)번 선택지를 골랐을 것으로 기대될 수 있다.

5. 만약 당신이 아주 좋은 조건의 직업을 제안 받았다면, 어떻게 할 것인가?
(a)그 직업을 선택한다.
(b)정부에서 학교를 다니는 것을 허용한다면 그 직업을 거절할 것이다.
(c)학교로 돌아가는 것과 관계없이 그 직업을 거절할 것이다.
6. 만약 당신이 최상은 아니지만 괜찮은 조건의 직업을 제안 받았다면 어떻게 할 것인가?
(a)그 직업을 선택한다.
(b)정부에서 학교를 다니는 것을 허용한다면 그 직업을 거절할 것이다.
(c)학교로 돌아가는 것과 관계없이 그 직업을 거절할 것이다.
7. 만약 당신이 전혀 일자리를 얻을 수 없다면 무엇을 할 것인가?
(a)학교로 돌아가지는 않을 것이다.
(b)만약 정부에서 학교를 다니는 것을 보조해 준다면 학교로 돌아갈 것이다.
(c)정부의 보조와 관계없이 학교로 돌아갈 것이다.
8. 만약 전쟁이 끝난 후 당신이 원하는 일을 할 수 있다면 다시 학교로 돌아갈 것인가?
(a)학교로 돌아갈 것이다.
(b)학교로 돌아가지는 않을 것이다.

〈그림 4.8〉 Guttman 문항 예시(Guttman's(1944) items)

좋은 직업	좋은 직업을 선택한다 (70%)				만약 정부에서 보조해준다면 좋은 직업을 거절한다 (20%)			좋은 직업을 거절한다 (10%)
빈도	35%	15%	10%	10%	5%	5%	10%	10%
점수	0	1	2	3	4	5	6	7

〈그림 4.9〉 Guttman 문항의 척도 도식(Scalogram) 예시(Guttman, 1944)

<그림 4.9>의 다이어그램에는 동일한 종류의 정보를 얼마나 포함하고 있는지가 구인지도 옆쪽에 포함되어 있다. <그림 4.8>의 가장 윗줄은 구인지도의 오른편과 같은 문항 반응 세트이다. 아래의 두 줄은 응답자에 대한 정보를 제공하는데, 맨 아랫줄은 특별한 점수를 가진 응답자들의 위치이며, 중간 줄은 구인지도의 왼편과 같이 각 위치에서 응답자들의 비율을 나타낸다.

사례연구(Laik-Woon Teh)중에서 선택한 주제에 대한 Guttman 문항 세트를 개발한 것으로 이 문항들은 싱가폴의 National Education(NE)수업에 대한 학생 만족도로서, 국가적인 정책연구 프로그램에서 사용되었다. 이 검사도구의 몇 개의 예시 문항이 <그림 4.10>에 제시되어 있다. 여기서 선택지들이 그들 주변의 선택지 순서로부터 의미를 어떻게 이끌어 내는지에 주목할 필요가 있다. 예를 들면, 문항1에서, "나는 수업에 참석할 것이다" 선택지는 둘러싸인 주변의 두 개의 선택지에 의해 부여된 의미를 갖는다. Laik는 또한 일련의 리커트-스타일 문항들을 만들었으며, Guttman문항들은 구인을 해석하는 것(문항순서와 기대된 순서 사이의 상관관계)과 문항 일관성 측면에서 리커트 문항보다 상당히 우수하였다. 그렇지만, Laik는 Guttman문항을 생성하는 것은 리커트 문항을 만들어내는 것보다 어려웠다고 보고했다.

1. 다음 수업이 필수 국가 교육 수업인 경우, 당신은 무엇을 할 것인가?
   ① 그 수업에 불참한다
   ② 수업 주제가 관심 있을 경우 참석한다.
   ③ 수업에 참석한다.
   ④ 수업에 열정적으로 참석한다.

2. 당신은 필수 국가 교육 수업에서 무엇을 하는가?
   ① 수업 시간에 아무것도 하지 않는다.
   ② 내가 호명되면 수업 활동에 참여한다.
   ③ 보통 수준으로 수업에 참여한다.
   ④ 선생님이 요구하는 활동들은 모두 참여한다.
   ⑤ 수업과 관련된 모든 활동에 열정적으로 참여한다.

〈그림 4.10〉 Guttman 문항의 두 가지 예
(국가 교육에 대한 학생 태도 조사에서 차용)

4.4 참고자료

반응공간의 개발은 복잡하고 많은 연습이 필요한 작업이다. 이와 관련한 가장 많은 정보가 Marton, Honusell, Entwistle(1984)의 현상학적 연구법(phenomenography)에 포함되어 있다. SOLO 분류법에 관한 중요한 참고 문헌은 Biggs와 Collis(1982)이며, Biggs와 Moore(1993)에서는 교육적 상황에서의 분류학의 광범위한 적용에 대해 설명하였다. 반응공간에 대한 점수체계는 흥미로운 연구 주제이다. 반응공간에 대한 각기 다른 점수 체제 적용의 효과에 대한 연구는 Wright와 Masters(1981)과 Wilson(1992a, 1992b)를 참조하면 된다.

5

측정 모형(The Measurement Model)

5.0 개관 및 주요 개념

이 장에서는 문항이 측정하고자 했던 구인을 분석하기 위해 반응공간과 문항 설계로부터 산출된 점수를 연결시키는 방법을 설명하고자 한다(<그림 4.9>를 보라). 이 둘을 연결시키는 방법을 측정 모형(measurement model)이라 하며, 과거부터 사용되어온 많은 측정 모형이 있다. 측정에 사용된 기본 아이디어와 용어에 대한 맥락을 이해하기 위해 이들에 대한 어느 정도 역사적인 배경을 아는 것은 유용할 것이다.

5.1 두 가지 접근법의 결합

구인과 측정 도구의 관계에 대한 어떤 전문적인 식견을 갖고 있지 않은 사람에게 묻는다고 가정해보자: "우리가 측정하고 있는 것과 그 문항에 대한 응답 사이에 관계는 무엇인가?" 대답은 보통 두 가지 중에 하나이다. 하나는 문항에 중점을 둔 답(예를 들면, PF-10의 상황): "만약 한 환자가 자신의 신체 활동들이 '너무 많이 제한'되어 있다면, 그것은 그의 신체적 기능이 잘 작동하지 않는다는 것을 의미한다" 또는 "만약 어떤 사람이 한 블록도 제대로 걸을 수 없다면, 그는 분명히 건강하지 않은 상태이다." 두 번째 종류의 대답은 문항의 응답들을 결합하는 방법을 생각한다: "만약 어떤 사람이 대부분의 문항에서 '많이 제한됨'을 답했다면, 그는 신체적인 능력이 떨어지는 것이며, 만약 어떤 사람이 그 검사에서 높은 점수를 받는다면, 그는 신체적인 건강이 좋은 상태다." 보통 후자의 경우에, 점수는 개별 문항의 점수를 합산한 검사점수를 의미한다. 이 검사점수는 검사의 만점으로 나누어 비율로 대신 표현할 수도 있다. 이러한 두 가지의 유형의 답변은 측정 관련 초보자가 표현하는 측정에 대한 두 가지의 다른 접근을 보여준다. 첫 번째 접근 방법은 문항과 구인들 간의 관계에 중점을 둔다. 두 번째 접근은 검사점수와 구인과의 관계에 중점을 둔다. 이 두 가지 접근법은 서로 다른 역사를 가지고 있다. 각각에 대한 간단한 내용이 다음에 주어진다.

문항중심 접근법(item-focused approach)의 역사에 대해 몇 가지는 이미 앞 장에서 설명되었다. Binet과 Simon에 의한 작업들(그들은 문항들은 나이-발달 단계로 그룹화시켰다)은 2.2.5에서 설명되었다. 문항-중심 접근은 이전 단원 4.3.3장에서 설명했듯이, Guttman에 의해 더욱 공식화 되어졌다(1944, 1950). 이 점을 고려할 때 문항 중심 접근 방식이 처음 세 가지 기본 요소의 원동력이었음이 분명하다. 그렇지만, 이야기는 거기서 끝나지 않는다. Guttman 척도점수의 논리가 <그림 4.9>에서 보여지듯이 구인지도의 두 부분 사이의 관계를 분명하게 보여준다고 하더라도, Guttman척도의 사용은 Guttman 척도 사용을 위한 전제 조건을 따르지 않는 많은 응답 패턴으로 인한 문제점을 갖고 있는 것으로 알려져 있다. 예를 들면, Kofsky(1966)가 말했던 것은 발달 심리학 분야에서

Guttman 척도 접근법 사용하여 광범위한 경험을 쌓은 내용이다:

··· 도식(scalogram)모형이 발달에 대한 가장 정확한 그림이 아닐 수도 있다. 왜냐하면, 개인은 그가 수행한 적이 없는 것에서부터 얻은 "정확한" 기술을 차별화하는 지점에서 연속체에 배치할 수 있다는 가정에 바탕을 두고 있기 때문이다. 개인 성장 순서를 설명하는 더 좋은 방법은 아마도 하나의 과업을 완벽하게 숙달하고 다른 과업을 숙달할 가능성에 대한 확률진술을 사용하는 것일지도 모른다.(pp.202-203).

따라서, 그 구인지도의 두 가지 측면을 성공적으로 통합시키기 위해서는 Guttman 형식을 엄밀하게 따르지 않은 응답패턴에 대한 문제를 언급해야만 한다.

검사중심 혹은 도구중심 접근법(instrument-focused approach)의 원리는 단순점수이론(simple score theory)으로 불릴 수도 있다. 전체 문항들을 아우르는 정보를 어느 정도 통합하는 것이 필요하지만, 선행 연구나 경험에 기초하여 개별 문항 점수의 합이 정보를 어느 정도 통합한 결과로 가정한다. 단순점수이론은 다소 불완전한 이론일 수도 있지만, 그럼에도 불구하고 직관적인 해석에 대한 강력한 영향력을 발휘한다.

단순점수이론 접근은 고전검사이론(classical test theory)(진점수이론 (true score theory)으로도 알려진)에 기반을 두고 있다. 이 접근 방법은 Edgework(1888, 1892)와 Spearman(1904, 1907)의 20세기 초반 연구물 시리즈에 의해 형성되었다. 그들은 관찰해왔던 경험적인 현상을 통해 어떤 집합의 문항들은 다른 집합의 문항들보다 좀 더 일관적인 결과를 주는 것을 알게 되었다. 그들은 이러한 현상에 대한 설명을 위하여 기초 통계의 방법론을 일부 차용하여, 도구에서의 관찰된 총점수 X,가 "진점수" T와 "오차" E의 합으로 구성된다고 정의하였다.

$$X = T + E \tag{5.1}$$

여기서, 진점수는 응답자가 여러 번의 재시험을 봐서 장기간 동안 얻은 평균점수이다(응답자가 이전에 시험 본 것은 완전히 잊어버린다고 가정함). 또한 "오차"는 일관성 있게 나타나는 오차가 아니라, 단순히 진점수를 도출하고 남은 잔차를 의미한다. 따라서 오차는 T에 의해 모형화된 것이 아니고, 그것은 단순한 "노이즈(noise)"라고 결론 내렸다. Spearman은 이 같은 현상을 설명하기 위하여 신뢰도계수(reliability coefficient)를 제시하였다 - 여기서, 두 가지 형식(form) 도구 간 상관계수는 같도록 구성하였다(7장 참조). 오차 항에 대한 설명은 관찰점수에서의 불일치를 수치화하도록 해주었으며, 이는 Guttman 척도가 가지는 문제에 대한 해결책을 부분적으로 제공하였다. 점수들은 규준 참조(norm referenced)가 될 수도 있는데, 이것은 해당 점수와 그 점수들의 분포 사이의 관계를 특정 모집단에서 설명할 수 있도록 각 백분위를 통해 개별 측정값을 비교할 수 있음을 의미한다. 그렇지만, 이 모든 것에는 많은 비용이 소요되고 이 조건을 정확히 만족시키는 문항들도 거의 없다(식 5.1을 보라). 따라서, 진점수 이론 접근법을 더욱 정교화해야 할 필요가 있다.

요약하면, 각 접근법은 그것의 고유한 가치를 가지고 있다. Guttman 척도는 그 도구에서 얻은 결과의 의미(결과의 타당도)에 중점을 둔다. 반면에 고전검사이론은 그 도구에서 얻은 결과와 상응하는 점수의 통계적인 결과(신뢰도)에 중점을 둔다. 이 두 가지의 접근을 조화시키기 위한 여러 노력이 있어왔으며, 주목할 만한 초기의 접근법으로는 둘의 가치를 결합할 수 있는 측정 모형을 만들기 위한 Thurstone(1925)의 시도이다(<그림 5.1>을 참조).

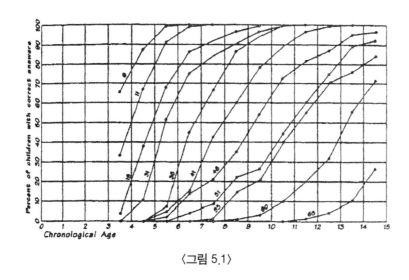

〈그림 5.1〉

이 그림에서, 각 곡선은 나이의 연속선상에서 각 문항을 성공적으로 해결할 수 있는 누적적이고 경험적인 확률을 보여준다. 이 곡선들의 순서는 연령별 순서이다. 그래프가 세로 방향의 직선이 아닌 곡선들이라는 사실은 점수와 성공(문항 해결) 사이의 관계에 대한 확률적 표현을 나타낸다. Thurstone(1928)은 한걸음 더 나아가 다음과 같이 이야기 하고 있다: "척도는 측정된 집단을 초월해야만 한다. 측정 도구는 측정의 대상에 의해 측정 기능에 심각하게 영향 받지 말아야 한다"(p.547).

이 책에서 설명하는 접근법은 이러한 두 개의 기본적인 역사적 맥락을 조화시키고자 하였다. 먼저, 통계학적으로 그리고 철학적으로 그의 이름으로 된 모형이 있을 만큼 중요한 업적을 남긴 Rasch의 이론(1960)에서 시작한다. 측정 분야에 있어서 Rasch 모형의 유용성은 Wright (1968, 1977) 그리고 Fischer(Fischer & Molenaar, 1995 Fischer의 기여에 대한 요약을 통해)에 의해 증명되었다. 다른 연구자들은 문항반응이론(item response theory)이라고 일컬어지는 유사한 연구를 발전시켰다(Lord, 1952, 1980; Birnbaum, 1968; Bock & Jones, 1968; Samejima, 1969).

5.2 구인지도와 Rasch 모형

측정 모형의 목적이 점수화된 자료를 구인지도와 연결시키는 것이라는 것을 상기해보자. 이 절의 내용은 라쉬모형이 구인을 이해하는 데 어떤 역할을 하는가를 다루고 있다. 주로 다뤄질 내용은 "Wright 지도"이라 이름 지어진 구인지도와 Rasch 모형의 조합 방법을 살펴보고, 이 방법의 몇 가지 장점에 생각해고자 한다.

5.2.1 Wright 지도(The Wright Map)

Rasch 모형은 진점수이론과 몇 가지 점에서 다르다. 첫째, 그것은 진점수이론과 같이 단지 도구 수준에서가 아니라, 문항 수준과 도구 수준에서 표현된다. 둘째, 그것은 진점수이론과 달리 응답을 모형화하기보다는 관찰된 응답의 확률(probability)을 모형화하는 것에 중점을 둔다. 즉, 식 5.1에서, 관찰점수 X는 T와 E의 용어로 표현되었다. 반면에, Rasch 모형에서는 문항 i에 대한 문항반응의 확률인 X_i를 응답자의 위치인 θ (그리스문자 "theta")와 문항의 위치인 δ_i(그리스문자 "delta")의 함수로 표현한다. 이 개념을 성취도와 능력 검사에 대해 적용하면, 응답자 위치는 보통 응답자의 능력(ability)이라는 용어로 쓰이고, 문항 위치는 보통 문항 곤란도(difficulty)라는 용어로 쓰인다. 태도에 관한 검사에 적용하면 선호도(attitude towards something), 문항 척도값(item scale value)과 같은 용어들이 때때로 사용된다. 이와 같은 용어 적용에 있어 중립적인 입장으로 여기서 사용되는 것은 응답자 위치(respondent location)와 문항 위치(item location)이다. 이는 또한 해당 모수(parameters)가 구인지도에서 특정한 시각적 해석을 갖고 있다는 점을 상기시키는 데에도 도움이 된다.

이것을 더욱 세부적으로 설명하면 다음과 같다. 우선 문항을 채점했다 ('"0" or "1", "맞음/틀림", "동의/반대" 등)고 가정하자. 즉, X_i가 0또는 1이다. Rasch 모형의 논리는 응답자가 가지고 있는 구인의 정도는 θ로 표현되며, 문항이 가지고 있는 정도는 δ_i로 표기된다. 그 정도의 크기는 서로 반대방향이며, 그들 사이의 차이가 얼마만큼인지 계산되는 것이다. 이때, 우리는 다음과 같이 세 가지의 상황을 생각할 수 있다:

(1) 응답자와 문항의 위치가 같은 때(응답자의 능력과 문항의 곤란도가 같을 때), "1"이라는 반응의 확률(문항의 정답을 맞출 확률)은 0.5이고, "0"의 확률(문항의 정답을 못 맞출 확률)도 0.5로 같다(<그림 5.2>의 (a))

(2) 응답자의 위치가 문항의 위치보다 높을 때(즉, $\theta > \delta_i$), 1의 확률은 0.5보다 커진다(<그림 5.2>의 (b))

(3) 문항의 위치가 응답자이 위치보다 높을 때(즉, $\theta < \delta_i$), "1"의 확률은 0.5보다 작아진다(<그림 5.2>의 (c)).

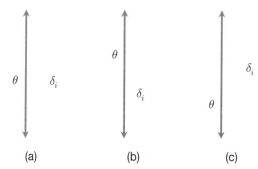

(a) (b) (c)

〈그림 5.2〉 응답자 위치와 문항 위치 사이의 세 가지 관계

성취도 평가 맥락에서, 우리는 응답자의 능력이 문항의 곤란도와 같거나 (a), 그보다 크거나 (b), 그보다 작을 수 (c) 있다고 말할 수 있다. 학생의 적성을 측정하는 맥락에서는, (a) 응답자와 진술문이 동일한 수준으로 긍정적이고, (b) 응답자는 문항보다 더 긍정적이고, (c) 응답자는 문항

보다 더 부정적이라고 말할 수 있다. 비슷한 해석이 다른 맥락에서도 적용될 수 있다.

다음의 세 가지 상황을 살펴보자 - (a) $\theta = \delta_i$, (b) $\theta > \delta_i = 0$, (c) $\theta < \delta_i = 0$, - 이것은 (a) $\theta - \delta_i = 0$, (b) $\theta - \delta_i > 0$, (c) $\theta - \delta_i < 0$과도 같다. 이것은 하나의 선 위에 점으로서 응답자와 문항 위치 사이의 관계에 대해 생각하게 해준다. 그들 사이의 차이(difference)가 우리가 주목해야 할 점이다. 그것은 확률을 결정하는 문항 위치와 사람 사이의 거리를 해석하는 것을 한 단계 넘어서는 것이다. 이것을 하나의 식 형태로 나타내면, 응답의 확률이 $X_i = 1$이라는 말은:

$$\text{Probability } (X_i = 1 \mid \theta, \delta_i) = f(\theta - \delta_i) \tag{5.2}$$

여기서, f는 이 책의 후반부에서 정의될 함수이고, 이것이 θ와 δ_i 둘 모두에 의해 결정되는 확률이라는 점을 강조하기 위해서 좌변에 이 모수들을 포함한다.

우리는 <그림 5.3>에서와 같이 위치와 확률 사이의 관계를 시각적으로 표현할 수 있다: 응답자 위치 θ는 세로축에, 그리고 응답 확률 "1"은 가로축에 놓인다. 이를 더욱 구체화하기 위해, 문항 위치 δ_i=1.0이라고 가정하자. 따라서, θ = 1.0에서, 응답자와 문항 위치는 같고, 확률은 0.5이다. 응답자의 위치가 1.0보다 높은 쪽으로 움직이면(즉, θ > 1.0), 확률은 0.5보다 높아진다; 응답자의 위치가 1.0보다 아래쪽으로 움직이면(즉, θ < 1.0), 확률은 0.5보다 낮아진다. 양 극단치에서는, 두 관계가 확률의 한계에 더욱 가까워진다. 응답자의 위치가 1.0보다 훨씬 큰 쪽으로 움직이면(즉, $\theta \gg 1.0$), 확률은 1.0에 가까워진다. 응답자의 위치가 1.0보다 훨씬 작은 쪽으로 움직이면(즉, $\theta \ll 1.0$), 확률은 0.0에 가까워진다. 우리는 일반적으로 이러한 극단적인 값에 도달하지는 않을 거라고 가정한다.

- 수학적으로 말해서 곡선은 "양의 무한대"에서는 1.0에 근접하고, "음의 무한대"에서는 0.0에 근접한다. 성취도 검사의 맥락에서, 우리는 학생이 아무리 높은 능력을 가지고 있더라도 문항을 반드시 맞출 것이라고 100% 확신할 수는 없다; 적성검사의 맥락에서도, 응답자가 아무리 긍정적인 태도를 가지고 있더라고 진술에 반드시 동의할 것이라고 100% 확신할 수는 없다.

이러한 종류의 특성은 한 응답자가 어떻게 특정 문항에 반응하는지 나타내 주기 때문에 문항반응함수(item response function: IRF)(혹은 문항특성곡선이나 문항반응곡선이라고도 함)라고 불려진다.

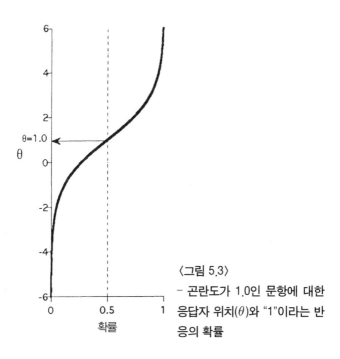

〈그림 5.3〉
- 곤란도가 1.0인 문항에 대한 응답자 위치(θ)와 "1"이라는 반응의 확률

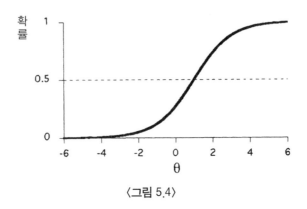

〈그림 5.4〉

이 분야에 대한 경험이나 지식을 가진 사람들은 아마도 <그림 5.4>와 같이 응답자가 가로축에 보여지는 그림이 더 친숙할 것이다. <그림 5.3>와 같은 방법이 뒤에서 설명할 구인지도의 내용에 더 적절하기 때문에 이 책에서 전반적으로 사용될 것이다.

Rasch 모형의 식은 다음과 같다:

$$\text{Probability}(X_i = 1 \mid \theta,\ \delta_i) = \frac{e^{(\theta - \delta_i)}}{1 + e^{(\theta - \delta_i)}} \tag{5.3}$$

우변의 표현이 다소 복잡하지만 이는 식 5.2에서처럼 $\theta - \delta_i$의 함수이다. 오히려 이 식은 개념적으로 단순한 모형이며, 측정 모형을 설명하기 위한 좋은 출발점이 될 수 있다. 이 모형에서 성공에 대한 확률이 응답자 모수와 문항 모수 사이의 차이에 대한 함수로서 보여질 수 있다는 것을 기억하자. 즉, 응답자의 위치와 문항의 위치 사이의 차이를 말한다. 이것은 구인지도에 대하여 직관적인 해석을 할 수 있게 해준다. 응답자의 위치와 문항 곤란도 간의 차이는 응답자가 그러한 응답을 할 확률을 결정할 것이다. 특히, 만약 응답자가 문항 곤란도보다 위에 있다면(차이가 플러스 영역), 그들은 그러한 반응을 할 50% 이상의 확률을 가지는 것이다; 만약 응답자가 문항 곤란도보다 아래에 있다면(그 차이가 마이너스 영역), 그들은 그러한 응답을 할 확률이 50% 미만이 되는 것이다.

<식 5.3>과 응답자와 문항 사이의 관계를 "거리"로서 개념화하는 것은 이전 장에서 사용된 구인지도와 이 장의 수식들을 연결해준다. 따라서 여기서 필요한 것은 검사도구에 있는 모든 문항에 대한 문항-반응 함수들을 그림에 나란히 배치하는 일이다. <그림 5.5>에서는 위에서 언급한 것처럼 두 개의 추가적인 문항-반응 함수들을 배치하였다. 이처럼 응답자의 위치를 문항에 관련시키기 위해 필요한 모든 정보가 하나의 그림으로 표현될 수 있다. 그러나 문제는 일반적인 길이의 검사도구, 즉 10문항 또는 20문항조차도 그림이 여러 문항-반응 함수로 어지럽게 보여지고 이로 인하여 해석이 어렵다는 것이다. 따라서, 문항을 구인지도 위에 어떻게 놓을지에 대한 고민이 필요하다.

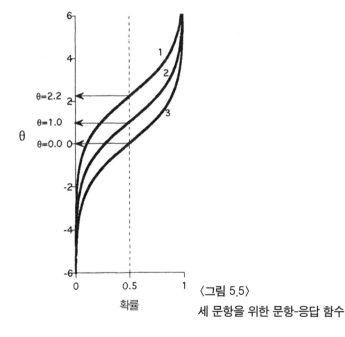

〈그림 5.5〉
세 문항을 위한 문항-응답 함수

이 문제를 해결하는 방법은 그 문항의 위치를 해석하는 데 필요한 중요한 점들만 구인지도에 보여주는 것이다. 예를 들면, <그림 5.5>에서, 문항들은 "1"의 응답을 선택할 확률이 0.5인 지점만을 구인지도에서 보여준다(즉, <그림 5.3>에서 "$\delta_i = 1.0$)으로 표현되는 지점). 따라서, <그림 5.6>에 표시된 것처럼 문항 i에서 "1"의 응답("문항반응" 아래쪽 우변에 위치하고 "$i.1$"으로 표현됨)은 1.0 로짓(logit) 값으로 보여진다. 이 기호의 해석은 같은 점의 응답자(예를 들면, 좌변의 같은 수준에서 "X")를 위한 것이다; 그 지점 밑에 있는 응답자(예를 들면, 더 낮은 수준에 있는 "X"들)의 경우는 "1"을 응답할 확률이 0.5보다 더 작다. 그리고 그 점 위에 있는 응답자의 경우에는 "1"을 응답할 확률이 0.5보다 크다. 그림에서 두 개의 다른 문항도 같은 방법으로 각각 2.2와 0.0로짓에 위치하고 있다. 구인지도의 아이디어와 라쉬모형을 결합함으로써, 측정에 대해 해석할 수 있는 강력한 방법이 생겨났다. 이 방법은 시카고 대학의 Benjamin D. Wright에 의해 "Wright 지도(map)"라고 이름 지어졌다.

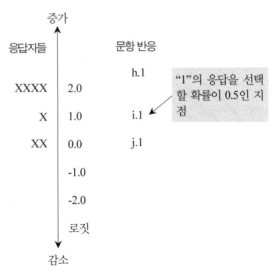

〈그림 5.6〉 포괄적인 Wright-map ("X"=1 응답자)

과정중심 평가 도구 개발을 위한 문항반응모형을 적용한 척도개발

<그림 5.6>에는 살펴볼 만한 많은 특징이 있다. 그림에서 중앙선은 구인의 관계를 응답의 확률로 결정하는 로짓으로 표현되었다. 이 내용은 다음 절에서 자세히 다룰 것이다. 좌변에서, "응답자들" 아래에는 몇 몇의 응답자들의 위치를 표현하며 각각 "X"로 표현이 된다. 이것은 옆으로 누운 모양의 히스토그램이다(만약 큰 응답자 집단이 있다면, 각 "X"는 한 명 이상의 응답자 가리킬 수도 있다). 다른 표시들이 하위집단을 구분하는데 사용될 수도 있고, 평균과 표준편차 정보가 추가될 수도 있다. 구인의 단위로 표시되는 로짓들은 중앙선의 오른편에 주어져 있다(일반적으로, 응답자들은 <그림 5.6>에 표시된 정수 값의 로짓에 위치되지 않을 수도 있다. 여기서는 간단한 계산을 위해 예제를 이렇게 놓은 것이다). 그림의 오른편에, "문항 반응"아래에서는 앞에서 설명했던 것과 같이 문항의 위치가 보여진다. 문항들을 여기서 지정한 방식 이외의 다른 방법들을 이용해서 표시할 수도 있다. 예를 들면, 만약 상황상 "1" 응답을 언급하는 것이 확실한 경우에는 접미사 ".1"을 생략하고 레이블을 문항 이름과 같이 더 의미 있는 것으로 변경할 수 있다. 이러한 다양한 가능성을 사용하는 예들이 이 장과 다음 장에 나와 있다.

<식 5.3>과 같이, 로짓과 응답의 확률 사이의 관계는 분명하게 만들어질 수 있다. <그림 5.3>이나 <그림 5.6>에서 1.0로짓에 있는 응답자의 경우, 문항 i에서 "1"에 응답할 확률은 앞서 언급했던 것처럼 0.5가 되어야 한다. 왜냐하면 응답자와 문항은 같은 위치에 있기 때문이다. 이것을 확인하기 위해서, 다음 식을 살펴보자.

$$
\begin{aligned}
\Pr(X_1 = 1 | 1.0, 1.0) &= \frac{e^{(1.0-1.0)}}{1 + e^{(1.0-1.0)}}, \\
&= \frac{e^{0.0}}{1 + e^{0.0}} \\
&= \frac{1}{1+1} = 0.50
\end{aligned}
\tag{5.4}
$$

이것을 <그림 5.6>의 그래프와 비교해 보자. 한 가지, IRF(문항반응함수)가 가로축과의 교차점은 $\theta = 1.0$일 때의 값이라는 것을 기억하자.

앞의 예와 유사한 방법으로 2.0로짓에 위치한 응답자들의 경우에, 응답자들의 위치가 그 문항의 위치보다 더 높기 때문에 문항 i에 "1"의 확률은 0.5보다 더 크다. 이를 수식을 통해 살펴보면 다음과 같이 확률을 얻을 수 있다.

$$
\begin{aligned}
\Pr(X_i = 1 | 2.0, 1.0) &= \frac{e^{(2.0-1.0)}}{1+e^{(2.0-1.0)}}, \\
&= \frac{e^{1.0}}{1+e^{1.0}} \\
&= \frac{2.718}{1+2.718} \\
&= 0.73
\end{aligned}
$$

다시 한번, 이것과 <그림 5.6>의 그래프를 비교해 보자. 이것은 IRF의 교차점이 $\theta = 2.0$일 경우와 같다.

0.0로짓에 있는 응답자들의 경우에는, 응답자는 그 문항보다 더 낮게 위치하기 때문에 "1"의 확률은 0.5보다 작을 것이다. 정확한 확률은 $\frac{e^{-1}}{1+e^{-1}} = 0.27$이다. 비슷한 표현으로, 문항 1과 3에서 0.0에 위치한 응답자가 반응 "1"을 만들 확률은 각각 0.1과 0.5이다. 이 두 문항은 각각 2.2와 0.0의 로짓에 위치하고 있다. 이것을 <그림 5.5>의 그래프와 비교해 보자. 이때 IRF교차점은 $\theta = 0.0$임을 확인하자. 따라서, Wright 지도에서 세로 거리는 확률과 관계된다. 이러한 성질은 평가자들에게 많은 면에서 도움을 줄 수 있다. 이것에 대해서는 다음의 절과 이후 두 개의 장에서 논의한다.

<표 5.1>은 로짓들이 확률과 어떻게 연관되는지에 대한 정보를 제공해준다. 이것은 <식 5.3>을 사용하여 계산된 값들이다. 이 표를 사용하기

위해서, 먼저 응답자 위치와 문항 위치 사이의 차이를 찾고, 오른편에 적혀 있는 확률을 본다. 만일 이 표에 나와 있는 값들이 충분치 않다면, <식 5.3>을 이용하여 직접 확률을 계산할 수 있다.

〈표 5.1〉 라쉬모형에 나타난 로짓의 차이와 확률 값

$\theta - \delta$	확률
-4.0	0.02
-3.0	0.05
-2.0	0.12
-1.0	0.27
0.0	0.50
1.0	0.73
2.0	0.88
3.0	0.95
4.0	0.98

5.2.2 반응 벡터의 모형화

앞의 절에서, 하나의 응답인 "1"에 대한 확률의 표현을 Rasch 모형을 이용하여 살펴보았다. 이 절에서는 반응-벡터(response vector) 즉 한 사람이 검사도구에 대한 전체 응답의 확률을 보여주고자 한다. 반응벡터를 확률로 보여주기 위해서는 <식 5.3>과 같이 반응 "1"인 경우뿐만 아니라 "0"인 경우에 확률도 표현해 줄 필요가 있는데, 이분문항에서 0과 1이 나오는 X_i 확률의 합이 1.0이 되어야 하기 때문에, X_i 가 0이 나오는 확률은 <식 5.3>은 다음과 같이 표현될 수 있다.

$$\text{Probability}(X_i = 0|\theta, \delta_i) = 1 - \frac{e^{(\theta - \delta_i)}}{1 + e^{(\theta - \delta_i)}} = \frac{1}{1 + e^{(\theta - \delta_i)}}. \tag{5.5}$$

이것을 이해하면, 도구 수준에서 Rasch 모형이 작동하는 방식을 구체화할 수 있다.

Rasch 모형과 다른 문항반응모형들이 응답 벡터의 확률을 계산하는 방법으로는 응답자의 위치와 문항 모수를 알면 각 문항의 정보가 응답 벡터의 확률에 기여하는 정도를 알 수 있다는 가정 아래, 각 문항이 통계적으로 독립적인 것처럼 문항들의 확률을 곱하여 계산한다. 이것을 조건부 독립(conditional independence) 가정이라고 한다. 다른 많은 개념과 마찬가지로, 가정을 위배하는 경우를 생각하면 이해가 쉬울 것이다. 조건부 독립을 만족시키지 않을 수도 있다고 의심이 되는 상황은 문항들이 공통의 요소를 가지는 경우이다. 이것은 읽기 이해력 검사와 같은 도구들에서 매우 흔하다. 하나의 읽기 지문에 대하여 한 세트의 문항이 있다면 지문을 공유하는 이들 문항은 지문이라는 공통 요소를 가지고 있기 때문에 문항들이 서로 독립적이지 않을 수 있다.

조건부 독립을 만족하는 경우에 대한 예로서, 이전 절에서 사용된 세 개의 문항들이 하나의 도구에 사용되었다고 가정하고, 한 응답자의 반응 벡터가 (1, 1, 0)이었다고 가정해 보자. 응답자는 $\theta = 0.0$인 경우에 위치한다. 이때, 조건부 독립 가정하에서, 이 특별한 반응 벡터의 확률은 세 개의 확률의 곱이다:

$$\Pr(X=(1,1,0)|\theta,\delta_1,\delta_2,\delta_3) = \Pr(X_1=1|\theta,\delta_1)\Pr(X_2=1|\theta,\delta2)$$
$$\Pr(X_3=1|\theta,\delta_3)$$

<식 5.3>과 <식 5.5>에서 이것은 다음과 같이 된다

$$\frac{e^{(\theta-\delta_1)}}{1+e^{(\theta-\delta_1)}}\frac{e^{(\theta-\delta_2)}}{1+e^{(\theta-\delta_2)}}\frac{1}{1+e^{(\theta-\delta_3)}} = \frac{e^{(0-2.2)}}{1+e^{(0-2.2)}}\frac{e^{(0-1.0)}}{1+e^{(0.-1.0)}}\frac{1}{1+e^{(0-0.0)}}$$
$$= \frac{e^{-2.2}}{1+e^{-2.2}}\frac{e^{-1.0}}{1+e^{(-1.0)}}\frac{1}{1+e^{(0.0)}}$$
$$= (0.10)(0.90)(0.50)$$
$$= 0.045$$

이것을 조건부 독립(conditional independence)이라고 부르는 이유는 θ 와 δ_i을 조건적으로 알고 있기 때문이며, 이 가정을 통해 반응 벡터에 대한 확률은 각각의 문항 반응의 확률을 곱해서 계산될 수 있다.

그렇다면, θ와 δ_i의 값은 어디에서 오는가? 라쉬모형의 설명을 위해 앞서 제시된 식들은 θ와 δ_i에 대한 값을 제공해 주지는 않으며, 그들은 몇 개의 통계적 추정 방법 중 하나를 사용하여 추정된다. 이 책에서 추정에 사용된 소프트웨어는 "GradeMap"(Wilson, Kennedy, & Draney, 2004) 이며 다음 장들에서 설명할 모든 통계적 계산들을 수행할 수 있다. 추정에 대해서 관심 있는 독자들은 이 5.1부분의 마지막에 소개했던 참고도서들을 볼 것을 권장하며, 라쉬모형에 관한 다른 유용한 자료로는 Fischer과 Molenaar(1995)를 참고할 수 있다.

5.2.3 예시: PF-10

PF-10척도는 이미 2장에서 소개하고 설명하였다. 앞에서 설명한 바와 같이, 세 개의 범주가 있지만, 두 개로 생각하는 것이 더 합리적일 수 있다. 즉, 첫 번째 두 개를 함께 묶고 세 번째 것을 그 다음으로 생각하여 이분 자료를 생성한다. 이러한 작업을 통해 응답들에 대해서 "많이 제한"과 "약간 제한"을 "0"으로, "전혀 제한되지 않음"을 "1"로 표기한다. 이처럼 환자들의 응답을 기초로 한 대용량의 자료가 수집되었고 (McHorney, Ware, Lu, & Sherbourne, 1994) <그림 5.7>에 제시된 것과 같은 Wright 지도를 생성하였다. PF-10에 대한 전체 문항 세트가 각 문항에 사용된 약어 및 내용과 함께 <표 5.2>에 나와 있다.

<그림 2.3>에 구인지도와 비교하면 Wright 지도가 몇 가지 방법에서 다르다는 것을 확인할 수 있다. 첫째, 이 지도는 단지 구인의 아이디어에 대한 밑그림이 아니라 응답자들의 자기보고를 바탕으로 한 경험적인 지

도이다. 응답들의 히스토그램은 지도의 왼편에 보여진다. 이 히스토그램에서 주목할 점은 히스토그램의 막대들 사이의 공간이 같지 않다는 점이다. 그것은 막대기의 위치들이 응답자들의 추정된 위치이기 때문이다(이때 응답자의 위치 추정 방법은 최대가능도추정(Maximum Likelihood Estimation(MLE))임). 이것은 지속적으로 변할 수 있다. 각 막대기가 특정 점수를 나타내지만, 추정절차는 연속선상의 임의의 지점에 위치한 막대로 나타내어진다. 그들은 원점수로서 정수 값만을 갖지는 않는다. 연속적인 척도를 위한 단위들은 "로짓"이라는 열에 왼편에 보여진다. 응답자들은 가장 위쪽에 "덜 제한된"에서부터 가장 아래쪽에 "더 많이 제한된"까지의 범위를 가진다. 히스토그램 막대의 위치는 0에서 9까지의 범위를 가진 도구의 점수에 상응한다.

<그림 5.7>에서 지도의 오른편은 측정된(calibrated) 문항 위치를 보여주며, 이들은 <식 5.3>과 <식 5.5>에서 δ들과 일치한다. 예를 들어, 6점을 얻은 응답자들의 위치는 거의 "Bend" 문항에 지도의 점과 거의 같다. 이것은 그들이 대략적으로 그 문항의 "전혀 제한되지 않음"에 반응하는 확률이 0.5라는 것을 의미한다. "Bend" 문항의 약 1로짓 위쪽에는 "SevStair" 문항이 위치하고 있고, 6점을 가진 응답자들이 그 문항에 같은 응답을 할 확률이 대략 .27임을 볼 수 있다. "WalkBlks" 문항은 대략 1로짓 아래에 있으며, 6점을 가진 응답자가 이 문항에 대해 더 긍정적인 응답을 줄 확률이 대략 .73이라고 말할 수 있다.

```
Lo- Raw
git Score   Respondents           Item Responses
----------------------------------------------------
    |                          |VigAct              |
 4  |                          |                    |
    |                          |                    |
    |9  XXXXXXXXXXXXXXXXXXXX|                        |
    |                          |                    |
    |                          |                    |
 3  |                          |                    |
    |                          |                    |
    |                          |                    |
    |                          |                    |
    |                          |                    |
 2  |8    XXXXXXXXXXXXXXXXX|                         |
    |                          |                    |
    |                          |                    |
    |                          |SevStair            |
    |7     XXXXXXXXXXXXXXX|                          |
 1  |                          |WalkMile            |
    |                          |                    |
    |6       XXXXXXXXXXXX|                           |
    |                          |Bend                |
    |                          |ModAct              |
 0  |5        XXXXXXXXXXX|                           |
    |                          |                    |
    |                          |Lift WalkBlks       |
    |4        XXXXXXXXXX|                            |
    |                          |                    |
-1  |                          |OneStair            |
    |                          |                    |
    |3         XXXXXXXX|                             |
    |                          |                    |
    |                          |                    |
-2  |                          |WalkOne             |
    |2         XXXXXXXX|                             |
    |                          |                    |
    |                          |                    |
    |                          |                    |
-3  |                          |                    |
    |                          |                    |
    |1         XXXXXXXXXX|Bath                       |
    |                          |                    |
    |                          |                    |
-4  |                          |                    |
    |                          |                    |
    |                          |                    |
    |                          |                    |
    |0          XXXXXXXX|                            |
====================================================
Each case X is approx. 18 cases each row is 0.20 logits
```

〈그림 5.7〉 이분화된 PF-10도구를 위한 Wright map

〈표 5.2〉 PF-10에서의 문항들

문항 번호	문항 분류	문항
1	VigAct	Vigorous activities, such as running, lifting heavy objects, or participating in strenuous sports
2	ModAct	Moderate activities, such as moving a table, pushing a vacuum cleaner, bowling, or playing golf
3	Lift	Lifting or carrying groceries
4	SevStair	Climbing several flights of stairs
5	OneStair	Climbing one flight of stairs
6	Bend	Bending, kneeling, or stooping
7	WalkMile	Walking more than a mile
8	WalkBlks	Walking several blocks
9	WalkOne	Walking one block
10	Bath	Bathing or dressing yourself

<표 5.1>을 이용하여 독자들은 <그림 5.7>에서 표시된 로짓 차이를 더 긍정적인 응답을 하는 응답자들에 대한 기대 값에 대한 확률로 바꾸는 연습을 할 수 있다. <식 5.3>이 의미하는 것에 대한 정확한 표현식을 계산기를 사용하여 쉽게 실행해 볼 수 있을 것이다.

그 문항들의 상대적인 위치들은 그 Wright 지도가 얼마나 잘 구인지도를 반영하는가를 되짚어보기 위해 연구될 수 있다. <그림 5.7>의 오른편과 <그림 2.3>의 구인지도를 비교해보면, "활발한 활동(vigorous activities)"이 가장 어렵고, "목욕하기(bathing)", "한 블록 걷기(walk one block)"는 Wright 지도의 가장 쉬운 끝 쪽에 위치하여 쉬운 활동이라는 것을 알 수 있다. 구인 타당성을 검증하기 위한 이러한 종류의 분석은 8장에서보다 더 상세하게 설명하고자 한다.

5.3 두 개 이상의 점수 범주

지금까지의 논의와 그래프들은 이분문항 자료(즉, 완전히 두 개의 점수 범주들)일 때, 측정 모형을 이용하여 분석한 결과를 해석하는 방법이었다. 이것을 더 많은 범주가 있는 다분 문항 자료(polytomous data)에 적용하는 방법은 다음과 같다. 첫째, 우리는 <식 5.3>을 더 간단한 방법으로 표현할 수 있다. 대수학(algebra)은 <식 5.3>과 <식 5.5>의 비율이 비교적으로 단순한 것임을 보여준다: $e^{\theta-\delta_i}$. 여기에 로그를 취함으로써, 우리는 다음을 얻을 수 있다:

$$\log\left(\frac{\Pr(X_i=1)}{\Pr(X_i=0)}\right)=\theta-\delta_i \tag{5.6}$$

이제 하나의 사건의 "승산비(odds)"는 사건이 발생하지 않을 확률에 대한 사건이 발생할 확률의 비율이므로, "1"(반대의 경우는 "0")의 로그-승산비 값을 제공한다. 그 승산비의 로그 값은 보통 로짓(logit)으로 불린다. 따라서, <식 5.6>은 다음과 같이 다시 표현할 수 있다.

$$\text{Logit}(1:0)=\theta-\delta_i \tag{5.7}$$

이 표현은 응답자 위치와 문항 위치 사이의 단순한 관계를 Rasch 모형에서 강조한 것이다. 그것이 말하고자 하는 것을 한마디로 표현하면, "로그-승산비(log-odds)는 응답자의 위치와 문항의 위치 둘의 선형적(linear) 관계이다."

이것이 <식 5.7>에 있는 이분적인 표현을 다분적인 관계로 일반화시키는 하나의 방법을 보여준다. 다섯 개의 순서화된 점수 범주를 가진 문항들의 경우를 생각해보자: 0, 1, 2, 3, 4. <식 5.7>에 "logit" 관계가 점수 0과 1 사이라고 가정했다고 해보자:

$$\text{Logit}(1:0) = \theta - \delta_{i1} \qquad\qquad (5.8)$$

단, 문항 위치 δ_i은 δ_{i1}으로 다시 명명함.
비슷하게 점수 1과 2의 쌍에 대해 다음과 같이 표현할 수 있다.

$$\text{Logit}(2:1) = \theta - \delta_{i2} \qquad\qquad (5.9)$$

이것을 2와 3, 그리고 3과 4에 대해서도 똑같이 반복할 수 있다.

$$\text{Logit}(3:2) = \theta - \delta_{i3} \qquad\qquad (5.10)$$
$$\text{Logit}(4:3) = \theta - \delta_{i3} \qquad\qquad (5.11)$$

이 네 개의 식을 이용하여 다섯 개의 순서가 있는 반응 범주로 이루어진 다분적인 자료에 대해 Rasch 모형을 일반화시키는 것이 가능하다. 여기서, 모수 δ_{ik}는 "단계 모수"로 알려져 있다 - 이것은 k-1점수에서부터 k점수까지의 "단계"를 만들 확률을 정한다(Wright & Masters, 1981). 예를 들어, <식 5.11>을 보면 다음과 같이 말할 수 있다: 만약 한 응답자가 3 또는 4점의 점수 중 하나를 받는다면, 4점을 받을 상대적인 확률은 $\theta - \delta_{i4}$의 함수이다. 즉, 그것은 사람의 위치와 단계 모수 사이의 차이의 함수이다. 일반적으로, 비슷한 식들이 임의의 한정된 수의 서열화된 범주 또는 점수에 대해서 개발될 수 있으며, 이들 식의 개수는 앞에서 살펴본 것처럼, k-1점과 k점 사이의 비교와 관계가 있기 때문에 범수나 점수의 개수보다 하나 적다. 단계 모수들과 이들에 대한 해석과 관련해서는

Wright과 Masters(1981)을 참고하면 된다.

다분 문항에 대한 시각적인 제시 방법을 보기 앞서, 이분 문항의 경우, $X_i = 0$에 대한 문항반응함수부터 살펴보려 한다. 각 범주에 대한 확률들을 차례로 생각할 때, 그들은 범주반응함수(category response functions)라고 부를 수 있다. $X_i = 0$인 범주의 확률이 (1 - <그림 5.3>에서의 확률 값)이므로, 이분 문항에 대해 <그림 5.8>의 결과를 얻을 수 있다. 이 그림에서 $X_i = 1$의 확률은 단순히 곡선의 오른쪽으로 1.0과의 거리이다. 다분 문항의 경우에는 그 확률들을 둘 이상으로 나눔으로써 일반화시킨다.

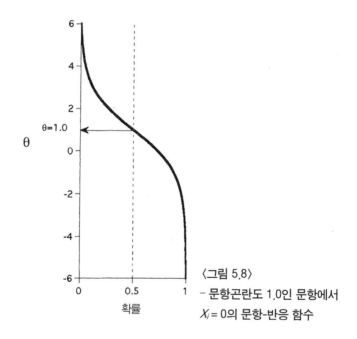

〈그림 5.8〉
- 문항곤란도 1.0인 문항에서
$X_i = 0$의 문항-반응 함수

따라서, 다분문항의 경우에는 <그림 5.9>와 같은 그래프를 얻을 수 있다. <그림 5.9>의 경우에는 다섯 개의 범주, 즉 다섯 가지 점수를 가지고 있다. 이 그래프에서 곡선은 앞에서 언급된 범주반응함수들의 누적

버전이다. 즉, 연속적인 점수에서 누적확률이 보여지는 것이다. 먼저, 점수 0에서 존재하고, 점수 0과 1에서, 그리고, 점수 0, 1, 2에서 존재하는 식으로 나타난다. 0을 제외한 모든 반응의 확률은 척도상 낮은 쪽에서 매우 작다; 1, 2, 3의 확률은 처음에는 증가하다가 해당 척도에서 더 높은 점수를 받음에 따라 감소한다. 4점의 확률은 꾸준히 증가하여 척도의 가장 높은 끝 부분에서 거의 1.0에 가깝게 된다. 첫 번째 곡선은 0점의 확률이고, 곡선의 모양은 <그림 5.8>에서의 모습과 유사하다.

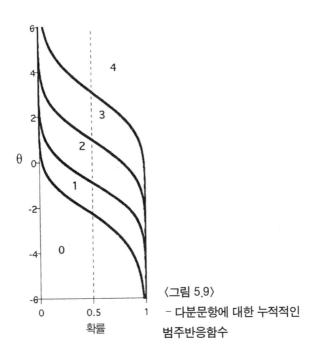

〈그림 5.9〉
- 다분문항에 대한 누적적인
범주반응함수

다분문항을 위한 Wright 지도에 표시된 중요 지점들은 <그림 5.9>에 제시된 것처럼 누적곡선들이 확률 0.5인 선과 교차하는 점들이다. 이러한 점들은 Thurstone 경계선(thresholds)으로 알려져 있다. k 번째 Thurstone 경계선은 k아래의 점수를 받을 확률이 k와 그 이상의 점수를 받을 확률과 같은 점으로 해석될 수 있다(그리고 그 확률은 0.5이다). 예를 들면, 가장 낮은 교차점은 1, 2, 3, 4점이 모두 같이 0 점보다 더 큰 확률을 가지는 지점이다. 그 다음 교차점은 2, 3, 4점이 0과 1 점보다 더 많은 확률을 가지는 지점이다. 그 다음 교차점은 3, 4점이 함께 0, 1, 2, 3 점보다 더 많은 확률을 가지는 지점이다. 가장 높은 교차점은 4점이 다른 나머지 점수들보다 더 큰 확률을 가지는 지점이다. <식 5.8>에서 <식 5.11>까지 이분문항인 경우를 제외하고, Thurstone 경계선들은 일반적으로 문항 모수들 $\delta_{i1} \cdots \delta_{i4}$이 아니다.

어떤 사람들은 이 방법이 혼란스럽다고 할 수 있다. 그러나 이 방법이 범주(점수) 쌍을 상대적인 개념으로 정의했기 때문에 δ_{ik} 모수의 해석시 발생하는 몇 가지 복잡성을 피할 수 있으므로 범주반응함수들을 나타내는 데 용이하다. 그것은 여기서, <그림 5.9>에 있는 곡선들은 <그림 5.3>에 있는 그것과 같은 수학적 형식을 갖지 않기 때문에 <표 5.1>에 주어진 확률들이 Thurstone 경계선들에 정확하게 적용되는 것은 아니다. 그렇지만, Thurstone 경계들의 상대적인 위치는 해석에 있어 도움을 줄 수 있을 것이다.

5.3.1 예시(계속): PF-10

여기서는 앞서 이분문항 형식으로 분석하였던 자료를 원래의 문항 형식인 다분문항 자료로 분석하였고 이에 따른 Wright 지도를 <그림 5.10>에 제시하였다. 이 지도는 <그림 5.7>에 대한 일반적인 레이아웃과 같다. 같은 종류의 정보가 지도의 왼편에 주어지고, 오른편은 약간 더 복잡해졌다. 이는 문항설계가 바뀌었기 때문인데, 각 문항은 이제 두 개의 Thurstone 경계선(순서화된 반응 범주 쌍 사이의 것)을 갖게 된다. 각 문항의 첫 번째 경계선은 "매우 제한(0점)"으로부터 "약간 제한(1점)"

```
Lo- Raw                                Item Responses
git Score  Respondents            0 vs 1&2              0&1 vs 2
---------------------------------------------------------------------
5 |                            |                    VigAct          |
  |                            |                                    |
  |                            |                                    |
  |19  XXXXXXXXXXXXXXXXXXXX|                                    |
  |                            |                                    |
4 |                            |                                    |
  |                            |                                    |
  |                            |                                    |
  |                            |                                    |
  |18     XXXXXXXXXXXXXXX|                                    |
3 |                            |                                    |
  |                            |                                    |
  |17     XXXXXXXXXXXXXX|                                    |
  |                            |                    SevStair        |
  |                            |                                    |
2 |16        XXXXXXXXXXX|                    WalkMile        |
  |                            |                                    |
  |15          XXXXXXXXX|VigAct         Bend            |
  |                            |                    ModAct          |
  |14          XXXXXXXXX|                                    |
1 |                            |                                    |
  |13            XXXXXXXX|                    Lift WalkBlks|
  |12              XXXXXX|                                    |
  |                            |                                    |
  |11               XXXXX|                    OneStair        |
0 |                            |WalkMile                            |
  |10               XXXXX|SevStair                            |
  |9                 XXXX|                                    |
  |                            |                    WalkOne         |
  |8                 XXXX|WalkBlks                            |
-1|7                 XXXX|                                    |
  |                            |ModAct                              |
  |6                 XXXX|Bend                                |
  |                            |Lift                                |
  |5                 XXXX|                    Bath            |
-2|                            |                                    |
  |4                  XXX|                                    |
  |                            |OneStair WalkOne                    |
  |3                   XX|                                    |
  |                            |                                    |
-3|                            |                                    |
  |2                   XX|                                    |
  |                            |                                    |
  |                            |                                    |
  |                            |Bath                                |
-4|1                   XX|                                    |
=====================================================================
Each case X is approx. 17 cases each row is 0.2 logits
```

〈그림 5.10〉

이나 "전혀 제한되지 않음(2점)"으로 변하는 것을 보여준다. 이것은 오른편의 첫 번째 열에 있다. 두 번째 경계선은 "매우 제한(0점)"이나 "약간 제한(1점)"에서 "전혀 제한되지 않음(2점)"으로 변하는 것으로 오른편의 두 번째 열에 있다.

<그림 5.7>과 <그림 5.10> 사이에는 많은 차이점이 있다. 전체적으로 더 많은 점수가 있고, 따라서 응답자의 위치를 나타내는 히스토그램에 더 많은 막대가 있다. 이것은 범주들이 더 이상 합쳐지지 않기 때문이다. 응답자 분포의 모양도 다소 다르게 보이는데, 더 길고 더 낮은 꼬리를 갖는다. 두 개의 열 역시 다소 다른 위치를 가진다. 첫 번째 단계를 위한 경계선의 위치는 두 번째 단계를 위한 위치보다 더 낮은데 이는 이상한 일이 아니다. 문항 순서는 각 열에서 다르며 첫 번째 경계선(0 vs. 1 & 2) 값의 순서는 <그림 5.7>의 순서와 다르며 두 번째 경계선(0 & 1 vs. 2) 값의 순서는 <그림 5.7>과 동일하다. 경계선들의 순서는 두 세트의 경계선과 일치하지 않고 문항에도 있지 않다. 이것은 평가자가 응답자들이 특정 문항에 반응하는 방식의 복잡성을 설명하거나 시도할 수 있다는 경험적인 결과이다.

그렇지만, 만약 경계선의 순서들이 구인지도의 예측과 매우 달랐다면, 그것은 평가자가 관심을 기울여야 하는 다른 차원의 문제, 즉 타당도 문제일 것이다(8장에서 설명).

<그림 5.7>에서처럼, 구인지도와 <표 5.1>을 사용하여 문항과 응답자 사이의 질적이고 대략적인 확률관계를 가늠할 수 있다. 예를 들면, 가장 낮은 점수를 받은 응답자들조차도 "Bath"에서 "매우 제한(0점)" 이상을 응답할 확률이 50%이다. 그러나 "Sevstair"(약2%)에서, 같은 방법으로 응답할 가능성은 매우 작다. 그리고 심지어 "VigAct"에 응답할 가능성은 더 작다. 반대 편 끝으로 가면, 가장 높은 점수를 받은 응답자들은 "VigAct"에서 "매우 제한(0점)" 이상에 응답할 약 95%의 확률을 가지지

만, 같은 문항에서 "전혀 제한되지 않음(2점)"에 반응할 확률은 50% 미만이다. 문항 경계들의 상대성을 고려하면, "VigAct"에서 "매우 제한(0점)" 이상을 응답하는 것이 "Bend"에서 "전혀 제한되지 않음(2점)"에 대략적으로 같은 응답 수준에 있다고 볼 수 있다.

5.4 참고자료

독자들은 이 장에서 언급한 측정 모형에 대해 더 자세하고 기술적인 설명을 위해 추가적인 연구물을 읽어야 한다. 이 책에서 설명하고 있는 것과 유사한 관점을 가지고 있고 이해하기 쉽게 쓰여진 책으로는 비록 오래되긴 했지만 Wright와 Stone(1979), Wright와 Masters(1981) 등이 있다.

6

측정 모형 선택 및 평가

6.0 개관 및 주요 개념

이 장에서는 측정시 살펴보아야 할 두 가지의 중요한 이슈에 대해 논의한다. 첫째, 어떤 측정 모형을 선택해야 하는 것인가? 둘째, 측정 모형을 선택한 후, 평가자들은 어떻게 그 모형이 특정 데이터에 잘 부합하는지 판단할 것인가?

6.1 측정 모형의 요구조건

네 가지 구성 요소 중 마지막 요소인 측정 모형의 요구조건은 다음과 같다:

(1) 측정 모형은 구인지도에서 응답자와 응답 사이의 거리를 해석 가능하도록 해주어야 한다.

(2) 측정 모형은 구인지도에서 응답들 사이의 거리를 해석할 수 있게 해주어

야 하고, 또한 다른 응답자들 사이의 차이도 해석할 수 있게 해주어야
한다.

이러한 조건들의 뜻을 이해하기 위해서, 우리는 거리(distance)가 구인
지도의 맥락에서 무엇을 의미하고 있는지 주의 깊게 보아야 한다. 지리
학적 지도에서, 지도의 거리와 방향은 지구의 표면 위에서 의미를 갖는
다: 예를 들면 1마일 북쪽은 지도에서 "위로" 1인치와 같다. 구인지도에
서, 응답자와 응답 사이의 거리는 그 응답들을 만들 확률(probability)을
가리킨다. 이것을 식으로 표현하기 위해서, 응답자의 위치는 θ에 의해
표현되고, 문항 반응 위치는 δ에 의해 표현된다. 그러면 응답의 확률(Pr
(응답))은 응답자와 응답 사이의 차이에 대한 함수(f)로 나타낼 수 있다:

$$\text{Pr(response)} = f(\theta - \delta) \tag{6.1}$$

따라서, 이것은 다음과 같이 해석될 수 있다:

(1) 응답자와 응답 사이의 거리가 0인 것은 그 사람이 어떤 진술을 승인할
확률이 반반이다(0.50이라고 말함).
(2) 응답 위에 있는 사람은 승인할 확률이 더 크고,
(3) 응답 아래에 있는 사람은 승인할 확률이 더 작다.

따라서, 우리는 측정 모형이 (1)에서 (3)과 같은 질적인 특성을 가져야
한다고 말할 수 있다. 그렇지만, 이러한 질적 특성만으로 "지도"의 아이
디어를 구현해 내기에 충분하지 않다. 따라서 (2)와 (3)의 요구 조건들을
세부적인 해석 기준 형식으로 더욱 자세히 표현해 줄 필요가 있다.
이제 구인지도에 대한 해석이 어떤 의미를 가지는가에 대해 생각해보
자. <그림 6.1>은 어떤 사람이 특정 구인 중간에 있는 모습을 나타낸다.

이 사람의 경우, 유사한 수준의 문항은 약 .50 확률로 동의를 이끌어 낼 것으로 예상되지만 높은 수준의 문항은 긍정적인 반응을 얻어낼 확률이 낮고 낮은 수준의 문항에 대해서는 그 반대이다. 우리는 또한 문항 반응들 사이의 거리를 생각할 수 있다. <그림 6.2>에서 볼 수 있듯이 두 문항 반응들 사이의 거리를 그 척도의 다른 점들에 있는 사람들로 간주하여 나타낼 수 있다. 이때 사람은 X와 Y라고 말하자.

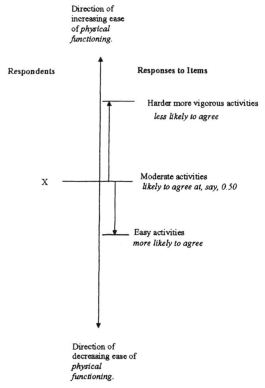

〈그림 6.1〉 한 사람에 대한 다른 문항 위치에 대한 해석을 나타내는 구인지도

"더 힘들고 더 격렬한 행동들"과 "적절한 행동들" 사이의 거리는 척도에서 당신보다 아래에 있는 사람들이나 위에 있는 사람들에도 같다. 즉

이들 문항 사이의 거리는 응답자의 위치에 관계없이 동일하며, 따라서 문항들 사이의 상대적 위치에 대한 해석은 응답자의 위치에 관계없이 동일해야 한다.

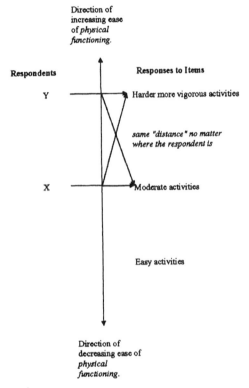

〈그림 6.2〉 두 사람의 다른 문항 위치에 대한 해석을 나타내는 구인지도

이것을 표현하는 또 다른 방법은 당신이 지도의 어디에 위치하는지와 상관없이 의미가 동일하다는 것이다. 이 불변성의 요구 사항은 지리적인 지도에서 "인치가 마일을 나타낸다"라는 생각과 유사하다.

하나의 구체적인 질적 결과는 문항 반응들의 순서(지도에서)가 모든 응답자들에게 동일하게 유지되어야 한다는 것이다. 여기서, 두 번째 조

과정중심 평가 도구 개발을 위한 문항반응모형을 적용한 척도개발

건 즉, 단지 응답의 순서만 불변하는 것이 아니라, 측정 특성도 불변한다는 점을 다시 한번 상기할 필요가 있다. 이것을 문항-반응 모형화 과정에서 만족시키려면, 문항 모형은 <그림 6.3>에서와 같이, 문항-반응 함수(IRF)의 모양이 모든 문항에서 같다는 특성을 가져야 한다. 이 그림에서, 문항들은 응답자의 위치에 관계없이 확률에 있어 같은 순서를 가진다. 예를 들어 $\theta = 0.0$인 경우를 보면, 지도에서 가장 낮은 응답자 위치, 문항들은 문항 1, 문항 2, 그리고 문항 3에서 보는 바와 같이 곤란도로 순서화되어 있다(가장 높은 것에서부터 가장 낮은 것까지). $\theta = 1.0$와 $\theta = 2.2$로 올라가면서, 문항곤란도 순서가 동일하다는 것을 볼 수 있다. 양 극단치에서, 이러한 차이는 매우 작아지고, 결과적으로 정확도도 작아진다. 수학적인 측면에서 볼 때, 그것들은 항상 척도상의 특정점에서 여전히 순서화되어 있다. 만약 상대적인 문항 곤란도 순서를 변경하려면 이러한 IRF이 다른 모양을 가져야 한다.

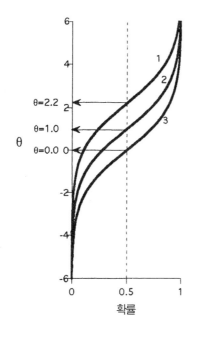

〈그림 6.3〉

일반적인 문항-반응 모형의 관점에서 IRF는 Rasch 모형보다 더 복잡한 관계가 주어질 때를 고려하고 있으며, 그 예로 2-모수(two-parameter) 로지스틱 함수가 있다.

$$\text{Probability}\,(X_i = 1 \,|\, \theta, \delta_i, \alpha_i) = \frac{e^{\alpha_i(\theta - \delta_i)}}{1 + e^{\alpha_i(\theta - \delta_i)}} \tag{6.2}$$

$\theta,$ 와 δ_i는 앞에서와 같고, α_i는 기울기 모수이다. 이러한 맥락에서, IRF들이 같은 모양을 가지는 것은 α_i이 모두 같다는 것을 나타낸다. 즉, 이는 곧 Rasch 모형이다:

$$\text{Probability}\,(X_i = 1 \,|\, \theta, \delta_i) = \frac{e^{\theta - \delta_i}}{1 + e^{\theta - \delta_i}} \tag{6.3}$$

만약 α_i가 같지 않다면, 문항반응들은 어느 정도 순서를 바꿀 것이다. 이것은 <그림 6.4>에서 나타난다. 이 그림에서, 척도의 다른 위치에 있는 세 사람을 생각해보자 -3.0에서, 가장 어려운 것에서부터 가장 쉬운 것까지 문항들의 순서는 1, 3, 2이다; 0.0에서, 이 문항들의 순서는 1, 2, 3이다. 4.0에서, 이 문항들의 순서는 2, 1, 3이다.

IRF들의 모양에서 그러한 차이들의 결과는 조건 1과 2에서 나타나는 불변의 순서가 이 문항 집합에서 나타나지 않는다. 따라서, Wright 지도 (그리고 구인지도)에 의해 산출된 해석들은 더 이상 가능하지 않다. 본질적으로, 응답자의 위치에 따라 문항의 순서는 다르며, 이는 척도가 다르다는 의미이다. 따라서, 7.2 또는 7.3에 상응하는 수치들은 주어지지 않는다. 지리적 지도와의 유사성으로 돌아가서, 응답자가 구인지도에서 얼마나 높거나 낮은가에 따른 문항들의 상대적인 위치를 갖는 것은 마치 당신이 Washington이나 Istanbul 중 어디서 거리를 말하느냐에 따라

Berlin과 Rome 사이의 거리가 달라지는 것과 같다. 지도에서는 그러한 일이 발생한다면 지도를 더 이상 사용할 수 없게 되며, 이는 Wright 지도에 대해서도 마찬가지이다. 요약하자면, 만약 당신이 Wright 지도와 같은 해석 도구를 사용하기 원한다면, <식 6.3>과 같은 통계적 모형에 부합하는 문항 조건들을 충족시켜주어야 한다. 대안적으로, 만약 Wright 지도의 해석 방법이 특정 응용 프로그램에서 요구되지 않는다면, 이 조건을 강요할 필요는 없을 것이다.

만약 한 문항의 세트가 <그림 6.4>와 같은 특성을 가지고 있었다면, 이 불변성 부족의 문제를 극복하기 위해 무엇을 할 수 있을까? 고려할 수 있는 몇 가지 가능한 전략은 다음과 같다.

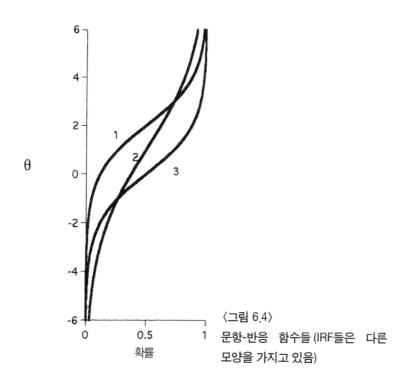

〈그림 6.4〉
문항-반응 함수들 (IRF들은 다른 모양을 가지고 있음)

(1) 상정하고 있는 이론이 문항들의 순서가 구인지도의 다른 위치에 있는 사람들을 위해 변경되어야 한다면, 더욱 복잡한 구인 해석을 시도할 수 있다. 이 방법은 심리측정의 맥락에서 보통 생각하는 것보다 매우 복잡한 해석이 동반되어야 하기 때문에 일반적인 접근 방법은 아니다. 이에 대한 몇 개의 예는 다음과 같다: (a) 기울기 차이에 대한 Yen(1985)의 해석은 "증가하는 인지적 복잡성의 증거"이다. (b) Wilson의 Rasch 모형의 확장은 피아제 단계의 요소를 통합하기 위한 것이다('saltus' 모형; Mislevy & Wilson, 1996; Wilson, 1989; Wilson & Draney, 1997).

(2) 우리는 이 이슈가 문제가 되지 않는다고 가정하고 유사하게 보이는 어떤 것들을 성취하는 방법을 찾을 수 있다. 이것의 예는 "반응 확률 80(Response Probability 80)" 사용의 관행을 들 수 있다(예를 들면, Kolstad, Cohen, Baldi, Chan, deFur, & Angeles, 1998). 이 관행에 따라, 응답 확률이 .80인 위치가 사용된다. 이 접근법은 단순히 확률의 다른 준거 수준에서 순서와의 불일치를 무시한다.

(3) 문항 모수의 실질적인 해석 가능성의 문제를 무시할 수도 있다. 즉, 문항 모수들과 그들의 부수적인 확률 해석은 내적 구인 타당도에 의해서 무시된다-그들은 단순히 그들이 무엇이든 될 수 있게 허용된다. 이것은 종종 "자료를 모형에 적합하게 만드는 것"과 "모형을 자료에 적합하도록 만드는 것" 사이의 선택으로서 언급된다(후자가 선택 (3)이 되는 것). 그러나 우리가 추구하고 있는 것은 '문항이 구인에 맞는다'는 것이기 때문에 정확한 표현은 아니다. 문항 모수들에 대한 실질적인 해석을 무시하는 것은 주요 측정이론과 일치하지 않고, 현재의 검사 규정에도 부합하지 않는다(American Educational Research Association, American Psychological Association, National Council for Measurement in Education, 1999).

(4) 마지막으로, IRF가 교차하지 않도록 문항 세트를 수정 보완하기 위해 노력할 수 있다. 예컨대 (a) 낮은 기울기를 가지는 문항을 삭제하기(즉, 낮은 point biserial 상관계수를 가진 것들), 또는 (b) 적정한 기울기를 가진 문항들을 검사에 추가함으로써 실행될 수 있다.

현재 우리가 다루고 있는 "구인지도" 틀 안에서는 (4)만이 실현 가능한 대안이다.

따라서, 측정 모형에 대한 결과들은 <식 6.3>에 있는 제약들 아래 최적의 적합성을 가지고 있는 모수 추정이 이루어져야 한다는 것이다. 당신이 별도로 α_i를 추정하여 더 좋은 적합도를 얻을 수 있다는 것은 문제가 되지 않는다. 하지만, 그 모형들은 구인지도 해석이 가능한 모형으로 받아들여지지 않을 것이다. 이렇듯 좋은 통계적 모형이 실제와 전혀 부합하지 않는 경우도 많다. 다음의 내용을 살펴보자:

> 좋은 모형을 판단하는 하나의 기준은 변화성(variability)의 큰 부분을 "설명"하는 것이다. 이것은 단순성(simplicity)과 같은 다른 기준과도 균형을 이루어야 한다. "Occam의 면도칼(razor)"은 자료를 적절하게 설명하는 간결한 (parsimonious) 모형이 "설명할 수 없는" 가변성을 거의 남기지 않는 복잡한 모형보다 바람직할 수 있음을 제안하였다(Dobson, 1983, p8).

사실, Dobson에 의해 설명된 첫 번째 전략은 정말 부분적인 전략이다 - 연구자는 하나의 모형은 허용 가능하고 다른 모형은 그렇지 않다고 판단할 수 있는 해석적 맥락에 기초한 통계 모형은 물론, 모형의 간명성 또한 항상 고려해야 한다.

물론 전략 (4)를 실행할 때, 같은 α_i를 가져야 한다는 제약이 자료의 특성을 잘 반영해야 하는 것은 중요하다. 우리는 Wright와 그의 동료들 (예를 들면, Wright & Masters, 1981; Wright & Stone, 1979)이 개발한 "적합도(fit)" 통계치를 사용하여 적합도를 검사할 필요가 있다. 이러한 기법들은 문제가 있는 문항을 정확히 판별하고, 이러한 문제의 원인을 진단하는데 도움을 줄 수 있다. 따라서 유사한 문제를 갖고 있지 않은 대체문항을 개발해내기가 더 쉽도록 만든다.

검토과정에서 어떤 측정 모형을 선택하느냐에 대한 질문은 모형에 부과된 선험적 해석 제약 조건이 사용자가 원하는 방식으로 의미를 갖춰야 하는지를 의미한다. 이 문제는 통계학의 주요 문헌에서 논쟁이 되어왔다. 예를 들면, 1998년에 Gershenfeld가 말해야 했던 것을 생각해보자: "··· 두 개의 핵심 과업은 항상 모형의 기능적인 면을 고려하고 자료를 이용하여 모형에서 조정 가능한 모수들을 결정하는 것이다."(p113). 우리가 이 단원에서 생각해온 것은 전자, 즉 모형의 기능적 측면이다. Gershenfeld는 계속했다:

> 한 종류의 오류가 감소하면 다른 종류의 오류가 증가하기 쉽다. 이것은 편향/분산 교환(bias/variance tradeoff)라고 불린다-만약 당신이 모수 추정치에 편향을 덜 주려 한다면, 그것은 보통 어떤 분산(variance)을 가지게 된다. 자료를 더 잘 표현할 수 있는 융통성 있는 모형은 또한 이 자료에서 외부 요인(noise)에 의해 쉽게 잘못될 수도 있다.

따라서, 문제는 연구자가 제한된 점수를 가진 모형을 자료에 적합하게 만들어야 하는지, 또는 제한되지 않은 점수를 가진 모형을 자료에 맞춰야 하는지 여부이다. 즉 다시 말해서, 문항을 구인에 적합하게 해야 하는가 아니면 구인이 문항에 적합해야 하는 지이다. 이전 논의에 이어 평가자가 구인지도에서 거리의 의미를 보존하기를 원할 경우에는 측정 도구는 제한된 모형에 맞는 문항을 찾는 것 외에는 선택의 여지가 없다. 실제로 이것은 문항-반응 모형 영역 내에서 Rasch 계열의 모형을 사용하여 여러 측정 상황의 복잡성을 처리하는 전략이다. 이론적으로, 비모수적 모형들 또한 사용되지만, 우리가 이러한 모형들을 가지고 얻을 수 있는 이점은 제한적이다.

6.2 측정

Wright 지도의 목적은 구인에 대한 응답자의 위치와 문항 경계선 (threshold)의 해석을 돕는 것이다. 그러나 일반적으로 도구의 목적은 응답자를 측정하는 것이다. 지도에서, 응답자는 로짓 척도의 특정 점에 위치할 수 있다. 이 책에서는 이들을 응답자 측정치(measures)라고 칭한다. <그림 6.5>에서, 1점을 받은 응답자들은 -4.40로짓에 위치하는 반면 19점을 받은 응답자들은 4.78로짓에 위치한다. 앞에서 언급했듯이, 이러한 로짓들은 종종 고객과 의사소통하기 전에 다른 단위로 바뀌어진다. 어떤 선형변환은 전에 주어진 로짓의 확률적 해석을 도와준다. 어떤 고객들은 음수로 처리된 것을 선호하지 않을 수도 있고, 어떤 고객들은 소수점과 같은 것을 좋아하지 않을 수도 있다. 따라서, 공통적인 변환은 평균 500점과 표준편차 100을 만드는 것이다. 대부분의 도구에서, 이 방법은 모든 수에서 음수가 나오지 않게 하고, 소수점을 제거시킨다. 이러한 내용을 반영한 것이 <표 5.1>에 있는 수정된 버전이다. 이 지도에서는 로짓 단위보다 연구자가 원하는 단위를 사용한다.

6.2.1 해석과 오차(Interpretations and Errors)

측정치의 해석을 돕기 위한 문항 경계선(threshold) 위치의 사용은 앞에서 설명하였다. 위치 추정치를 의미 있게 만들려는 이러한 틀은 측정에서 구인 모형화의 가장 중요한 특징 중의 하나이다. 문항 모수 추정 (calibration)과 응답자 측정치에 대해서는 7장과 8장에서 설명될 것이다; 이들 중 몇 가지는 응답자들의 위치를 해석하는 데 사용할 수 있다. 추가적인 지도의 예를 보려면, Cases Archive를 참고하면 된다.

여기서, 각 위치는 추정치이며, 그것은 어느 정도의 불확실성이 있음

```
Lo-  Raw       Confidence          Item Responses
git  Score     Interval      0 vs 1&2            0&1 vs 2
------------------------------------------------------------------
 5  |                        |                 VigAct        |
    |                        |                               |
    |                        |                               |
    |19                      |                               |
    |                        |                               |
 4  |                        |                               |
    |                        |                               |
    |                        |                               |
    |                        |                               |
    |18                      |                               |
 3  |                        |                               |
    |                        |                               |
    |17                      |                               |
    |                        |                 SevStair      |
    |                        |                               |
 2  |16              2       |                 WalkMile      |
    |                2       |                               |
    |15              2       |VigAct           Bend          |
    |                1       |                 ModAct         |
    |14              1       |                               |
 1  |                1       |                               |
    |13              X       |                 Lift WalkBlks |
    |12              1       |                               |
    |                1       |                               |
    |11              1       |                 OneStair      |
 0  |                2       |WalkMile                        |
    |10              2       |SevStair                        |
    |9               2       |                                |
    |                        |                 WalkOne        |
    |8                       |WalkBlks                        |
-1  |7                       |                                |
    |                        |ModAct                          |
    |6                       |Bend                            |
    |                        |Lift                            |
    |5                       |                 Bath           |
-2  |                        |                                |
    |4                       |                                |
    |                        |OneStair WalkOne                |
    |3                       |                                |
    |                        |                                |
-3  |                        |                                |
    |2                       |                                |
    |                        |                                |
    |                        |                                |
    |                        |Bath                            |
-4  |1                       |                                |
==================================================================
Each case X is approx. 17 cases each row is 0.2 logits
```

〈그림 6.5〉 삼분문항 PF-10의 Wright map - 13점을 받은 응답자의 67%와 95% 신뢰구간

을 의미한다. 이 불확실성은 보통 특정 위치의 표준오차라는 것으로 특징지어진다. 그래서 그것을 측정의 표준오차(standard error of measurement)라고 불린다.

이 수치는 각 측정치를 얼마나 정확하게 측정하느냐를 말해준다. 예를 들면, 만약 한 응답자가 PF-10에서 13점을 받았다면, 그의 위치는 .87로 짓고 응답자 위치의 표준오차는 .59이다. 이것은 보통 평가자가 응답자의 정확한 위치에 어느 정도의 오차를 포함하고 있다고 해석된다. 이것은 약 .87로짓을 중심으로 대략적으로 .59의 표준편차를 가진 정규분포나 가우스의 분포를 가지고 있다고 해석된다. 따라서, 이 경우 평가자는 .87±.59의 범위에서 약 67%의 신뢰도를 가진다(.28, 1.46)고 표현하거나 .87±1.96*.59(-.29, 2.03)의 범위에서 95%의 신뢰도를 가진다고 표현한다.

이것에 대한 설명을 위해 <그림 6.5>를 살펴보자. - 67% 신뢰구간은 "X" 주변에 "1" 표준편차에 의해 나타내어지고 95% 신뢰구간은 "2" 표준편차에 의해 나타내어진다. 이 두 번째 범위는 매우 넓게 보이는데, 그것의 위치는 2.36로짓이고, 이것의 의미는 13점을 받은 응답자의 진짜 위치는 약 9점에서 16점 사이 로짓 범위에서 어느 곳에라도 위치할 수 있다는 것이다. 다른 표현으로, 'WalkOne'에 대한 두 번째 경계선의 위치 약간 위에서부터 'WalkMile'에 대한 두 번째 경계선의 위치 사이로 해석될 수 도 있다. 이것은 실제로 꽤 넓은 범위처럼 보이지만, 응답자에 대한 자료가 전혀 없는 상태에서 얻은 소중한 결과이다. 이것을 확인해 보기 위해서, 관찰된 점수가 없는 어떤 사람을 최소점수와 최대점수 사이 어떤 곳에 위치시켜야만 한다고 가정하자 - 응답자 위치의 범위는 8.61로짓이어서, 13점을 받은 응답자의 95% 신뢰수준은 그것의 약 27%의 범위이다. 따라서, 95%의 확신을 가지고, 평가자가 응답자에 대한 자료가 없는 경우보다 4배 더 효과적이었다고 말할 수 있다(즉, 이 사람을 위해 도구를 사용하는 것이 합리적이었다는 사실만 아는 것과 비교하여). 물론 이것은 평가자가 해당 도구의 가용 범위 내에서 응답자의 위치를 합리적으로 예상할 수 있는지 여부를 알 수 없기 때문에 과소평가할 수도 있다. 이 문단에서 제시된 아이디어들을 바탕으로 한 측정 도구의 수치조절 지표들은 7장(신뢰도)에서 더 자세하게 다루어진다.

문항 위치들은 또한 표준오차를 가진다. 일반적인 측정 상황에서, 문항보다 더 많은 응답자가 있고, 문항의 표준오차들은 응답자 표준오차보다 훨씬 작다. 예를 들면, 'VigAct'의 첫 번째 경계선의 표준오차는 0.04이다. 응답자 위치를 해석할 때 많은 경우 문항의 표준오차는 무시할 만큼 충분히 작다. 그렇지만, 한 가지 기억해야 할 사실은 이 수치들은 응답자 위치의 추정치와 마찬가지로 오류가 존재할 것으로 예상되는 추정치라는 것이다. 다음 절에서와 같이 문항 적합도 통계치의 추정 과정에서 문항 표준오차를 사용하게 된다.

6.2.2 문항 적합도(Item Fit)

일반적으로 이용된 수학적 모형이 적절한지데 대한 증거 수집을 적합도 조사라고 말한다. 섹션 6.2.3에서는 응답자에 관하여 논의하였고, 여기서는 문항들에 대해서 논의한다. 적합도를 조사하는 방법에는 여러 가지가 있다. 각 접근법은 다른 모형들에 비해 한 측면을 강조하는 경향이 있다. 이 섹션에서는, 섹션 6.1에서 논의된 과정을 통해 추정된 문항 모수들을 바탕으로 만들어진 문항 특성 곡선이 얼마나 적절한지 살펴본다. 대부분 적합도 조사는 응답자와 문항에 대한 관찰점수와 기대점수 사이의 차이인 잔차(residual)를 살펴보는 것에서 시작된다.

$$Y_{in} = X_{in} - E_{in} \qquad\qquad (6.4)$$

Y_{in}, X_{in}, E_{in}은 각각 문항 i에 응답하는 사람 n의 잔차, 관찰점수, 기대점수이다. 기대점수는 다음과 같이 구할 수 있다:

$$E_{in} = \sum_{K=1}^{K_i} k\Pr(X_{\in} = k|\theta, \delta) \tag{6.5}$$

단, K_i는 문항의 응답범주 즉 점수의 수이고, δ는 문항 i의 모수 벡터이다. 비록 응답자의 모든 응답들이 작은 잔차를 가질 것이라고 기대할 수는 없지만, 우리는 도구 전체에 걸쳐 잔차가 잘 분포하고 있을 것으로 기대한다. 따라서, 적합도 지표들은 보통 다양한 방법으로 잔차의 분포를 보기 위해 그들의 평균, 분산 등으로 구성된다. 우리가 기대하는 것과의 차이점을 발견하는 한 가지 방법은, 만약 자료가 모형에 적합할 경우 잔차의 기대치와 실제 잔차와 비교하는 것이다. 이것이 평균 제곱 적합도 통계치(mean square fit statistic)이다(Wright & Masters, 1981).

첫째, 추정된 모형에서, 문항 i에 대한 기대 제곱 잔차는 다음과 같다:

$$W_{in} = \sum_{k=0}^{k_i} (k - E_{in})^2 \Pr(X_{in} = k|\theta, \delta) \tag{6.6}$$

그러면, 모든 응답자에 대한 이들의 평균은 다음과 같다.

$$\sum_{n=1}^{N} \frac{W_{in}}{N}$$

이것은 관찰된 잔차의 제곱의 평균과 비교될 수 있다:

$$\sum_{n=1}^{N} \frac{Y_{in}^2}{N}$$

그러면, 평균 제곱 적합도 통계치는 이러한 두 분산의 비율을 이용하여 구할 수 있다(즉, N은 약분됨):

$$MS_i = \frac{\sum_{n=1}^{N} Y_{in}^2}{\sum_{n=1}^{N} W_{in}} \tag{6.7}$$

관찰된 잔차들이 우리가 예측하는 것만큼 변화할 때, 이 두 개의 통계치들은 거의 동일해야 한다. 따라서, 그들의 비율(평균제곱)은 1이어야 한다. 평균제곱 값이 1.0보다 크면, 관찰된 분산은 기대 값보다 크고, 이는 자료에 의해 산출된 기울기가 예측된 것보다 평평하다고 해석할 수 있다. 평균제곱 값이 1.0보다 작으면, 관찰된 분산은 기대 값보다 작고, 이는 자료에 의해 산출된 기울기가 기대했던 것보다 더 가파르다고 해석할 수 있다. 이러한 결과들의 해석을 고려할 때, 이 첫 번째 특성(즉, 평균제곱이 1보다 큰)을 가진 문항은 일반적으로 잠재 변수의 전반적인 추정에 기여하는 바가 적으므로 가장 문제가 되는 문항임을 확인하는 것이 중요하다.

이와 같은 적합도 지수를 만들어내는 데는 몇 가지 방법이 있다. 앞에서 살펴본 것은 보통 가중된(weighted) 평균 제곱으로 불린다(때때로 (infit) 평균 제곱으로 표현되기도 한다). 또 다른 방법으로 가중되지 않은 평균 제곱(때때로 (outfit) 평균 제곱으로 표현되기도 한다)으로 이는 문항에서 멀리 떨어진 응답자의 영향이 더 강하게 표현된다는 점을 제외하고는 가중된 평균 제곱과 유사한 방식으로 계산된다.

효과 크기(effect size)로서 이상적인 가중된 평균 제곱(weighted mean

square)값을 판단할 수 있는 절대적인 기준은 없지만, 여러 연구자는 .75와 1.33이 합리적인 하한 값과 상한 값이라고 보고하였다(Adams & Khoo, 1996). 두 번째 적합도 지표인, 가중된 t(weighted t)는 가중된 평균제곱을 표준정규분포로 만드는 변환 방법이다(Wright & Masters, 1981). 이것은 종종 평균제곱의 통계적 유의성을 검증하는데 사용된다(Wright & Masters, 1981). 그러나 표본의 크기가 클 때는 이 통계치가 많은 문항에 대하여 유의미하다는 결과를 보여줄 가능성이 크다. 따라서, 더 안전한 전략은 infit평균제곱과 t값 모두에서 적합하지 않는 것(misfitting)으로 나타나는 문항들만 문제로 여기는 것이다. 이 책에서 자료 분석을 위해 사용한 GradeMap 소프트웨어는 평균 제곱과 t통계치의 가중된 값과 가중되지 않은 값 모두를 제공한다. 이 버전은 GradeMap에 의해 사용된 추정 방법인 주변최대가능도(Marginal Maximum Likelihood(MML)) 방법으로 개발되었다(Wu, 1997; Wu, Adams, & Wilson, 1998). GradeMap 소프트웨어는 적합도 결과들에 대한 추가 조작을 수행하고, 평균문항 위치와 각 문항에 대한 상대적인 단계 모수를 위한 통계치들을 제공한다. 문항 단계 모수들의 평균에 의해 평균 문항 위치가 결정되고, 상대적인 단계 모수들은 이 평균 값 주변의 단계 모수들의 편차이다.

이러한 이론적인 배경을 바탕으로, <그림 6.6>을 보면 PF-10자료의 평균 문항 위치를 위한 가중된 평균 제곱 값이 나타나 있다. 가중된 평균 제곱 값은 모든 문항이 적절한 범위 내에서 적합하게 위치하고 있음을 보여준다. 이러한 평균 위치 모수들의 몇몇 가중된 t 통계 수치들이 α = 0.5에서 유의미하지만, 그것만으로는 충분하지 않다. 우리는 평균 제곱 값과 t 모두가 문제를 나타내는 문항에 관심이 있다. 상대적인 단계 모수치들에 대해서도 유사한 관찰이 이루어진다. 따라서, 전반적인 결과로 볼 때, PF-10자료는 부분점수모형(partial credit model)에 잘 맞는다.

만약 평가자가 적합도가 떨어지는 문항을 찾는다면 다음 단계는 이를 위해 무엇을 할지 결정하는 것이다. 부적합을 묘사하는 한 가지 방법은 응답자 위치에 따라 조건부로 각 옵션을 선택한 예상 비율(추정된 문항 모수를 기준으로)과 실제 비율을 비교하는 것입니다. 이 비교를 나타내는 그림은 <그림 6.7>에 있다. 상대적으로 적합도가 떨어지는 문항(문항 1-위쪽)과 상대적으로 좋은 적합도를 보이는 문항(문항8-아래쪽)이 나타나 있다. 이 그림은 GradeMap을 사용하여 산출한 것이 아니라, 다른 종류의 소프트웨어인 ConQuest(Wu, Adams, & Wilson, 1998)에 의해 산출한 것이다. 이 때문에 이 그림의 가로축에는 전통적인 형식을 따르고 있다. 연속선은 기대 누적 확률(IRFs)을 보여주고, 점들은 각 선택에 응답 한 관측된 누적 비율을 보여준다. 물론, 점들이 선에 따라 놓여있으면 적합도는 좋다. 반대로 점들이 선으로부터 떨어져 있을 때, 적합도는 일반적으로 떨어진다. <그림 6.7>의 아래 그래프는 문항 적합도가 높은 문항8을 보여주고 있다. <그림 6.6>을 통해 이 문항을 살펴보면 가중된 평균 제곱이 거의 완벽한 1.0에 가깝다는 것을 알 수 있다. 비록 모든 점이 완벽하게 선 위에 위치하고 있지는 않지만, 대부분 좋은 적합도를 보이고 있다.

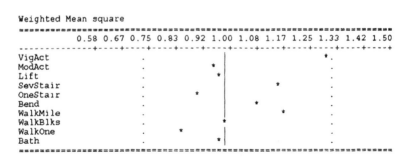

〈그림 6.6〉 PF-10자료에 대한 적합도 결과(평균 문항 위치)

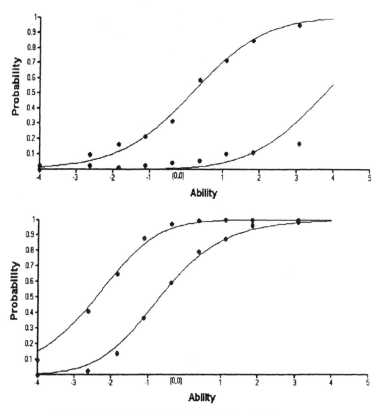

〈그림 6.7〉 문항1 (위쪽), 문항8 (아래쪽)의 적합도 그래프

적합도가 다소 떨어지는 문항1에서는 0과 1/2를 비교하는 점들은 그래프와 매우 가깝다. 반면에 0/1과 2에 대해 비교하는 점들은 그래프에서 다소 떨어져 있다.

이것은 특별히 이 문항에 대한 큰 평균 제곱의 원인이 될 확률이 높다. 왜냐하면 <그림 5.10>에 보는 것과 같이 분포의 상단에 특히 응답자들이 많이 분포하고 있기 때문이다. 여기서, 평균제곱 통계치는 응답자들이 어디에 위치하느냐에 따라 민감하다. 두 번째 변화에 대한 편차(0/1과 2)는 주목할 만하지만, 매우 작아 보인다. 이와 같은 탐색 기법의 단서가 되는 구체적인 값은 없지만 실제로 어떤 부적합의 모습이 나타나는지 살펴보는 일은 흥미롭다. 가능한 결론은 다음과 같을 수 있다. (a) 편차가 특별히 크지 않으므로 이 문항을 제거하는 것이 타당하지 않을 수 있다. (b) 약간의 부적합성 문제가 있는데, 이는 문항의 문자 특성 때문일 수 있다. 가능한 대안으로는 "활발한" 수준에서 이 단일 문항을 각각 "농구"와 같이 특별히 활발한 활동을 나타내는 여러 문항으로 대체하는 것이다.

부적합의 증거를 찾는 직관적인 이유는 문항 세트로부터 해당 문항을 제거하기 위한 것이다. 그렇지만, 이것은 적합도가 낮은 문항을 처리하는 가장 좋은 방법이 아닐 수 있다. 첫째, 결과가 임의적인 변인 때문일 수 있다. 예를 들어, 20개의 모수 검사에서($\alpha = .05$), 부적합한 모수가 없다고 하더라도, 우연히 통계적으로 유의한 결과가 나올 수도 있다. 이러한 가능성(가설)에 대해서 조사하는 두 가지 방법이 있다. (a) 응답자들의 표집을 반복하고 적합도가 좋지 않은 것이 지속되는지 여부를 본다. (b) 생각나는 대로 말하기와 출구 인터뷰(exit interview) 기법을 통하여 응답자들의 반응을 조사한다(섹션 3.4 참조). 만약 평가자가 왜 특정 문항이 부적합한지에 대한 이론을 생각해 낼 수 있다면, 새로운 문항들을 만들 때 매우 유용한 지침이 될 수 있다. 둘째, 적합도가 낮은 문항은 문항의 내용 또는 위치와 관련한 문항 샘플이 많지 않기 때문에 중요할 수 있다. PF-10도구의 문항1의 경우, 동의하는 것은 가장 어렵고, 다른 문항을 위한 가장 가까운 첫 번째 경계선에서 1로짓보다 더 높다. 그렇다고 만약 이 문항이 삭제되면, 그 구인의 정의(definition) 중 일부분을 잃을 수 있다. 그러한 경우에서 가장 좋은 전략은 앞서 설명한 것처럼 단계를 밟아 정확한 적합도를 확인하는 것이다. 만약 부적합한 경험적 증거가 반복적으로 나온다면 문항 재개발을 통해 유사한 성격의 문항을 다시 개발해야 한다. 불행히도, 이러한 전략은 항상 가능한 것은 아니며, 다양한 이유로 인해, 문항을 대체하는 것이 불가능할지도 모른다. 평가자는 문항을 제거하는 것과 유지하는 것 중 어느 것이 전체적으로 부정적인 영향을 최소화할 수 있는지 판단해야 한다. 물론, 이러한 문제를 해결하기 위한 기술적인 방법으로 문항을 적합하게 할 수 있는 모형들을 이용하는 방안도 생각해 볼 수 있다.

6.2.3 응답자 적합도(Respondent Fit)

응답자 적합도는 응답자의 응답이 모형의 기대치와 일치하는지 여부를 확인할 수 있도록 해준다. 이것은 약간 혼란스러울 수도 있지만 나름의 논리를 가지고 있다. 유사(analogy)의 개념을 생각해보자. 평가자에게 테이블로 가득 찬 창고를 보여주고 각 테이블 상단의 면적을 측정하도록 요청하였다. 이때 평가자는 학교에서 배운 "길이 × 너비" 공식을 적용시킬 방안을 고민한다. 예전에 배웠던 삼각표(triangular table)를 떠올려 보기도 한다. 이제, 무엇을 해야 할까? 실제로 눈앞에 공간이 있지만 여기에 일반적인 수식을 바로 적용하기는 어렵다. 평가자는 지금 이 순간 무엇을 해야 할지에 대한 판단을 해야 한다. 무엇을 해야 하는지에 대한 판단의 상황은 다음과 유사하다. (a) 대부분의 응답자는 문항 경계 곤란도와 일치하는 응답 유형을 가지고 있고, 일부 응답자는 반대 유형의 응답을 할 것이다. (b) 어떤 응답자들은 이와는 정반대의 응답 패턴을 보여줄 것이다. 물론, 어떤 응답자라도 이상한 응답을 하는 것이 가능하고, 따라서 비정상적인 응답 패턴을 단순한 임의적 변동과 구별하는 것이 어려워 보일 수 있다. 그러나 확률 모형을 사용하는 이점은 실제의 응답 패턴이 응답자 및 문항 경계 위치로부터 산출된 기대치와 얼마나 비교 가능한지 결정할 수 있다는 것이다.

이러한 개념들은 PF-10척도에 대한 어떤 특별한 응답자를 이용하여 설명할 수 있다. 3명의 응답자의 문항들에 대한 응답이 <표 6.1>에 제시되어 있다. 3명의 응답자는 PF-10문항들에 대해서 9점을 획득하였고, 공통의 추정된 위치는 <그림 5.10>에서 알 수 있듯이 -.41이다. 이 표에서, -.41에 위치하고 있는 응답자에 대한 기대 점수는 표의 첫 번째 행에 나와 있다.

〈표 6.1〉 3명의 응답자의 PF-10척도에 대한 반응 유형

응답 #	점수	Wgt. MS	문항의 곤란도 순서									
			10	9	5	3	2	8	6	7	4	1
Exp.	9	—	1.80	1.52	1.27	1.04	.87	.87	.86	.64	.54	.16
397	9	1.07	2	1	1	2	1	0	1	0	1	0
375	9	0.51	2	2	1	1	1	1	1	0	0	0
381	9	2.55	0	2	2	0	0	2	0	2	1	0

문항은 곤란도 순서, 즉 예측점수의 순서에 의해 나열된다. 이렇게 하면 질서의 패턴을 더 쉽게 볼 수 있다. 직관적으로 예측할 수 있듯이, 문항이 왼쪽에서 오른쪽으로 동의하기가 어려워질수록 점수는 높다가 낮아진다. 첫 번째 응답자(#397)의 경우, "일반적인" 양의 순서 반응이 보이고 있다. 이 응답자의 점수는 전체적으로 문항 곤란도가 높아짐에 따라 더 높은 점수(2)에서 더 낮은 점수(0)로 변화한다. 이는 예상된 반응으로 표의 열(Column)을 따라 왼쪽에서 오른쪽으로 변화하는 모습을 보인다. 그러나 이 응답자의 경우 순서는 완전히 엄격하게 지켜지지는 않았고 약간의 변동은 있다. 이러한 모습은 확률적인 접근법에서 충분히 예측된 것이다. 문항8에 대한 응답, 그리고 문항 9, 4, 3에 대한 응답의 임의적인변동은 어느 정도 예상된 것이다. 여기서 한 가지 생각할 것은 비교할만한 기대점수 없이, 어떤 문항이 임의적인 변동을 가지는지 말하기 어렵다는 것이다. 이 경우에, 기대점수가 없으면 문항 2 또는 문항8에 대한 응답이 더 놀라운지 여부를 말할 이유가 아예 없으나, 문항 8처럼 보이는 기대 점수를 보는 것은 더욱 놀라운 것이다. 이 첫 번째 응답자의

응답과 다음(#375)을 비교해 보자. 두 번째 응답자의 순서는 곤란도 순서와 정확하게 일치한다. 그것은 표의 좌측 부분의 2에서 우측으로 갈수록 0에 가까운 값으로 임의적인 변동이 전혀 없다. 이 경우에, 우리는 확률적 상황에서 "평균적으로" 기대하는 일종의 무작위적인 변동이 관찰되지 않는다. 이제 마지막 응답자의 반응 패턴(#381)을 고려해보자. 여기에서는 변동이 매우 높다. 관찰된 반응과 기대된 일종의 패턴 사이의 관계는 거의 없어 보인다. 또한 이 응답자는 나머지 두 응답자보다 더욱 극단적인 반응을 보이고 있다.

<표 6.1>에서의 패턴들은 <그림 6.8>에서와 같이 시각적으로 보여 질 수 있다. <표 6.1>의 각 행은 "kidmap"으로 불리는 수정된 Wright 지도의 부분으로 보여진다(Adams & Khoo, 1996; Mead, 1976). 이 그림에서 세 응답자들은 각각 세로로 위치한다.

각 지도를 해석하는 방법은 지도의 왼편은 문항 반응들이 응답자에 의해 선택(또는 도달)되었던 것이 어떤 문항인지 보여주고, 오른편은 선택되지 않았던 것을 보여주고 있음을 기억하자. 앞에서 정의되었던 "i, k"는 문항과 반응 범주를 나타내고 있다. 가로의 "XXX"은 응답자의 위치를 나타낸다. 그것들에서 연장된 점선은 어떤 확률이 그 이상으로 나타내는 선이며, 그것은 "surprise line"이라고 불릴 수 있다. 이전에 설명하였던 응답자와 문항의 상대적인 위치에 대한 해석을 다시 생각해보자: 응답자가 문항 경계선 위에 있을 때, 해당 범주나 그 아래에 응답할 가능성이 50% 이상이다 반면에 응답자가 문항 경계선 아래에 있을 때는, 해당 범주나 그 아래에 응답할 확률이 50% 이하이다.

이 해석을 염두에 두고 연구자는 왼쪽 하단 사분면과 오른쪽 상단 사분면에서 문항 경계선 값의 대부분을 가지는 패턴을 기대해 볼 수 있다. 이러한 kidmap을 간명하게 보여주기 위해서 1.2와 4.2 사이 빈 공간을 상당부분 생략하였다.

KIDMAP: 397
Infit ms: 1.07

KIDMAP: 375
Infit ms: 0.51

KIDMAP 381
Infit ms: 2.55

----Reached----------Not Reached----
Reached

--------Reached-----------Not Reached

------Reached-------------Not
--Reached-

1.2

4.2
7.2

1.1 6.2
2.2
8.2

5.2
7.1

9.2
8.1

XXX

4.1

3.2

2.1 6.1
3.1
10.2
5.1 9.1

10.1

1.2

4.2
7.2

1.1 6.2
2.2
3.2 8.2

5.2
7.1
4.1

XXX

9.2
8.1

2.1 6.1
3.1
10.2
5.1 9.1

10.1

1.2

4.2

7.2

1.1 6.2
2.2
3.2

8.2

5.2
7.1

XXX

4.1
9.2
8.1

5.1 9.1

2.1 6.1
3.1
10.2

10.1

Note: Each row is 0.316 logit

〈그림 6.8〉 PF-10에 대한 세 반응 패턴을 나타낸Kidmaps

과정중심 평가 도구 개발을 위한 문항반응모형을 적용한 척도개발

왼쪽 패널의 # 397에 대한 kidmap을 보면 문항 경계 값의 대부분이 실제로 기대되는 사분면에 있다. 단지 몇 개의 응답 - 문항 3의 "2", 문항 9의 "2", 문항 8의 "1"은 "surprise line"밖에 있다. <표 6.1>을 다시 보면, 우리는 이 값들이 표에서도 이러한 경향성을 보이고 있음을 확인할 수 있다. 문항 9의 기대점수는 1보다는 2에 가깝고, 문항 3의 경우 2보다는 1에, 문항 8의 경우에는 0보다는 1에 가깝다는 것을 알 수 있다. 이제 <그림 6.8> kidmap의 중간에 위치한 #375를 살펴보자. 여기서는 "surprise line"을 넘어가는 문항 경계 값은 없다. 실제로 문항 경계 값은 지도를 따라 이동할 때 왼쪽에서 오른쪽으로 한 번의 전환만 수행한다. 이렇듯 엄밀하게 순서화된 응답은 <표 6.1>을 통해서도 확인할 수 있다. 이 순서가 반드시 문제가 되는 것은 아니며, 임의의 변동이 있는 시스템에서도 우연히 "질서 정연하게 순서화된" 응답이 나올 수 있다. 이제 <그림 6.8>의 오른쪽 패널인 #381의 응답을 보자. 여기서, "XXX"는 #397과 같은 위치에 있는데, 이것은 그들이 동일한 점수를 받았기 때문이다. #381의 응답에서는 많은 문항 경계 값들이 "surprise line" 밖에 위치하고 있다. 이 응답들은 <표 6.1>에서 마지막 행에 있는 순서화되지 않은 응답들이다. "surprise line"의 위 또는 아래 거리는 상대적으로 일어나지 않을 가능성을 나타낸다. 따라서, 이 그림에서 기대와 크게 다른 결과는 문항 7의 "2"와 문항 10의 "0" 응답이다.

문항들과 마찬가지로 가중 평균 제곱과 가중 t 값과 같은 적합도 지수들도 응답자와 관련하여 정의될 수 있다. 이 정의는 문항의 경우와 매우 유사하다. <표 6.1>에서 응답자들의 가중 평균 제곱 값들은 세 번째 행에 나타나 있다. 이 같은 적합도 결과를 해석할 때 주의할 점은 그것들이 단순히 임의적인 결과이지 어떤 인과 관계를 나타내지는 않는다는 것이다. 만일 통계 모형이 정말로 상황과 잘 들어맞는다면, 적합도가 낮은 응답들은 시스템적인 문제에서 발생하는 것이 아니라 단순히 임의적인 변동성 때문에 나타나는 것이다. <표 6.1>과 <그림 6.8>에 나타나 있는 두 가지 유형의 적합도가 낮은 경우를 살펴보자. 먼저, <표 6.1>에 있는 응답자 #375처럼 낮은 적합도 지수 값을 가지고 있는 응답자가 있다. 이 예에서는 평가자가 예상했던 것보다는 임의적인 변동이 크지 않았다. 이는 모형의 전체적인 적합도를 고려할 때 중요 할 수 있지만(섹션 6.3.1 참조) 일반적으로 개별 응답 패턴을 측정할 때는 중요하게 여겨지지 않는다(흥미로운 예외 사례를 보려면 Wilson, 1989를 참조하라). 최악의 경우 응답자는 예상보다 반응의 변동이 적어 모든 문항에 유사한 반응을 나타낸다(즉, 확률보다 변형이 적음).

반면에 응답자 #381처럼 높은 적합도 지수 값을 가지고 있는 응답자가 있다. 여기서 응답자는 그에게 예상되는 순서가 틀릴 수 있음을 나타내는 응답을 보낸다. 예를 들어, 응답자 #381는 문항 7과 문항 8에 대해서는 예상했던 것보다 쉽게 긍정적인 응답을 하였고, 문항 2, 3, 5, 10에 대해서는 예상보다 어렵게 긍정적인 응답을 보였다. 가장 좋은 방법은 이 응답자와 인터뷰하여 자신이 생각하는 것을 살펴보는 것이다. 이것이 어렵다면 그러한 응답 패턴을 보인 이유를 추측해보아야 한다. 이 예에서 "WalkMile"과 "WalkBlks" 문항(문항 7과 8)에 대해서는 예상했던 것보다 쉽게 긍정적인 응답을 보였고, 반면에 "ModAct", "Lift", "Bend", "Bath" 문항(문항 2, 3, 5, 10)에 대해서는 예상보다 어렵게 긍정적인 응답을 보였다. 아마도 이 패턴과 일치하는 상황은 걷는 것이 쉽지 않은 장애인이 휠체어를 타고 여행하는 것을 의미하는 "Walk(걷기)"를 말하는 경우일 것이다. 따라서, 이 질문들에 대해서 긍정적인 응답을 한 그의 행동은 합리적으로 보인다. 그러나 이 응답자에게 문항 2, 3, 5, 10는 모두 상대적으로 어렵게 느껴지기 때문에 이에 대한 응답도 모두 덜 긍정적이었다. 또는 데이터 입력 오류가 있거나 응답자가 임의의 응답을 선택했을 수 있다. 비록 이러한 해석들이 가능하지만, 추가적인 정보 없이 결론을 내리기는 어렵다.

기대와 일치하지 않는 응답 패턴을 발견하는 일은 지난 20 년간 측정에서 가장 흥미로운 진보 중 하나라 할 수 있다. 물론, 그러한 응답자를 찾는 것은 유쾌하지 않은 일이지만 데이터가 응답자에 대해 무엇을 말해주는지 이해하는 관점에서 중요하다. 가능하다면 이전에 논의된 것과 같은 적합도가 높은 케이스가 더 세밀하게 검사되어 측정이 유용하다는 것을 드러낼 수 있어야 한다.

6.3 참고자료

최고의 측정 모형이 무엇인지에 대한 논의는 광범위하게 이루어질 수 있지만 Andrich (출간 중), bock(1977), Brennan(2001), Traub(1997), Wright(1977)의 책을 통해서 어느 정도의 기본적인 지식을 얻을 수 있을 것이다. 또한 Wright와 Masters(1981)에서는 부적합한 적합도에 대해 훌륭한 해석과 논의를 하였다.

7

신뢰도

7.0 개관 및 주요 개념

이 단원에서는 검사도구가 목적에 맞게 제작되었는지, 도구로부터 얻은 결과가 충분한 일관성을 갖는지 살펴보는 방법에 대해 기술한다. 즉, 도구의 신뢰도에 대하여 알아본다. 전통적으로, 신뢰도는 타당도와는 별개로 검사도구의 필수 요소로 생각되어 왔다. 이 책에서는 타당도의 필수불가결한 요소로서의 신뢰도를 먼저 다루고, 다음 단원에서 타당도를 따로 설명하고자 한다. 이는 도구의 신뢰도는 타당도의 모든 특성과 밀접한 관련이 있고, 이러한 접근법이 전통적인 측정 관련 책들과 유사한 방식이기 때문이다.

7.1 측정 오차

구인을 만들고 검사도구를 통해 그 구인을 측정할 때, 평가자는 응답자들이 구인과 관련된 특성을 가지고 있고, 응답을 통해 해당 구인이 측정되어 질 수 있다고 믿는다. 응답자의 구인과 관련한 특성은 5장 및 6장에서 설명한 대로 θ라고 불리며, Wright 지도에서 응답자의 위치를 나타낸다. 실질적으로 응답자가 응답을 할 때는 능력치인 θ 이외에도 점수에 영향을 주는 많은 요소가 있다. 이러한 모든 요소들의 합이 곧 θ 추정치가 되고, $\hat{\theta}$이라고 쓴다. θ추정치는 분명 개인의 실제 θ값과는 차이가 있으며 이 차이를 우리는 측정 오차(measurement error)라고 부르고, ε로 표기한다. 이 관계를 수식으로 나타내면 $\hat{\theta} = \theta + \epsilon$이며, 이는 진점수 이론에서 살펴본 X = T + E와 유사하다. 측정 오차의 발생에는 다음과 같은 다양한 원인이 있을 수 있다: (a) 개인의 응답과 관련한 요소-기분, 건강 상태, 흥미 정도 등, (b) 측정이 행해지는 환경과 관련한 요소-방의 온도, 소음 정도, 시간 등, (c) 검사도구 자체의 세부 특성과 관련한 요소-문항 선택, 제공 방식 등, (d) 채점과 관련한 요소-채점자 훈련, 채점자 일치도 등. 이러한 오차들은 잘못되거나 이상한 것이 아니며, 오히려 측정에 있어 당연하고 어느 정도 예상가능한 부분이라고 할 수 있다. 우리가 사용하는 오차(error)라는 용어는 잔차(residual), 즉 측정모형에 의해 설명되지 못하고 남아있는 부분을 의미한다. 하지만, 평가자의 입장에서는 오차가 크게 발생하는 일을 피하고 싶은 것은 당연하다.

모든 잠재적 오차 요인을 완벽하게 구분해서 다룰 수 있는 모형은 이 세상에 없다. 하지만, 특정한 측정 조건에 따라 일관되지 않은 결과를 산출하는 도구는 아무리 타당도가 높다고 하더라도 쓸모가 없기 때문에 이러한 오차 요인에 대해 연구하는 과정은 매우 중요하다. 측정 오차를 개념화하는 한 가지 방법은 세뇌비유(brainwashing analogy)라는 사고 실험(thought experiment)을 하는 것이다. 응답자가 자신의 응답을 대답 즉시 까먹는다고 가정해보자. 이것이 세뇌이다. 응답자에게 같은 질문을 계속 하고, 그에 대한 응답을 기록하여 점수를 줄 때 앞 단락에서 언급한 모든 오차 유발 요소를 고려해보자. 산출된 점수의 평균값을 구하면 그 값이 아마도 응답자의 진점수 값이 될 것이다. 이 때 관찰 점수 값은 분산을 갖게 되고, θ의 분산값은 곧 ε(오차)의 분산이 된다. 물론, 응답자가 자신의 대답을 바로 잊는다는 것은 불가능한 가정일 것이다. 하지만 이러한 사고 실험은 θ, $\hat{\theta}$, 그리고 ε 값의 개념을 이해하고 해석할 수 있게 하는 한 가지 좋은 방법이다.

응답자의 측정 오차를 나타내는 한 가지 지표인 측정의 표준 오차 (standard error of measurement: sem(θ))는 이미 6장에서 소개한 바 있다. 이 지표를 사용하는데 있어 평가자는 각각의 문항이 "작은 도구(little instrument)"로서 독립적 성격을 지니고 있다는 가정을 하게 되며, 이것이 일종의 세뇌비유이다. 잠재적 특성을 측정하는데 있어 sem은 위치를 추정하는 가장 유용한 도구의 역할을 한다. 만약 sem 값이 매우 크다면, 평가자는 결과에 대한 적절한 해석을 하는 것이 불가능 할 것이다. 예를 들어, 6장에서 언급하였듯이, sem의 95% 신뢰구간은 2.36 로짓 범위를 갖는다. 이는 Wright 지도 전체의 약 27% 정도 넓이를 차지한다. 앞에서 논의 되었던 것처럼, 응답자의 응답만 가지고 있는 것보다는 위의 정보를 함께 가지고 있는 것이 훨씬 강력하다고 할 수 있다. 하지만, 응답자 개인의 값을 사용함에 있어서는 분명치 않다. 다시 말해 이 지표가 개개인의 정확한 진단을 위한 용도로는 활용도가 떨어지지만, 집단을 측정하기 위한 용도로 이용하거나 초기 분류 검증을 위한 목적으로는 유용하게 쓰일 수 있다.

Sem(θ) 값은 응답자의 위치에 따라 다양하며 <그림 7.1>의 PF-10의 예제를 통해 확인할 수 있다. 그림에서 두 변수의 관계는 전형적인 U 모양이며, 문항 경계값의 평균 근처에서 최소값을 가지고, 양 극단으로 갈수록 표준 오차 값은 증가한다. 이러한 그래프 모양의 생성 이유는 <그림 5.3>의 예를 통해 확인 할 수 있는데, 특정 지점의 IRF값에 대한 접선의 기울기(tangent)가 가파를수록, 응답자의 위치를 찾아내는데 더 많은 기여를 한다는 것을 알 수 있다. IRF 값은 주로 응답 확률이 .50인 지점에서 가장 경사가 가파르며, 이는 다음의 의미를 내포하고 있다: 응답자의 능력이 문항의 수준과 유사할수록, 그 문항은 응답자의 위치(능력)을 더 잘 드러낼 수 있다. PF-10(그림 5.10)과 같은 전형적인 예를 통해 이 관계를 다시 살펴보자. 중간 부근에 위치한 응답자들은 항상 양 극단에 있는 문항들보다 중간에 위치한 문항들을 더 많이 접하기 때문에, sem(θ) 값은 양 극단보다 중간에서 낮게 나타난다. 이러한 논리는 문항 경계선(thresholds)이 종모양(bell-shape)에서 단일(uniform) 형태 사이로 분포되어 있다면 언제든지 적용이 가능하다. 만약 문항 경계선 분포가 이봉분포(bimodal), 즉 두 개의 최빈치 값 사이에 거리가 멀수록 응답자 위치와 sem(θ)의 관계는 더 복잡해진다.

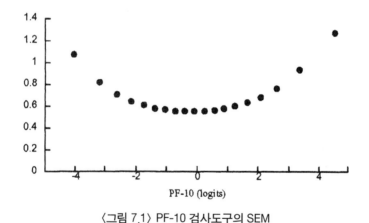

〈그림 7.1〉 PF-10 검사도구의 SEM

위의 관계를 설명할 수 있는 또 다른 방법은 정보함수(Information(Inf(θ)))를 사용하는 것이다. 정보함수는 sem(θ) 제곱 값과 반비례 관계에 있다(Lord, 1980)

$$\text{Inf}(\theta) = 1/sem(\theta)^2 \qquad\qquad (7.1)$$

이 지표는 검사도구의 $sem(\theta)$값을 계산하는 데 사용되며, 이는 전체 도구의 정보는 각 문항이 가지는 정보의 합과 같다는 특성을 이용한 것이다(Lord, 1980).

$$\text{Inf}(\theta) = \sum_{i-1}^{I} Inf_i(\theta) \qquad\qquad (7.2)$$

위 공식을 통해 문항의 정보 기여도는 전체 검사도구에 대한 정보의 평균이라는 가정을 가능하게 한다:

$$\overline{Inf(\theta)} = Inf(\theta)/I \qquad\qquad (7.3)$$

<그림 7.2>는 정보의 측면에서 <그림 7.1>과 상응한다. 일반적으로 진점수 이론에서는 <그림 7.1>의 그래프가 수평의 직선이므로, <그림 7.2>와 같은 곡선이 된다고 가정한다.

<그림 7.1>과 <그림 7.2>에서 나타난 그래프의 특성은 검사도구 설계 과정에서 유용하다. PF-10 도구의 가장 민감한(sensitive) 부분은 ‑2.0에서 +2.0 로짓 사이이다. 만약, 이 부분이 도구가 측정하고자 하는 목표 범위라고 한다면, 도구의 설계가 잘된 것이다. PF-10의 Wright 지도(그림 5.10)을 다시 살펴보면, 첫 번째 경계선(0 vs. 1&2) 범위가 3개(Bath, OneStair, WalkOne)를 제외한 모든 문항을 포함하고, 두 번째 경계선 (0&1 vs 2) 범위에서도 여덟 개를 제외한 모든 문항을 포함하는 것을 알 수 있다. 즉, 도구의 최대 민감성(sensitivity) 범위가 문항 응답 범주에 따라 나타난다. 그러나 <그림 5.10>에서는 응답자 표본 중 많은 수가

2.0로짓보다 높기 때문에, 도구가 해당 표본에 대해 적절하게 기능한다고 보기가 어렵다. 검사도구의 기능성은 도구의 궁극적 목표에 달려있으므로 이 표본과 비슷한 표본 집단에 사용하려면 "VigAct" 끝에 더 많은 문항을 추가해야 한다. 만약, 현재 표본보다 신체적인 기능이 전반적으로 떨어지는 사람들을 대상으로 한다면 검사도구에서 현재의 문항들이 충분히 제 기능을 할 것으로 보인다. 반면에 평가자가 신체적인 기능성이 더 떨어지는 사람들에 대해 알아보고 싶다면 현재의 문항보다 훨씬 더 낮은 위치 끝("Bath" 근처)에 해당하는 새로운 문항을 추가해야 할 것이다.

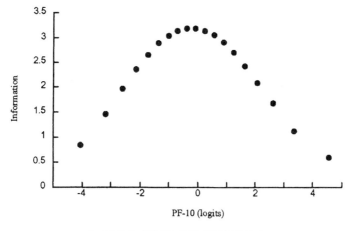

〈그림 7.2〉 PF-10 검사도구의 정보량

<그림 7.1>과 <그림 7.2>에서 그래프의 모양만이 중요한 것이 아니라 그래프의 평균적인 높이도 매우 중요하다. 그래프의 높이를 바꾸는 것만으로도 일치도(consistency)가 증가할 수 있다. 일치도를 높이는 가장 전형적인 방법은 기존에 존재하고 있는 문항과 유사한 성격의 새로운 문항을 추가하는 것을 전제로 문항 수를 늘리는 것이다. 문항 수를 추가하면

거의 모든 경우 $sem(\theta)$값이 감소한다. $sem(\theta)$이 감소하지 않는 경우는 추가된 문항이 기존에 있는 문항들과 전혀 다른 성격을 가지고 있을 때이다.

기존과 유사한 문항을 추가하는 것과 비슷한 효과를 가져오는 유용한 방법은 다음과 같다. (a) 편리한 기준점(convenient reference point)이 될 만한 위치를 선택한다. (b) <공식 7.3>을 이용하여 문항의 기여도를 추정한다. (c) <공식 7.2>를 이용하여 전체 도구 정보를 조절한다. (d) <공식 7.1>을 이용하여 측정의 표준오차 값을 다시 산출한다.

PF-10 예제에서 평가자가 문항을 10개에서 30개로 3배 증가시키면 $sem(\theta)$이 얼마나 감소할지 궁금해 한다고 가정해 보자. 측정의 표준오차 최소값은 0.56이고(<그림 7.1>을 통해서는 정확한 값을 확인하기 어렵지만 실제 값임), 10개 문항에 근거한 최대 정보값은 3.19이다. 따라서, 문항 한 개의 평균적 정보 기여도는 0.32정도 된다고 볼 수 있다. 30개의 유사 문항으로 구성되는 검사도구라면, 최대 정보량은 대략 9.60 정도 될 것이다. 그렇게 되면 측정의 표준오차 최소값은 대략 0.32 또는 현재 최소값의 절반보다 약간 높은 값으로 추정할 수 있을 것이다. 하지만 문항의 수와 오차 및 정보량 관계의 특성으로 인하여, 더 많은 문항을 포함하는 것은 투자대비 이익의 감소를 가져오기도 한다. 앞의 예에서는 문항을 3배 증가시키면 $sem(\theta)$을 원래의 절반 정도로 줄일 수 있었다.

sem을 줄일 수 있는 두 번째 방법은 도구 사용의 조건을 표준화시키는 것이다. 이 방법은 일치도를 향상시킬 수 있을 것처럼 보여 많이 사용된다. 그렇지만, 문항 설계에서 설명 및 구인의 요소를 제한하여 도구의 타당도를 감소시킬 수 있는 위험이 있으므로 적절한 균형을 이루는 것이 중요하다. 독자들의 이해를 돕기 위해 이 방법의 위험성을 보여주는 예를 들면 쓰기 평가 과정이 있다. 응답자가 실질적으로 작성해야 하는 쓰기(writing) 문항을 줄이는 대신에 선다형(multiple choice) 문항을 추가하여 점수의 일치도를 높일 수 있다는 예가 보고된 적이 있다. 이를 통해 도출된 결론은 작문 시험에서 쓰기 문항을 제외시키고 오직 선다형 문항만 사용하자는 것이었다. 다소 의아한 일이지만 실제로 발생한 일이었고, 많은 작문 시험에서 글쓰기를 요구하지 않았다. 하지만 쓰기 교육을 담당하는 교육자들이 보기에 이러한 상황은 학생들이 실제적인 글쓰기를 하지 않고 쓰기 시험을 통과하는 말이 되지 않는 일이었다. 오랜 논쟁 끝에, 일부 작문 시험에서는 한 개의 에세이만을 포함하고, 평가 결과에 대해 단일 점수를 제공하는 방식으로 되돌아갔다. 하지만 불행하게도, 변경된 이 방식 또한 올바른 측정을 하고 있다고 보기 어렵다. 신뢰도와 함께 적절한 타당도(다음 장에서 다룸)를 제공할 수 있도록 균형 지점을 찾아내는 것이 최고의 해결책이 될 수 있을 것이다.

7.2 측정 오차에 대한 요약

일관성의 질적 관리(quality control) 지표를 개발하기 위한 전통적인 접근 방식은 응답 지점에서 관찰된 분산의 양이 전체 분산 중 어느 정도의 비율로 모형에 기여하는지 살펴보는 것이었다. 이를 위해 고려된 방법에는 다음과 같은 것들이 있다. (a) 모형에 의해서 설명되는 분산의 비율, (b) 시간 경과에 따른 일치도(consistency over time), (c) 다른 세트로 구성된 문항 사이의 일치도(consistency over different sets of items). 이는 측정 오차를 살펴볼 수 있는 세 가지의 다른 측면을 나타내며, 각각 내적 일치도 계수, 검사–재검사 계수, 동형 검사 계수로 불린다. 채점자 간의 일치도는 또 다른 이슈이며, 이것 역시 뒤에서 함께 논의할 것이다. 다양한 종류의 측정 오차는 <표 7.1>에 정리되어 있다.

〈표 7.1〉 다양한 측정오차에 대한 요약(신뢰도 지표)

명칭	기능
내적 일치도 지표	
Kuder-Richardson 20/21	진점수이론(원점수)에 사용, 이분문항에 사용
Cronbach's Alpha	진점수이론(원점수)에 사용, 다분문항에 사용
Separation Reliability	진점수이론(원점수)에 사용, 다분문항에 사용
(Spearman-Brown Formula)	가설적(hypothetical) 신뢰도 계산에 사용
검사-재검사 지표	
test-retest correlation	동일 응답자에 대하여 다시 측정할 때 사용
동형검사 지표	
Alternate forms correlation	유사한 구조의 문항 세트를 이용할 때 사용
채점자간 일치도 지표	
Exact agreement proportion	채점자를 채점 기준에 따라 비교할 때 사용

7.2.1 내적 일치도 계수(Internal Consistency Coefficients)

여기서 다루는 지표는 내적 일치도 계수라고 불린다. 이는 내적 일치도 계수를 산출하는 방법이 도구를 한 번 사용함으로써 얻는 데이터의 변동성(variability)과 관련한 정보에 근거하고 있기 때문이다. 이것은 응답자의 위치 추정치에 의해 설명되는 분산의 비율을 조사하는 개념이다. 분산과 관련한 접근 방법은 분산분석이나 회귀분석 방법 등으로 인해 이미 친숙한 개념일 것이다. 이 방법은 또한 이 책에서 다루고 있는 구인 참조(construct-reference) 접근 방법에도 적용할 수 있다. 즉, 분리 신뢰도(separation reliability), r을 계산해 내는 근거로 사용가능 하다(Wright & Masters, 1981). 분리 신뢰도를 구하기 위해서 먼저, 추정된 위치의 관찰 총 분산인 $Var(\ddot{\theta})$값을 구해야 한다.

$$Var(\hat{\theta}) = \frac{1}{N-1} \sum_{n=1}^{N} (\hat{\theta}_n - \bar{\theta})^2 \qquad (7.4)$$

$\hat\theta$는 전체 응답자 위치 추정치의 평균(mean estimated location)을 의미한다. PF-10의 예를 이용하여 계산하면 전체 분산은 4.47이 된다. 오차에 의해 설명되는 분산은 측정 표준 오차의 평균 제곱값(mean square of the standard error of measurement(MSE)을 이용해 계산할 수 있다.

$$MSE = \frac{1}{N}\sum_{n-1}^{N} sem(\theta_n)^2 \tag{7.5}$$

PF-10의 예제에서 MSE 값은 .67이다. 모형에 의해 설명되는 분산, $Var(\theta)$는 결국 위에서 계산한 두 값의 차이이다.

$$Var(\theta) = Var(\hat\theta) - Var(\hat\sigma) \tag{7.6}$$

따라서 분산 값은 곧 3.79가 된다. 이 모형에 의하여 설명되는 분산의 비율인 r은 <공식 7.7>에 의해 계산할 수 있으며, PF-10의 신뢰도 계수는 .85이다.

$$r = Var(\theta) / Var(\hat\theta) \tag{7.7}$$

이 방법이 PF-10의 데이터를 사용하여 구할 수 있는 유일한 신뢰도 계수는 아니다. 다른 가능한 방법들에 대해서는 9장에서 다룰 것이다.

위에서 구한 값은 신뢰도 계수의 단점 중 하나로 볼 수 있는, 평가자가 받아들일 수 있는 수준에 대한 절대 기준이 없다. 예를 들어, 신뢰도 .90은 분명히 .84보다는 좋다고 할 수 있지만, .95만큼은 아니다. 그렇다면, 절대적 기준이 없다는 이유로 검사도구 자체를 부인해야 하는가? 어떤 값이 제시되어야 평가자가 수용 가능하다고 할 수 있는가? 물론, 신뢰도 계수를 사용할 때 적용할 수 있는 기준이 전혀 없는 것은 아니다. 예를 들어, 캘리포니아 주에서는 학생들의 개인 학업 성취를 측정하는 시험에서, 최소한 신뢰도가 .90이 넘어야 한다는 기준을 적용하고 있다. 물론 이 기준이 항상 무조건적으로 적용되는 것은 아니다. 왜냐하면, 다양한 목적으로 이용되는 검사도구들에 대하여 획일된 기준을 적용하는 것은 어렵기 때문이다. 그보다는 도구의 특성을 고려하여 상황에 맞춘 개별적이고 구체적(specific)인 기준을 적용하는 것이 더 나을 수 있다. 예를 들어, 검사도구를 전체 표본을 두 개의 하위 집단으로 나누기 위해 사용하는 경우(합격/불합격, 긍정적/부정적 등), 위의 신뢰도 계수 산출 방법을 적용하는 것은 옳지 않다. 차라리 준거 곤란도(cut location) 근처의 잘못된 긍정(false-positive)이나 잘못된 부정(false-negative)의 비율을 조사하는 것이 훨씬 나은 방법이다.

비록 이 신뢰도 계산 방법이 전통적인 점수 측량(metric)이 아닌 응답자 위치 측량(metric)에 기반하고 있지만, 전통적인 신뢰도 지표들(이분문항의 경우 KR 20 / 21, 다분문항의 경우 알파계수(coefficient alpha))와 상응하는 신뢰도 계수이다. 물론, <공식 6.5>를 이용하면 개인의 기대 점수를 산출할 수 있고, 전통적 접근 방법을 이용하여 "기대 점수" 신뢰도 또한 계산할 수 있지만, 이렇게까지 복잡하게 계산해서 얻는 이점은 거의 없다.

7.2.2 검사-재검사 신뢰도 계수(Test-Retest Coefficients)

앞에서 설명한 것과 같이 응답자에게 검사도구를 한 번만 사용하게 되면 많은 종류의 측정 오차가 뒤따르게 된다. 이러한 오차는 각기 다른 신뢰도 계수를 산출하는 근거가 된다. 흔히 사용되는 계수는 검사-재검사 신뢰도 계수이다. 검사-재검사 신뢰도 계수에서는, 먼저 동일 피험자에게 같은 시험을 두 번 치르게 한다. 그리고 두 번 시행한 검사의 응답자 위치(respondent locations)간 상관을 이용하여 신뢰도 계수를 얻게 된다. 이와 같은 방법은 전통적 방식인 원점수(raw score)를 이용하여 계산하는 상황에도 적용 가능하다.

앞서 세뇌비유에서 살펴본 바와 같이, 응답자가 기억(remembering)에 의해 두 번째 시험을 치르는 것이 아니라 각 문항에 대해 새롭게 생각하여 응답할 수 있도록 검사와 재검사 사이의 시간 간격은 충분하게 주어져야 한다. 이 조건은 복잡한 문항의 경우에는 응답자가 상당 부분을 기억할 수 있기 때문에 충족시키기 어렵다. 하지만, 응답자의 능력 차이가 아닌, 검사도구로 인하여 발생한 응답자 위치의 변산을 보고자 하는 것이 검사 - 재검사 신뢰도의 목적이기 때문에 측정값이 거의 비슷해야 실제 변화가 없다고 가정 할 수 있다. 이 같은 사실을 바탕으로 볼 때, 검사 - 재검사 신뢰도는 암기하기 어려운 문항을 이용하는 것이 좋다.

7.2.3 동형검사 신뢰도 계수(Alternate Forms Coefficients)

또 다른 종류의 신뢰도 계수는 동형검사 신뢰도이다. 평가자는 2장에서 5장까지 살펴보았던 네 가지 구성 요소(four building blocks)를 활용하여 두 세트의 도구(시험)를 만들고 시행하여 두 결과 값 사이의 상관계수를 얻게 된다. 이것이 곧 신뢰도 계수이다. 동형검사 신뢰도 계수는 네 가지 구성 요소를 사용하여 도구가 측정하고자 하는 구인을 안정적으로 측정하였는지를 점검하는 데 좋은 지표가 될 수 있다. 이 접근법은 단순히 신뢰도 계수를 계산하는 것 이외에도 다른 목적으로 이용될 수 있다. 예를 들어, 구인 타당도의 안정성(robustness)을 조사하는 데 사용될 수 있다. 부록 9A의 방법과 연계하여 생각해 보면, Wright 지도를 이용하여 타당도 결과를 비교해 볼 수도 있다.

다음으로 다른 전통적인 일치도 지표들과 유사한 구인 모형 접근법
(construct modeling approach)도 있다. 예를 들어, 소위 반분 검사 신뢰도
계수(split-halves reliability coefficient)라고 부르는 지표는, 공통 문항은
없지만 비슷한 특성을 갖도록 하나의 시험을 두 개로 나누어 그 둘의
상관관계를 신뢰도 계수로 이용한다. 또한 각각의 반쪽 시험이 두 배
길이가 되었을 때의 신뢰도가 어떻게 될지 예측할 수 있는데 이를 구하
기 위한 공식은 다음과 같다.

$$r^1 = \frac{Lr}{1+(L-1)r} \tag{7.8}$$

L은 실제 시험의 문항 수에 대한 가상 시험 문항 수의 비율을 의미한
다(예를 들어, 만약 문항의 수가 두 배가 되는 상황을 가정한다면 이 때
L값은 2가 됨). 이 공식을 구인 모형 접근접에 쓰기 위해서는 두 개의
서로 다른 문항 세트를 사용하여 각 응답자의 위치에 대한 두 가지 추정
값을 구한다. 이후 이들의 상관계수 값을 <공식 7.8>에 대입하여 조정
값을 얻는다.

이러한 신뢰도 계수들은 각각 개별적으로 이용 될 수도 있으며, 여러
가지 측정값의 일치도에 대한 이해를 돕기 위해 사용될 수도 있다. 실제
측정 상황에서는 일치도를 구할 때 많은 요소가 동시 다발적으로 영향을
주고 있어서 그러한 영향 요인을 포괄적으로 고려할 수 있는 방법을 사
용하는 것이 좋다. 영향을 주는 요인들을 포함할 수 있는 모형으로는
다음의 두 가지가 있다: (a) 분산분석의 확장 형태인 일반화가능도이론
(generalizability theory, Shavelson & Webb, 1991), (b) 문항반응모형의
확장 형태인 facets 분석(Facets analysis, Linacre, 1989; Wilson &
Hoskens, 2001).

7.3 채점자 간 일치도

응답자의 답을 채점할 때, 앞서 살펴보았던 것과는 또 다른 종류의 측정 오차가 발생할 수 있다. 채점자들 간 불일치가 발생할 수 있으며 그 원인은 다음과 같다: (a) 충분한 채점 훈련을 받지 않아서 채점 기준을 올바르게 적용하지 못하는 채점자들이 있는 경우, (b) 채점자 마다 관대함/엄격함의 정도가 다른 경우(즉, 어떤 채점자는 다른 채점자들보다 특정 문항에 높은 점수를 줄 수 있음), (c) 점수 범위의 사용이 채점자들 마다 다른 경우(즉, 어떤 채점자는 다른 채점자들에 비해 양 극단의 점수를 더 많이 사용할 수 있음), (d) "후광효과(halo effect)"를 보이는 채점자가 있는 경우(즉, 이전에 주었던 점수에 영향을 받는 것을 의미함), (e) 채점의 엄격함이 변동하는 경우, (f) 채점자가 여러 가지 이유로 자신이 주는 점수에서 조차 일관성을 보이지 않는 경우.

채점자 간 불일치를 줄일 수 있는 방법은 다음과 같다. 채점자 훈련 프로그램과 모니터링 시스템을 이용한다. 모니터링 시스템은 시험 주관자와 채점자에게 제대로 채점이 진행되고 있는지에 대한 정보를 제공한다. 또한 좋은 채점자 훈련 프로그램은 다음의 내용들을 포함한다.

(1) 구인에 내포된 개념에 관한 배경 지식
(2) 채점자가 다양한 범위의 응답들을 대상으로 시험, 채점해 볼 수 있는 기회
(3) 다른 채점자들과 특정 문항의 채점에 대하여 토론하고 자신의 채점에 대하여 설명할 수 있는 기회
(4) 채점자들이 얼마나 재대로 채점하고 있는가에 대한 체계적인 피드백
(5) 채점자들의 채점 결과가 받아들여질 만한지, 혹은 훈련이 더 필요 할지를 판단해 줄 수 있는 시스템

비록 채점자 훈련 프로그램이 체계적인 시스템을 구성하고는 있지만

채점자들이 채점 과정에서 온전한 형태로 시작하였다가 금방 다른 길로 빠지는 경우가 흔하다(Wilson & Case, 2000). 이러한 문제를 해결하기 위해서, 모니터링 프로그램을 함께 제공하는 것이 중요하다. 채점을 모니터링 하는 필수적인 세 가지 방법은 다음과 같다: (a) 이미 채점이 완료된 응답들을 곳곳에 배치시킨다. (b) 채점자 본인이 이미 했던 채점의 일부를 다시 채점하게 한다. (c) 채점자 자신이 채점한 모든 결과를 다른 채점자가 채점한 결과와 비교하게 한다. 모니터링에 대한 자세한 설명은 이 책의 범위를 넘어서기 때문에 이에 대한 설명은 여기에서 마치도록 한다(Wilson & Case, 2000을 참조하기 바람).

채점이 얼마나 일관적으로 진행되었는지에 대한 정보를 채점자들에게 제공하기 위해 결과를 요약할 필요가 있다. 이 때 구인 모형 접근법이나 일반화가능도 이론을 이용하여 결과 요약을 할 수 있을 것이다. 하지만 이 역시 이 책의 범위를 벗어나므로 간단한 방법들에 대해서만 소개한다. 이 기본적인 방법을 적용하기 위한 첫 번째 단계는 동일 응답에 대한 채점 샘플을 모으는 것이다. 다음으로 수집한 샘플을 전문가의 채점 결과와 비교하거나, 채점자 집단의 평균값과 비교해 본다. 위의 두 경우에서 비교의 대상이 되는 채점 결과를 준거 채점(reference ratings)이라 칭한다.

〈표 7.2〉 채점자의 일관성을 확인하기 위한 데이터 레이아웃

채점자 r의 채점	준거채점				합계
	0	1	2	3	
0	n_{00}	n_{01}	n_{02}	n_{03}	n_{0*}
1	n_{10}	n_{11}	n_{12}	n_{13}	n_{1*}
2	n_{20}	n_{21}	n_{22}	n_{23}	n_{2*}
3	n_{30}	n_{31}	n_{32}	n_{33}	n_{3*}
합계	n_{*0}	n_{*1}	n_{*2}	n_{*3}	n_{**}

채점자의 채점 결과와 준거 채점 결과와의 일치 정도를 편리하게 볼 수 있는 방법은 <표 7.2>에 나와 있다. 이 가상의 예는 네 종류의 획득 가능한 점수를 보여 준다. 채점자 r의 채점 결과는 첫 번째 열에 기재하고, 준거 채점 결과 값들은 다음 네 개의 열에 차례로 기재한다. 조합 가능한 각 쌍의 번호는 표의 중앙에 n_{st}의 형태로 함께 기록한다. 여기서 s는 채점자 r에 의해 채점된 점수의 번호를, t는 준거 채점 결과에 의한 번호를 각각 의미한다. 또한 적절한 주변(marginal) 값들은 "*"으로 표시하며 각 행과 열의 합을 의미한다. 동의(agreement)는 정확한 동의(exact agreement)의 비율을 의미한다(즉, 엔트리 n_{ss}의 선두 대각선(leading diagonal)에서의 응답의 비율):

$$P_{exact} = \sum_{s=1}^{4} n_{ss}/n.. \tag{7.9}$$

우연에 의해 점수가 일치할 수 있는 가능성을 통제하기 위해서 사용하는 지표는 Cohen's Kappa이다(Cohen, 1960). 이는 동의(agreement)에 관한 덜 엄격한 지표로, 동일 혹은 인접한 범주에 해당하는 응답의 비율을 나타낸다. 하지만, <표 7.1>의 경우처럼 범주의 수가 적은 경우에는 이 방법을 추천하지 않는다. 왜냐하면, 이런 경우에는 지나치게 긍정적인 해석이 나올 수 있기 때문이다. 표에 기재된 채점 결과는 여러 가지 방법으로 확인해 볼 수 있다: (a) 대각선 값들의 비대칭은 곧 채점자 엄격성에 차이가 있음을 의미함, (b) 양쪽 끝에 상대적으로 많거나 혹은 적은 응답이 분포되는 경우, 채점자의 채점 경향이 양 극단으로 가거나 중간에 몰린다는 것을 의미함. 물론, 채점 결과표는 카이스퀘어(chi-square) 방법이나 로그리니어(log-linear) 분석 방법을 이용하여 다른 유형과의 독립성 확인이 가능하다(Agresti, 1984를 참고). 마지막으로 한 가지 유의해야 할 점은, 상관 계수가 채점 결과값들 사이의 일치 정도를 잘못 알려 줄 수도 있다. 이는 상관 계수를 구하는 과정의 한 부분인 표준화(standardization)가 채점자들 사이에 존재하는 엄격성 정도의 차이를 감출 수도 있기 때문이다.

7.4 참고자료

고전적 관점에서 측정 오류 및 신뢰도에 대하여 친절하게 소개한 자료는 Cronbach(1990)이다. 여기에는 상관 계수를 계산하는 방법 및 해석에 대한 자세한 설명을 비롯하여 검사 - 재검사 및 동형 검사 신뢰도와 같이 상관 기반 신뢰도의 많은 예가 담겨 있다. 문항반응모형 접근법에서의 오차 해석에 대한 상세한 논의는 Lord(1980), Wright와 Stone (1979), 그리고 Wright와 Masters(1981)에 나와 있다.

8

타당도

8.0 개관 및 주요 개념

이 단원의 목적은 검사도구가 측정하고자 하는 의도대로 목적을 달성했는지 여부의 증거에 대하여 설명하는 것이다. 즉, 해당 검사도구 사용(usage)의 타당도에 대한 증거가 있는지 여부이다. 전통적으로, 타당도는 몇 가지 구성요소들, 예를 들어 준거(criterion), 내용(content), 구인 타당도(construct validities) 등과 관련되어 있는 것으로 여겨졌다(American Educational Research Association, American Psychological Association, National Council for Measurement in Education, 1985; Cronbach, 1990). 최근에는, 검사 내용, 반응 절차, 내적 구조, 다른 변인들과의 관계를 바탕으로 한 증거와 검사의 결과들(American Educational Research Association, American Psychological Association, National Council for Measurement in Education, 1999)에 대하여 추가적으로 다루고 있다. 이 책은 목적에 맞는 검사 도구를 개발하기 위해서 필요한 논의들을 축적하는 것에 중점을 두고 있으며, 각각의 내용들은 도구의 사용 및 증거를 뒷받침하는 자료로 이용될 수 있다.

측정 과정에서 어느 한 순간에 다양한 타당도 증거를 모두 찾을 수는 없다. 따라서 검사도구가 평가자가 의도한 대로 일관성 있게 작동하도록 도구 개발 단계에서부터 타당도를 살피는 작업은 필수부가결한 일이다. 이러한 타당도 증거를 찾는 일은 도구의 개발에서 그 무엇보다 중요한 과정이다.

8.1 도구 내용에 기반한 증거

검사도구 내용에 기반한 증거를 모으기 위해서는 "평가자가 검사의 내용과 측정하고자 하는 구인 사이의 관계에 대한 분석"을 해야 한다 (American Educational Research Association, American Psychological Association, National Council for Measurement in Education, 1999, p11). 즉, 도구 사용 시 타당도의 관점에서 분석을 진행하는 것이다. 이것은 앞서 1장에서부터 5장까지 설명되어 있다. 만약 평가자가 앞선 장들에서 소개한 단계들을 성실하게 수행한다면, 원하는 분석을 할 수 있을 것이다. 물론, 더욱 자세한 분석을 한다면 더 많은 것을 얻을 수 있다. 이 장에서 소개하는 단계들을 성공적으로 수행하게 되면 평가자는 검사도구 구조에 대한 일관성 있는 설명이 가능해진다.

2장에서 7장까지 설명한 내용들을 통하여 얻은 결과들은 다음과 같다: (a) 구인의 정의(구인지도를 통한 시각적 표현) - 구인지도. (b) 검사도구를 구성하는 문항 세트에 대한 기술 - 문항 설계. (c) 응답들을 반응 공간에 표시하는 전략과 그것을 채점하는 것 - 반응공간. (d) 구인의 위치를 표시한 지도 - Wright 지도.

2장에서 5장까지의 내용은 도구의 내용타당도 증거에 대한 것이다.

이는 타당도의 두 번째 측면으로 다음 섹션의 주제이다. 그것은 또한 타당도 증거의 다른 측면들에 토대가 되는 내용이다. 독자들은 타당도의 중요성을 분명히 인지하고 있어야 하며 이는 이 책의 장들 중 네 개의 장에서 다루고 있는 핵심적인 내용이다. 타당도 이외의 모든 다른 내용은 매우 제한적으로 구성하였다. 검사도구의 내용을 바탕으로 한 증거는 도구 개발에 필수적인 요소이다. 왜냐하면, 그것은 눈에 보이지 않는 구인의 실현(realization)을 포함하고 있고 타당도의 다른 모든 측면(심지어 신뢰도)과도 관련 있기 때문이다.

8.2 반응 절차에 기반한 증거

반응 절차를 기반으로 한 증거를 모으기 위해서, 평가자는 시험 직후 또는 출구 인터뷰(exit interview) 후 응답자 반응에 대한 자세한 분석을 진행해야 한다.

이러한 활동들에 대해서는 이미 3장의 섹션 3.4 검사도구 개발에서 설명하였다. 도구 개발 과정에서 수집한 증거뿐만 아니라, 도구가 개발된 후에 별도의 연구에서 모은 증거 모두 도구의 타당성 증거로 사용될 수 있다. 또한 3장의 섹션 3.3에서 소개한 문항 유형학적(typology) 맥락에서 연구를 수행하는 것도 타당하다. 이와 같은 증거들이 다른 것들보다 덜 중요해서 여기에서 반복하지 않는 것은 아니다. 또한 이전 증거들과 마찬가지로, 반응 절차를 바탕으로 한 증거의 중요성이 이 섹션에만 국한되지는 않는다.

내용과 관련된 증거에서와 같이, 반응 절차에 기반한 증거는 검사도구의 타당성에서 매우 중요하다. 이것은 다른 타당도의 결과와 비교되어야 하며, 그 자체로도 타당도의 증거로 활용된다.

8.3 내적 구조에 기반한 증거

검사도구의 내적 구조를 바탕으로 한 증거를 모으기 위해서, 평가자는 먼저 내적 구조에 대한 특정한 의도가 있는지 고찰해야 한다. 비록 검사 도구가 계획대로 구조를 가지고 있는 경우가 흔하지 않을 수도 있지만, 평가자가 기대하는 내적 구조가 있어야 하며, 그것이 바로 구인의 구조이다. 구인의 생성 단계를 따른다면, 구인지도에 표시된 대로 구인의 수준이 특정한 순서를 가지거나, 높은 수준에서 낮은 수준으로, 쉬운 쪽에서 어려운 쪽으로, 긍정에서 부정의 순으로 제시될 것이라는 기대를 가질 수 있을 것이다.

8.3.1 증거들이 구인지도를 뒷받침해 주는가?

내용 기대치가 충족되었다는 증거는 5장의 측정 모형 중 하나를 사용하여 분석할 수 있으며 Wright 지도에 표시되는 필드 테스트 분석을 통해 확인할 수 있다. 다시 말해, 구인지도에서의 이론적인 기대치와 Wright 지도에서 드러난 경험적 결과들 사이의 조화를 통해 증거를 찾을 수 있다.

예를 들어, <그림 8.1>에 제시된 PF-10에 대한 구인지도를 생각해보자(Raczek, et al.(1998)로부터 차용). 그림에서 문항들의 위치는 두 단계 모수들의 평균이며(<식 5.8-5.11>을 참조), 문항들의 순서는 낮은 것에서 높은 순이다: Bath, WalkOne, OneStairs, Lift, WalkBlks, ModAct, Bend, WalkMile, SevStair, VigAct.

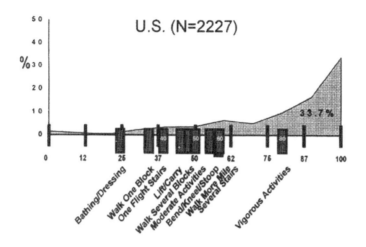

〈그림 8.1〉 PF-10 구인지도(Raczek et al., 1998, p,1209에서 차용).

이 구인지도는 경험적인 증거를 바탕으로 작성되었지만 이것이 일반
적인 경우는 아니다. 보통 구인지도는 이론과 논리적인 추론 및 경험적
인 증거를 바탕으로 개발된다. 평가자는 〈그림 5.10〉의 Wright 지도에서
추정된 위치를 예상한 순서와 비교해 볼 수 있다(McHorney et al., 1994
를 바탕으로 함). 〈그림 8.2〉에서와 같이 Raczek 기대치들은 각 문항의
두 번째 경계선의 위치에 대응되고 있다. 각각의 순서들이 같다면, 이
그래프에서 첫 번째 문항에서 마지막 문항까지 단조(monotonically) 증
가하는 기울기를 나타내어야 한다. 이 경우에, 6번 문항(WalkBlks)과 7
번 문항(Lift) 사이에 약간 예외적인 경우가 있는 것을 제외하고 그러한
모습을 보이고 있다. 그 순서들은 매우 비슷하지만 작은 차이를 보인다.
예를 들어, 앞에서 보았던 "Lift"(〈그림 8.1〉에서 "Lift/Carry"로 이름 지
어진)와 "WalkBlks"(〈그림 8.1〉에서 "Walk Several Blocks"로 이름 지어
진)에 대한 경계선의 위치가 역전되었다는 점을 들 수 있다.

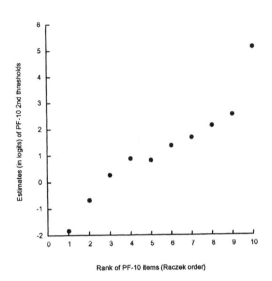

〈그림 8.2〉 그림 7.1(Raczek et al., 1998)에서 예상된 경계선 순서와
그림 5.10(McHorney et al.,1994에서의 자료)의 추정치의 비교

Spearman 서열상관계수를 이용하여 <그림 8.1>에 나타난 예상 순서
와 Wright 지도의 추정치들에 대한 식은 다음과 같다:

$$\text{Spearman's } \rho = 1 - \frac{6 \sum D^2}{I(I^2 - 1)} \tag{8.1}$$

여기서, D는 두 지도에서 문항의 순위 차이이며, I는 문항의 수이다.
실제 자료를 활용하여 계산하면 이 경우에는 0.99가 된다. 이 경우 순위
가 거의 동일하기 때문에, 실질적으로는 그들이 같다고 말할 수 있다.
<그림 8.1>에 나타난 기댓값은 이론에 바탕을 둔 예상치이다. 따라서
예상되는 순서가 있을 때 서열상관이 이에 대한 적당한 지표가 될 수
있다. <그림 8.1>에 표시된 값들은 오랫동안 많은 연구자의 경험, 연구의
산물에서 비롯된 것이기에 높은 상관을 보이는 것이 놀라운 일은 아니다

(Ware & Gandek, 1998, 이에 대한 세부적인 논의를 포함함).

개발한 검사도구가 특정 분야에서 최초로 시도된 것이거나 이전에 추정된 자료가 없을 때는 예상되는 서열상관과 추정 값이 낮게 나타날 수 있다. 물론 서열상관 값이 아주 낮거나 음의 상관의 경우 문제가 될 수도 있지만, 절대적인 기준이 있는 것은 아니다. 당연히 더 높은 값을 산출하면 더 좋다. 만약 서열상관의 값이 매우 낮다면, 평가자는 구인에 대한 이론적 측면을 다시 고려할 필요가 있다. 예를 들면, 새로운 순서로 추정된 문항을 사용하여 구인에 대한 다른 설명을 하는 것이 가능할 수 있기 때문에, 새로운 이론에 따라 서열상관계수가 어떻게 될지 계산해 볼 수 있다. 상관이 기대 수준보다 더 낮을 때는 모순적인 모습을 보이는 특정 문항의 위치를 다시 조사해볼 필요가 있다. 즉, 평가자가 이론을 수정해야 하게 만드는 문항이 존재하는지 고찰해 보아야 한다. 이 과정에서 순서화된 위치들은 절대적인 값은 아닌 추정치이며 주변에 신뢰구간을 가지고 있다. 이론을 바탕으로 한 기대치에 대해서는 신뢰구간을 구할 수 없지만, 추정된 위치들에 대해서는 계산할 수 있다. 만약 평가자가 구인의 이론적 수정을 고려한다면, 가장 좋은 방법은 3장으로 돌아가서, 문항 세트를 다시 구성하는 것이다.

검사도구 개발 과정의 계속적인 반복과 타당도의 관계는 무엇일까? 평가자는 목표(구인)를 확인하고 수정하는 과정에 경험적 증거를 사용함으로서 타당도 검증을 해왔다. 문항 세트를 조정하기 위해 앞의 방법을 사용한다면 어떠할까? 물론 상관은 더 높아질 것이다. 타당도 증거를 찾는 이 접근법은 연구자들 사이에 흔히 사용되는 방법이지만 실제로 좋은 방법은 아니다. 여기에 부정적인 증거로부터 도출할 수 있는 세 가지 다른 종류의 결론이 있다: (a) 구인의 원래 아이디어(이론)가 어떤 측면에서는 잘못되었다(2장으로 다시 돌아간다); (b) 구인에 맞게 개발된 문항들이 의도대로 작동하지 않는다(3장으로 다시 돌아간다); (c) 문항들을 이용하여 산출한 점수들이 정확하지 않다(4장으로 다시 돌아간다).

검사도구 개발 과정에서 염두해야 할 중요한 내용들은 1장에 요약되어 있고 2장에서 7장까지 자세히 설명되어 있지만 이것이 모든 것을 포함하고 있는 것은 아니다. 대부분의 타당한 검사도구들은 여러 단계를 거쳐 도구의 부분 및 전체에 대해 반복 검증을 통해 만들어진 산물이다. 이러한 과정을 거쳐 수집된 타당도와 신뢰도의 증거는 타당한 도구가 갖춰야 할 필수 조건들이다. 일반적으로 검사도구가 이전의 유사한 연구에서 수립된 구인 이론에 근거할 때 도구에 대한 타당도 연구는 잘 수행될 수 있다.

종종 특정 도구에서 측정하고자 하는 내용은 이전의 산출 결과를 바탕으로 하기 때문에 (예: Raczek et al.자료와 McHorney et al. 자료와 비교하는 것) 이것을 이용하여 Pearson 상관계수를 계산할 수 있다. 이 방법은 위치 사이에 상대적인 차이와 같은 더 많은 정보를 고려한다. 이때도, 상관계수 값은 0.99로 앞서 살펴본 방법과 같은 결과를 산출한다. 우리는 때때로 특정한 모수들의 경계선들 사이의 관계를 더욱 자세히 보기를 원할 때가 있다. 예를 들면, 두 데이터 세트에서 추정된 Lift와 WalkBlk의 위치가 유의미하게 다른지 궁금할 수 있다. Raczek et al.,(1998)의 연구에서는 두 문항 모두에 대해 표준오차 1에서 로짓 척도로 변환시켰으며, 각각 47과 45에 위치한다. 따라서 두 위치에 대한 95% 신뢰구간은 대략적으로(45, 49)와 (43, 47)이다. 여기서, 겹쳐지는 부분은 이 데이터 세트에서 두 문항이 다르다고 할 수 있는 증거가 없음을 보여준다. 이와 유사한 사례가 McHorney 데이터에도 나타나 있으며, 이를 통해 두 문항이 해당 데이터 세트에서 유의미하게 구별되지 않고 있음을 판단할 수 있다. 이것의 의미는 주어진 자료에서 경계선들 중 적어도 한 개가 다른 것보다 위에 위치하고 있다고 확언할 수 없다는 것이다.

다시 말해 그들이 거의 동일한 위치에 있다고 볼 수 있다. 따라서 이 둘을 묶어 순위상관을 계산하는 것이 더 정확했을 것이다(각 6.5의 순위를 주게 되면, 1.0의 상관을 갖는다). 그리고 이 경우 연구자는 그들 사이의 차이를 해석하려고 해서는 안 된다.

다음으로 문항이 연구자의 기대를 충족하지 못했음을 보여주는 문항 추정의 두 번째 방법이 있다. 5장에서 소개된 모형은 6장에서 언급된 것처럼 문항 위치(곤란도) 근처에 있는 응답자에게 더 민감하게 작용한다. 이것은 검사도구의 일반적인 특성으로 문항 모수들은 응답자들이 위치하는 주변 영역을 "포괄(cover)"해야 한다. 즉, 검사도구에서 문항 위치가 응답자가 위치하는 범위에 걸쳐있을 때, 더 잘 기능하게 된다. 도구에서 포함 범위의 차이가 크다면 그곳은 측정이 잘 이루어지지 않았다고 볼 수 있다. <그림 5.10>의 PF-10의 경우, 문항 경계선은 응답자의 범위를 잘 포괄하고 있으나 양 극단에 대해서는 그렇지 못하다. 이 경우 수행이 저조한 사람은 "Bathing/ Dressing" 문항 하나의 경계선에 의해서만 적용받게 된다. 반면에 수행이 우수한 사람들은 "Vigorous Activities" 문항을 위한 하나의 경계선에 의해 포함된다. 따라서 이 때 고려해야 할 점은 극단적인 능력치 추정에 도움이 되는 몇 개의 문항을 추가하는 것이다.

8.3.2 증거들이 문항 설계를 지원하는가?

구인타당도 문제는 문항 설계뿐만 아니라, 구인지도와도 관계가 있다. 여기서 중요한 점은 각 문항들이 검사도구와 일관되게 관계가 있어야 한다는 것이다(물론, 역채점문항(inverse items)의 경우에는 다르다). 두 번째 고려해야 할 점은 차별문항기능(differential item functioning)과 관련된 이슈이다.

〈표 8.1〉 PF-10의 일부 문항의 통계값

통계	응답 범주		
	1	2	3
Item 1			
빈도	1043	874	137
백분율(%)	50.8	42.6	6.6
점이연 상관표	-.63	.53	.20
평균적 위치	0.15	.2.87	3.28
위치의 표준편차	0.64	0.91	1.00
Item 3			
빈도	213	615	615
백분율(%)	10.4	29.9	29.9
점이연 상관표	-.57	-.37	-.37
평균적 위치	-1.79	0.28	0.28
위치의 표준편차	0.70	0.62	0.62
Item 5			
빈도	137	511	1406
백분율(%)	6.7	24.9	68.5
점이연 상관표	-.53	-.51	-.76
평균적 위치	-2.39	0.29	2.56
위치의 표준편차	0.76	0.60	0.85
Item 7			
빈도	527	704	823
백분율(%)	25.7	34.3	40.1
점이연 상관표	-.76	-.07	-.60
평균적 위치	-1.04	1.48	3.19
위치의 표준편차	0.64	0.68	0.97
Item 9			
빈도	117	305	1632
백분율(%)	5.7	14.8	79.5
점이연 상관표	-.51	-.52	-.75
평균적 위치	-2.56	0.90	2.26
위치의 표준편차	0.78	0.60	0.82

문항분석. 특정 구인에 대해 일관되게 기능할 수 있는 도구를 만들 수 있는 한 가지 방법은, 구인에 더 높은 반응을 한 사람이 고득점을 받게 하는 것이다. 예를 들어 Wright 지도에서, 연구자는 주어진 문항에 대해 응답자의 위치를 고려할 수 있다. 만약 각 집단의 평균적인 위치가 점수가 증가함에 따라 증가하는 경향을 보인다면, 문항 설계 시 의도한 기대치가 충족되었다고 볼 수 있다. <표 8.1>에 나와 있는 PF-10 예를 생각해 보자. 이 표는 홀수 문항에서 각 점수 집단의 평균적인 위치를 보여준다 (나머지 문항의 결과들은 이것들과 상당히 일치하므로 생략한다). 모든 문항에서, 평균은 점수가 올라갈수록 증가한다. 만약 이러한 모습을 보이지 않는 문항이 있다면, 그 이유에 대한 특별한 설명이 있는지 살펴보아야 한다. 문항의 범주(0점과 1점)와 <표 8.1>에 나와 있는 검사도구 원점수 총점의 점이연 혹은 양류(point biserial) 상관 정보도 주목해야 한다. 이 전통적인 지표는 다소 해석상 분명하지 않은 면이 있지만 대부분의 경우 동일한 정보를 전달한다. 예를 들어, 9번 문항은 평균 위치가 연구자가 기대하는 모습으로 증가하고 있다. 그러나 점이연 상관값은 1과 2의 반응을 특별하게 구분할 수 없는 것으로 알려져 있다. 일반적으로는 문항의 평균 위치들이 점이연 상관보다 해석이 용이하다.

차별문항기능(Differential Item Functioning, DIF). 검사도구들은 일반적으로 다양한 배경을 가진 응답자들에게 사용된다. 문항 설계의 두 번째 중요한 기준은 모든 집단에서, 동일한 위치에 있는(같은 능력을 가진) 응답자들에게 유사한 방식으로 기능해야 한다는 것이다. 다시 말해, 문항기능에 차별이 있다는 증거가 나오지 않아야 한다. 검사도구에 대한 차별문항기능의 판단은 표본의 다른 하위 집단에서도 문항들이 유사하게 작동하는지 여부에 달려있다. 일반적으로 이러한 하위 집단들은 성별, 종교, 사회경제적(socio-economic) 집단들이다. 물론, 특정한 상황과 관련한 다른 하위 집단 분류도 가능하다. 이 기법은 동일한 하위 집단들 사이에도 적용할 수 있으며(예를 들면, 다른 인지적 전략을 가진 응답자들), 시험에서 다른 점수대를 가진 응답자들에게 적용할 수도 있다. 이같은 다양한 사례가 차별문항기능 연구에 있어 흥미로운 주제가 될 수 있지만, 이 섹션에서 주목해야 할 내용은 아니다(American Educational Research Association et al., 1999).

문항기능에 차별이 있는지 여부의 조사에서는 집단에 따라 뚜렷하게 응답의 구분이 있는지 살피는 것이 필요하다. 만약 특정 문항에 대한 응답이 다른 집단의 빈도와 많이 다르다면, 그것은 해당 집단에 그 문항이 차별적인 효과를 보이고 있다는 증거가 될 수 있다. 차별문항기능 연구에서는 일반적으로 같은 능력을 가진 응답자들이 여러 하위 집단에서 비슷한 응답들을 하는지 여부에 중점을 둔다. PF-10의 예에서, 만약 두 개의 하위 집단에서 특정 문항에 대한 다른 응답 비율을 보였다면 측정 결과에 차별적 영향을 미치고 있다고 생각할 수 있다. 그러나 DIF 문제가 반드시 이러한 모습을 보이는 것은 아니다. 예를 들어, 생산직 근로자가 관리직보다 상해를 입을 가능성이 크기 때문에 검사도구는 이로 인한(혹은 다른 원인에 의한) 신체 기능의 차이를 정확하게 측정한 것일 수도 있다. 따라서 평가자는 두 집단에서 같은 위치에 있는 응답자들에 대한 문항 반응을 세밀하게 비교할 필요가 있다. 위의 예에서, 연구자는 특정 변수 위 동일한 위치에 있는 두 집단의 응답자가 유사한 응답을 하고 있는지 살펴봐야 한다.

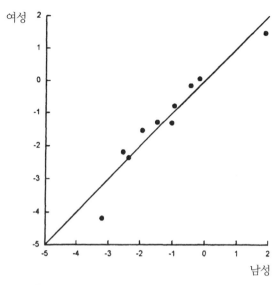

〈그림 8.3〉 - DIF 조사하기-첫 번째 경계선 비교하기

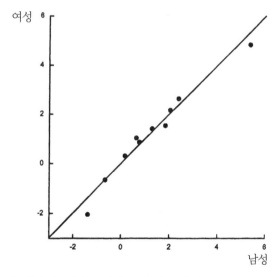

〈그림 8.4〉 - DIF 조사하기-두 번째 경계선 비교하기

차별문항기능을 조사하는 몇 가지 기법들이 있다. 선형 및 로지스틱

회귀를 바탕으로 한 기법들과 로그-선형 모델을 바탕으로 한 방법이 대표적이다(Holland & Wainer, 1993, 차별문항기능의 전반적인 내용이 소개되어 있다). 여기에서 소개하는 방법은 5장에서 설명한 모형들을 바탕으로 하고 있으며, 매우 단순하다. 두 개의 하위 집단에서 각각 변인을 계산한 후, 현저한 차이를 보이는 문항 모수 결과 추정치를 조사한다. 이러한 차이들은 몇 가지 형태의 차별문항기능을 나타낸다.

예를 들어, PF-10에서 DIF분석의 결과를 생각해보자. 먼저, 남자와 여자 두 집단에 대하여 문항 모수 추정을 반복하였다. 첫 번째 경계선에 대한 결과가 <그림 8.3>에 있고, <그림 8.4>에서는 두 번째 경계선에 대한 결과가 제시되었다. 이 두 그림 모두에서, 경계선 추정치들은 45도 대각선(equality line)과 매우 가깝게 위치하고 있다. 그래프의 대각선에서 벗어난 차이가 DIF의 증거인지 여부를 판단하기 위해서, 남자와 여자 경계선 주변 95% 신뢰구간이 겹치는지 여부를 확인한다. 여기서 남자와 여자의 신뢰구간 비교는 상당히 다른 패턴을 보여준다. 7번 문항과 8번 문항을 제외한 모든 첫 번째 경계선 차이는 통계적으로 유의미한 DIF를 보여주지만, 두 번째 경계선들은 그렇지 않다. 남자와 여자의 경계선 간의 차이가 이 패턴을 표시하지 않고 있기 때문에 이것은 조금 이상하게 생각될 수 있다. 이것은 경계선들이 정의되는 방식과 관련이 있다. 즉, 경계선 값이 증가함에 따라 (첫 번째, 두 번째 등등) 각각의 단계에서 정보를 추가할 때 오차도 수반하기 때문에 경계선 값의 표준오차도 증가하는 경향이 있다.

통계적 유의성에 관련한 결과들은 효과 크기(effect size)를 고려함으로써 더 완벽하게 설명할 수 있다. DIF에 관한 효과 크기는 Longford, Holland, Thayer(1993)에 의해 소개되었다. 이것은 또한 Paek(2002)에 의하여 Rasch 모형들의 내용으로 변환되었다. 여기서, .426보다 작은 로짓 차이 값은 "무시할 만한 수준"이고, .426과 .638사이의 값은 "중간", .638

이상은 "큰" 값이다. 이러한 기준을 적용하면 1번 문항의 두 번째 경계선에서 중간 수준의 DIF가, 10번 문항의 첫 번째 경계선에서 큰 DIF가 발견되었다. 차별기능문항 해석을 위한 한 가지 방법은 단계 모수 추정치로 되돌아가는 것이다. 경계선들 사이에 가장 큰 차이 값을 살펴보면, 10번 문항의 첫 번째 단계에서, 여자와 남자의 단계 모수 추정치는 각각 –4.06과 –3.05 이다. 따라서 전반적으로 신체 기능이 동일하다는 가정 하에 "Bathing or dressing"문항에 대해 "매우 제한"보다는 "약간 제한"에 동의하는 경향성이 남자보다 여자에게 약 1로짓 정도 더 있다(이것은 Bath질문에만 적용되는 것임을 기억하라). 그것은 남자들이 여자보다 bathing과 dressing에 관련한 문제에 대해 불만족을 표현하기 쉽다거나 여자보다 bathing과 dressing활동에서 성공적인 수행을 위한 높은 기대치를 가진다고 볼 수 있다. 여기서, 승산(odds)의 로그 값은 피험자의 위치와 관련한 단계 모수 간의 차이로 주어지므로(<식 5.13> 등을 참조) 연구자는 이를 이용하여 차이의 효과 크기에 대한 아이디어를 얻을 수 있으며, 두 로그-승산의 비율은 이 둘의 차이로 계산할 수 있다.

$$\log\left[\frac{\left(\frac{\text{"}little\text{"}_{male}}{\text{"}lot\text{"}_{male}}\right)}{\left(\frac{\text{"}little\text{"}_{female}}{\text{"}lot\text{"}_{female}}\right)}\right] = (\theta - (-3.05)) - (\theta - (4.06)) = -1.01. \qquad (8.2)$$

이것은 (exp(-1.01)=) 0.36:1 또는 1:2.77 승산과 일치한다. 즉, 동일한 신체 능력을 가진 응답자들이, 대략적으로 3명의 여성마다 약 1명의 남성의 비율로 "매우 제한"보다 "약간 제한"에 응답할 것으로 예측된다. 1번 문항의 첫 번째 단계(두 번째로 큰 경계선 차이들을 가진 문항)에 대해 동일한 계산을 수행하면 1.51:1의 승산비(odds ratio)를 산출한다. 즉, 신체 능력 수준이 동일한 응답자의 경우 남성은 여성의 1.5 배 비율로 "전혀 아님"보다는 "약간 제한"을 선택하고 있다. 이는 남자들이 여자보다 활발한 활동성을 바탕으로 문제들을 대처해나갈 가능성이 높다고 볼 수 있다. 이러한 비율은 실제 상황에서 그것의 영향력이 중요한지 여부를 결정할 수 있는 효과크기이다. 1번 문항의 경우, DIF를 고려해야할지 의문이 들 수 있으나, 10번 문항에 대한 결과에서는 집단 간 큰 차이를 보이고 있기 때문에 DIF의 가능성을 고려해야 한다.

일단 DIF를 가지고 있는 문항이 발견되면, 평가자는 무엇을 할지 결정해야 한다. 여기서, 실증적인 DIF의 모든 사례가 해당 문항을 반드시 위협하는 것은 아니라는 점을 주의하자. 이 절의 초반에 언급했듯이, 이 집단적 특성은 공정성과 같은 중요한 문제와 관련되지 않은 사소한 것일 수도 있다. 차별적인 문항기능에 대한 대처법으로 근본적으로 각 문항에 DIF가 존재할 수 있다는 것을 인지하는 것이 중요하다. 이는 적합도가 떨어지는 문항에 대한 대처법과 유사하다. 먼저, DIF가 무작위적인 변동 (random fluctuations)의 결과가 아니라는 것을 (a) 반복적인 표집과 (b) DIF의 이론적 측면을 통해 보일 필요가 있다. 다음으로, 문항에 DIF가 존재한다고 확신하게 되었을 때, 가장 좋은 전략은 DIF를 보이지 않는 대체적인 문항들을 개발하는 것이다. 그렇지만, 해당 검사에서 DIF 문항을 대체하는 것이 불가능할 수도 있다. 이때 대안적인 방법으로 두 집단에 대해 두 개의 다른 추정을 사용할 수도 있다. 그러나 이 방법은 공정성 및 해석과 관련한 복잡한 문제들을 포함하고 있기 때문에 거의 사용되지 않는 전략이다.

8.4 다른 변인들과의 관계에 기반한 증거

이론에 따라 예측해야 하는 다른 외부변인들이 존재하거나 새로운 검사도구가 유사한 변인을 측정할 때, 외부변인들 사이의 강한 관계(또는 강한 관계의 부재)가 타당도 증거로서 사용될 수 있다. 후자의 경우는 평가자가 새로운 것을 개발하기보다는 기존의 검사도구를 사용할 가능성이 높기 때문에 다른 도구로 동일한 구인을 측정하고자 하는 일은 드물다. 이러한 외부변인들의 일반적인 예는 다음과 같다: (a) 병리적인 판단·기록, 자기보고(심리적, 건강 관련 변수들), (b) 다른 검사에서의 점수와 및 교사가 채점하고 평정한 점수들(교육 성취도 평가), (c) 감독자의 평정과 수행 지표들(비즈니스와 관련된 측정치들). 외부변인의 또 다른 좋은 예는 처치(treatment)가 구인에 영향을 미치는 증거를 찾을 수 있는 실험연구이다. 평가자는 실험집단과 통제집단 사이의 대조를 외부변인으로 사용할 수 있다. 이론으로부터 예측된 변수들의 관계는 양적(+), 부적(-) 또는 없을 수도 있다. 이는 검사도구가 원래 목적대로 측정하고 있는가에 대한 증거로 사용될 수 있다(수렴의 증거(convergent evidence)는 변인이 채점 결과에 따라 양 또는 음으로 나타날 수 있다). 또한 측정하지 말아야 할 것을 재지 않았다는 증거로 사용될 수도 있다(발산의 증거(divergent evidence), 관계없음으로 나타난다).

가장 널리 알려진 지표는 응답자의 예상 위치와 외부변인들 사이의 Pearson상관계수이다. 외부변인이 이분(dichotomous)일 때, 둘의 관계는 두 개의 평균 차이와 t test를 사용하여 검증할 수 있다. 양적인 지표를 이용하는 것과 함께 관계를 도식하는 방법도 유용하다. 예를 들면, PF-10에서, 응답자의 나이에 대한 지표가 있다. 일반적으로 연령이 증가함에 따라 신체적인 기능이 떨어진다고 보는 것이 합리적이지만, 중장년층에게만 맞는 말일 수 있다. 따라서 나이와 PF-10 위치 사이의 전반적인 관계를 살펴봐야 한다. 보통, 청년층에서는 상대적으로 약한 부적관계를 보이고, 이후 연령대에서는 강한 부적 관계를 보인다. 이 자료에서 전체적인 상관은 -0.26이고, 유의수준 0.05에서 통계적으로 유의미하다.

PF-10의 추정치와 나이의 관계는 <그림 8.5>에 나타나 있으며, 비록 강하지는 않지만, 부적 상관관계이다. 그림에서 직선은 가장 좋은 선형 적합도를 나타내며, 곡선은 가장 좋은 이차 곡선 적합도를 보여준다. 점들은 실제 자료의 배열이다. 그래프에서 볼 수 있듯이 선형 관계가 60세 이상에서는 가파른 이차 곡선의 관계를 나타내고 있으며(수렴의 증거, convergent evidence), 또한 예상대로 저 연령대와 중간 연령대에서는 둘 사이의 관계가 거의 없는 것으로 나타났다(발산의 증거, divergent evidence).

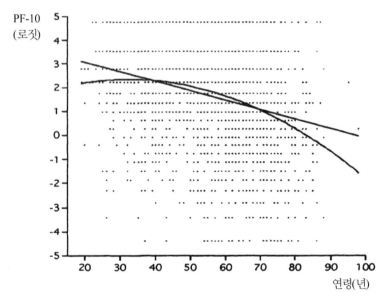

〈그림 8.5〉 PF-10 척도와 연령 사이의(선형, 2차 곡선)관계

8.5 도구 사용의 결과에 근거한 증거

앞에서 설명한 다른 모든 증거와 관계없이, 특정 검사도구의 사용이 부정적인 결과를 가져온다면, 도구 사용 여부를 신중히 고민해야 한다. 만약 문제의 원인이 특정 검사도구 때문인지 확인하려면, 평가자는 같은 상황에서 대안적인 도구를 사용해 보아야 하고 다른 결과가 산출되는지 확인해 보아야 한다. 이 경우 다른 검사도구를 통해서도 비슷하게 부정적인 결과들이 산출되었다면, 문제의 원인은 도구가 아닌 특정 구인에 있을 가능성이 높다. 이와 같은 경우가 아니더라도 이 타당도 증거의 내용은 다른 것들의 보완책으로 사용되어야 한다. 타당도의 개별 내용들은 다양한 세부 내용으로 구성되어 있고, 이것들은 타당도를 위협하는 잠재적인 요인들에 대한 부분적인 조사만을 할 수 있다. 따라서 이 최종 타당도의 증거는 좋은 의도와 철저한 방법론을 사용해도 때때로 불충분할 수 있다고 판단할 때, 검사도구 사용에 따른 자기 비판적인 권리를 부여한다(Linn, 1997; Mehrens, 1997; Popham, 1997; Shepard, 1997).

검사도구는 검사 결과에 따라 중요한 결정이 이루어질 수 있기 때문에 평가자는 도구의 적절한 사용과 결과에 대한 지속적인 모니터링을 해야 한다. 제품을 생산하는 모든 분야에서 그렇지만 특히 측정 분야에서는 더욱 그렇다. 한 가지 예를 생각해보자. 만약 교량 건설 중 다리가 무너진다면 그 결과에 대해 모든 사람이 실패했다고 말할 것이다. 그러나 이 책에서 강조하고 있는 측정 상황을 고려하면, 쉽게 "다리가 무너졌다"라고 말하는 것이 어려울 수 있다. 일반적으로 검사도구는 주기적으로 필요한 자료를 수집하여 어떤 결정을 내리기 위한 수단으로 이용되기 때문에 문제의 증거를 찾는 작업은 매우 어렵다. 검사도구에서 얻은 결과들은 종종 전문적인 판단을 내리는 과정에 기초가 되므로 도구가 비판을 받는다면 검사의 안정성 및 신뢰성이 위협 받게 된다. 이는 검사도구를 사용하여 중요한 결정을 하는 사람과 도구를 전문적으로 이용하는 사람들 모두에게 적용된다. 따라서 타당한 검사도구로 인정받기 위해서는 반드시 산출된 결과에 주의를 기울여야 한다.

앞에서 설명한 것들에 대한 몇 가지 주의 사항이 있다. 첫째, 검사도구의 타당성과 관련된 내용들은 도구 남용(abuse)의 경우에는 적용되지 않는다. 즉, 검사도구 설계자의 권고를 위배하여 사용하는 경우이다. 여기서 발생하는 문제는 도구 사용의 남용자에 있는 것이지, 도구에 있지 않다. 물론 도구 설계자들이 적절한 사용법에 대한 충분한 정보를 제공하지 않는다면, 잘못된 결과를 초래할 수밖에 없을 것이다. 둘째, 검사도구 이용 결과 특정한 긍정적인 결과들이 모든 경우에 걸쳐 일반화되지 않아야 한다. 마찬가지로, 특정 유형에 대한 부정적 결과의 증거 역시 일반화시키지 않아야 한다.

8.6 타당한 주장 만들기

검사도구의 타당도에 대한 종합적인 논증을 만들 때, 앞서 살펴본 모든 증거들이 이용되어야 한다. 여기서, 단순히 여러 종류의 증거를 나열하는 것이 아니라 이들이 서로 중요한 관계를 맺고 있음을 기억해야 한다. 내용과 관련한 증거는 구성적 특성이 있으며 관련 도구의 구조를 결정한다. 응답 절차와 관련한 증거는 도구에 대한 응답자들의 인지적 절차에 대한 미시적인 관점을 제공한다. 구체적으로 검사도구 사용에 도움을 줄 수도 있고, 도구에서 변화를 가져오는 정보를 제공할 수도 있다. 내용 타당도 증거에 기술된 구인이 검사도구에 반영되고 있는지 확인하기 위해서는 내부 구조에 관한 증거가 가장 중요하다. 사용 중인 변수와 외부 변수와의 관계에 관한 확고한 이론과 기존의 증거가 있는 경우 이러한 관계를 이용하여 타당도 검증을 할 수도 있다. 이러한 논의에는 다소 복잡한 상황이 있을 수 있다. 예를 들면, 만약 모든 내적 타당도 증거가 도구의 사용을 정당화하지만, 하나의 외부변수가 관련되지 않은 것으로 밝혀졌다면, 평가자는 이것을 타당도에 반하는 증거라기보다 하나의 연구 결과로 보는 것이 타당할 것이다. 마지막으로, 사건의 결과에서 얻은 증거는 애초 타당도 검증 계획단계에서 검토되지 않았던 많은 문제를 확인하는 한 가지 방법으로 사용될 수 있다. 그것은 평가자가 예상할 수 있는 것보다 현실은 더 복잡하다는 사실을 인정하는 것이다.

8.7 참고자료

이 장에서 참고할 수 있는 핵심적인 자료는 "the Standards for Educational and Psychological Test"(American Educational Research Association, American Psychological Association, National Council for Measurement in Education, 1999) 이다. 또한 타당도 증거에 대한 설명으로, 다소 오래되었지만 여전히 근본적인 이론적 토대를 제공하는 Cronbach(1990)가 있다.

4부
새로운 출발을 위한 제언

9

측정이 나아가야 할 길

9.0 개관 및 주요 개념

이 장에서는 앞서 설명하고 논의한 내용 이외에 측정에 대한 더 많은 아이디어를 제공하고자 한다. 평가자들이 측정 관련 이슈에 대해 문헌연구를 하거나 실제 상황에서 측정의 개념을 적용하기, 측정 활동들과 이론적 문제들에 대해 논의하기 등은 측정의 첫 번째 단계와 관련한 훌륭한 활동들이다. 그러나 지금까지는 측정에 대한 깊은 논쟁이나 실제 측정의 방식, 측정의 영역을 구성하는 문헌들에 대하여 피상적으로만 다루어 왔다. 이 장의 주제들은 측정에서의 관심분야와 경험을 넓힐 수 있는 내용들로 구성되어 있다. 이것들을 잘 이용하는 방법은 이 책에서 다룬 내용의 토대인 네 가지 구성요소 그 이상을 보는 것이다. 예를 들면,

(1) 인지심리학을 새로운 구인지도의 근원, 구인지도의 개념보다 더 복잡한 개념, 상반되는 인지구조의 원천으로 생각해 볼 수 있다(9.1 참조).
(2) 관심 있는 구인에 적합한 통계 모형을 탐색하거나, 이 책에서 논의되었던 것 외의 측정 이슈를 고려해 볼 수 있다(9.2 참조).

(3) 실제 상황에 적용 가능한 방법을 연구할 수 있다. 연구자는 심도 깊은 탐구를 위해서 자신의 분야에서 적용 가능한 내용에 대해 자세히 살펴보고 다양한 문항 설계와 반응공간을 파악해야 한다. 활용 가능한 다양한 영역이 있지만 이 장에서 모든 것을 다루는 것은 불가능하기에 하나의 예로 교육평가 영역을 소개할 것이다(9.3 참조).

(4) 이 장에서 제공되는 다양한 자료는 최신의 이론적 동향 파악을 가능하게 한다. 이것은 측정의 광범위한 내용 및 요소를 포괄한다(9.4 참조).

이 네 가지 방향의 내용이 다음 절들에서 소개된다.

9.1 구인지도를 넘어 : 인지심리학과의 연계

인지심리학 이론은 응답자가 지식구조와 논리, 문제 해결력을 어떻게 발달시키는가를 설명하기 위해 만들어졌다. 여기에서 지식구조란 특정 영역의 지식과 관련된 개념이나 교과 지식 등을 말한다. 인지심리학 분야에서는 지식을 어떻게 입력, 저장, 구조화시키며, 다시 상기해 내는지 이해하고, 하나의 개념에 대해 학습할 때 어떻게 다른 종류의 내적 표상(internal representations)들을 만드는지를 탐구한다(National Research Council, 1999). 인지심리학의 중요한 원리 중 하나는 응답자가 새로운 정보를 자신의 기존 지식과 연관시킴으로써 지식을 구성한다는 것이다.

인지심리학자에게 지식의 습득 과정은 사실적 정보 축적의 형식적인 절차가 아니다. 지식은 새로운 상황을 해석하고 문제를 해결하기 위해 지식, 기술, 그리고 관련 절차들을 유기적인 방법으로 결합할 수 있는 특성을 의미한다. 따라서 인지구조의 평가를 위해 기초적인 정보와 기술을 지나치게 강조해서는 안 된다. 이러한 정보나 기술은 더 의미 있는 활동을 위한 원천으로 생각되어야 한다. Wiggins(1989b)가 지적했듯이 아이들은 운동을 배울 때 운동을 구성하는 특정 기술들(예를 들면, 축구에서 드리블, 패스, 슈팅)을 연습해서 배울 뿐만 아니라 실제 그 운동 자체를 행동함으로써도 배운다.

초기 차이심리학자(Carroll, 1993)와 행동주의자(Skinner, 1938)는 응답자가 가지고 있는 지식의 양에 집중하였지만, 인지이론은 응답자가 가지는 지식의 종류를 강조해 왔다. 따라서 인지적인 측면에서 응답자가 얼마나 많이 아는지 평가하는 것뿐만 아니라, 그들이 아는 것을 언제, 어떻게 사용하거나 혹은 사용하지 않는지도 같이 평가해야 한다. 이러한 관점에서 볼 때 얼마나 많은 문항을 맞고 틀렸는가를 바탕으로 성적을 부여하는 전통적인 시험은 응답자를 평가하기에 부족하다. 응답자들을 정확하게 평가하기 위해서는 그들이 답에 어떻게 도달하는가와 함께 얼마나 기본개념을 잘 이해하는가에 대한 자료가 필요하다. 이를 위해서는 시간에 흐름에 따른 지식의 성장과 사고전략을 보여줄 수 있는 더욱 세밀한 정보가 요구된다.

9.1.1 측정에 미치는 영향

인지심리학 이론은 지식이 머릿속에서 그려지고, 구조화되며 처리되는 방식에 집중한다(National Research Council, 1999). 또한 지식과 이해를 뒷받침하는 사회 참여를 비롯한 학습의 사회적 차원에 대한 고려 또한 이루어진다(Anderson, Greeno, Reder, & Simon, 2000). 이러한 이유로 실제 평가 과정에 분절된 지식뿐만 아니라 좀 더 복잡한 인지적 측면을 포함할 필요가 있다.

머릿속 인지 구조는 단기(작동)기억, 제한된 시스템, 장기기억, 거의 제한 없는 지식 저장고로 구성된다(Baddeley, 1986). 일반적으로 가장 중요한 것은 응답자가 장기기억에 저장되어 있는 지식을 현재 문제에 대한 논리적 판단을 위해 얼마나 효율적으로 사용하는가 하는 것이다. 장기기억의 내용은 일반적인 것과 세부적인 지식 모두를 포함하지만, 대부분은 해당 영역과 과업에 국한되어 있으며 스키마(schemas)라고 알려진 구조에 의해 조직화되어 있다(예: Cheng & Holyoak, 1985). 따라서 평가는 응답자가 가지고 있는 스카마가 무엇인지와 어떤 조건 하에서 응답자가 정보를 중요하게 여기는가에 초점을 맞추어야 한다. 이러한 평가는 문제해결을 위한 전략과 관련한 정보들을 사용가능한 단위로 묶어내는 방법을 비롯하여 응답자가 획득된 정보를 어떻게 구조화하는지를 포함해야 한다.

숙달자 혹은 전문가(expert)와 미숙달자 혹은 초보자(novice)의 차이에 대한 연구는 평가의 목표가 되어야 하는 지식구조의 중요한 특성을 보여준다. 일반적으로 숙달자들은 패턴 인식과 지식의 신속한 검색 및 적용을 지원하는 스키마를 이용하여 사실적, 절차적 지식을 조직한다(Chi, Glaser, & Rees, 1982).

자신의 생각을 반영하고 지시하는 과정인 메타인지는 인지의 가장 중요한 측면 중 하나이다(Newell, 1990). 메타인지는 특히 효과적인 사고 과정과 문제 해결에 중요하다. 숙달자들은 문제를 해결하는 동안 자신이 이해하는 것을 모니터링하기 위해, 혹은 자기-수정(self-correction)을 하기 위해 메타인지 전략을 사용한다(Hatano, 1990). 이것이 의미하는 바는 평가자는 측정을 통해 응답자가 좋은 메타인지 능력을 가지고 있는지 살펴보아야 한다는 점이다.

응답자들은 다양한 방법으로 배우고, 여러 경로를 거쳐 숙달에 이른다. 성장의 과정은 단편적이지 않으며, 오류를 반복하는 과정에서부터 최상의 해결전략에 도달하기까지 변하지 않는 것도 아니다. 응답자의 문제 해결 전략은 시간이 지날수록 더욱 효과적이고 실제적이 된다(Siegler, 1998). 이것이 암시하는 바는 측정은 특정 영역의 지식 및 기술

개발 과정에서 효율성과 적합성 전략을 어떻게 반영할지, 문제 해결 전략의 범위를 규명하는 데 중점을 두어야 한다는 것이다.

응답자는 시간이 흐름에 따라 여러 변화를 겪으면서 풍부하고 직관적인 자신의 지식 세계를 갖게 된다. 학습 과정은 초보적인 수준에서 완성도 높은 이해의 수준으로 이행할 수 있게 하며, 평가는 이 과정을 돕는 도구로서 사용될 수 있다(Case, 1992). 따라서 측정은 응답자 생각과 반응이 평가자와 응답자에게 적절하게 표출될 수 있도록 역할을 해야 한다. 이렇듯 측정은 응답자의 미래 성장을 돕는 과정에 이용될 수도 있다.

연습과 피드백은 전문적인 지식과 기술 발달에 중요한 요소이다(Rosenbloom & Newell, 1987). 따라서 교수 학습 과정에서 응답자에게 적시에 제공되는 피드백은 측정의 가장 중요한 역할 중의 하나이며, 이를 통한 지속적인 습득의 노력이 더해질 때 지식, 기술 발달이 효과적으로 이루어진다.

여러 분야별 전문 지식은 종종 특정화, 맥락화되어 있기 때문에 효율적으로 이전되지 않는다. 지식의 효과적인 전달은 학습한 것을 적용하는 시점에서 분명한 이해를 하고 있는지에 달려 있다(Bassok & Holyoak, 1989). 평가자는 성취도를 평가할 때, 문제가 제시되는 맥락과 선행 지식, 문제를 해결하거나 답을 하는 데 필요한 기술들을 모두 고려해야 한다. 또한 주어진 과제나 상황이 지식 이전을 테스트하는 기능을 하는지 신중히 고려해야 한다.

9.1.2 상황적 견해

상황적(situative) 또는 사회문화적(sociocultural) 시각은 인지적 관점이 응답자의 생각에 거의 초점을 맞추지 않는 것에 대한 우려로 시작되었다. 대신에 상황적 관점은 실제적인 활동과 맥락을 고려하는 다른 수준의 분석에서의 행동을 기술한다. 여기서 맥락(context)은 특정 공동체 안에서 특별한 형식의 활동을 말한다. 공동체는 전문 고고학자들의 국제 학회에서부터 지역의 작은 수영 클럽이나 학교의 학급에 이르기까지 크기에 관계없이 어떤 목적이 있는 집단이면 모두 가능하다. 여기서, 분석의 기본적인 단위는 매개활동(mediated activity)이다. 매개활동이란 도구나 언어 같이 문화적 산물에 의해 만들어진 개인 또는 집단의 활동을 의미한다(Wertsch, 1998). 이 관점에서 보면, 사람들은 특정 공동체에 속하여 그곳의 관행, 목표, 관습에 대해 배운다.

이 접근법의 중요한 특징 중 하나는 사람들이 인지 활동의 본질을 형성하기 위해 생성하고 사용하는 산물에 집중한다는 것이다. 전통적인 인지적 관점에서 본 물리학은 특별한 지식 구조이다. 실험실에서 일하는 매개활동의 상황적 관점에서 보면 질문과 문제를 만들고 이해하는 활동들은 구성원들이 협력할 수 있는 능력에 달려 있다(Ochs, Jacoby, & Gonzalez, 1994).

상황적 관점은 모든 평가가 일정 부분 실생활의 한 형태로 참여할 수 있는 척도라고 설명한다. 이러한 견해에서 볼 때, 리커트 척도의 사용은 실제 평가의 한 모습이다. 몇몇 응답자가 특정 주제에 대하여 개인적인 배경이나 관심, 흥미를 지닌 덕분에 다른 응답자들에 비해 더 잘 응답할 수 있는 준비가 되어 있다. 따라서 이러한 측정의 결과를 지식의 표식으로 간단하게 결정해버리는 행위는 반드시 재검토되어야 한다.

담화나 상호작용은 인간이 배운 많은 것을 기초로 이루어진다. 따라서 지식은 평가 자체의 맥락 및 특정 사회문화적 맥락을 포함하고 있고, 이는 종종 묻고 대답하는 것과 같은 구체적인 행위에 대한 이해를 포함하고 있다. 이 말은 응답자가 한 영역에 대하여 자신이 이해하고 있는 것을 얼마나 적합하게 의사소통에 사용하고 있는지와 해당 영역에 적합한 도구를 얼마나 잘 사용하는가를 측정 과정에서 조사할 필요가 있다는 의미다.

9.1.3 앞으로의 전망

앞에서 살펴본 내용을 통하여 인지 학습 모형이 구인기반 측정의 설계 및 시행에 기초를 제공해 준다는 것을 알 수 있다. 이미 여러 실례와 프로그램이 우리 주변에 존재하고, 특정 영역에서는 생산적으로 사용되어 왔다(예: Hunt & Minstrell, 1996; Marshall, 1995; White & Frederiksen, 1998; Wilson & Sloance, 2000). 그러나 소개된 대부분의 것은 아직 학급 수준 또는 외부 평가를 위한 측정 설계에 적용되지 않았고, 인지적인 토대가 정립되지 않은 내용도 많다. 따라서 해당 영역의 지식과 전문기술 발달을 위한 추가적인 인지 분석 방법의 개발뿐만 아니라 이미 알려진 방법의 적극적인 활용이 요구된다.

지식을 측정하고 모형화하기 위해, 그리고 학습의 내용과 맥락을 조사하기 위한 효과적인 검사도구가 많다. 그 예로 반응시간 연구, 계산 모형, 프로토콜의 분석, 극소유전자 분석, 인종학적인 연구 등이 있고 자세한 내용은 "National Research Council, 2001"을 참조하면 된다. 인지 과학에서 사용하는 과제의 설계, 인지 과정의 관찰, 분석 및 추론을 이끌어 내는 방법들은 효과적인 측정 설계에 유용하게 활용될 수 있다.

현대의 평가는 여러 상황적인 측면과 직접적으로 부합하지는 않는다. 이는 추상적인 측정 환경에서 응답자의 응답 또는 수행이 그들에게 큰 의미를 주는 구조화되고 집약된 활동에 얼마나 잘 참여하는지 정확하게 반영하지 못할 가능성이 크다는 의미이다. 상황적 견지에서, 측정은 응답자가 지식과 기술을 이용하여 실제 공동체 과업에 참여하는 과정을 관찰하고 분석하는 것을 뜻한다. 예를 들면, 과학 교육에서 수행평가 시 학생이 필요한 정보를 얼마나 잘 찾고 사용하는지, 가설과 주장을 분명하게 만들고 뒷받침하는지, 그리고 해당 과목의 기준에 따라 개념적 지식과 기술을 적절하게 적용하는지 여부를 볼 수 있다.

9.2 측정모형의 가능성: 통계적 모형 자료

구인을 변수화하는 가장 흔한 형태는 연속 잠재 변인(continuous latent variable)이다. 일반적으로 구인은 적은 것에서 많은 것 또는 낮은 것에서 높은 것 등 점진적인 진행의 모습으로 나타난다. 이는 현재 측정 분야에서 지배적인 세 가지 통계적 방법의 바탕이 된다. 세 가지 접근법은 고전검사이론(CTT; 자세한 내용은 Lord & Novick, 1968 참조), 일반화가능도이론(GT; Shavelon & Webb, 1991 참조, 최근 연구는 Brennan, 2001 참조) 그리고 문항반응이론(IRT; 자세한 내용은 van der Linden & Hambleton, 1996 참조)이다. 고전검사이론에서, 연속 변인은 진점수이고 이것은 오랫동안 계속해서 관찰된 총점수의 평균이다. 일반화가능도이론에서, 연속 변인의 다양한 측정 설계 요인 효과는 분산분석(ANOVA)과 같은 접근법을 사용하여 분석된다. 문항반응이론에서는 개인의 문항 반응을 모형화하여 사용한다. 문항에 대한 반응 확률은 응답자의 능력을 보여주는 잠재 변인과 문항 모수 그리고 측정 맥락의 함수로 나타낸다.

가장 기본적인 문항 모수는 문항 곤란도(item difficulty)이다. 그러나 다른 문항 모수들도 측정 상황의 특성을 설명하는 데 유용하다고 판단될 때 사용된다. 보통 곤란도 모수는 구인(예: θ)에 문항 반응을 연결하여 사용된다. 다른 모수들은 관찰치의 특성과 관련이 있을 수도 있다. 예를 들면, 문항 기울기(item slope)의 차이는 문항반응이 θ 변인 이외에 모형화되지 않은 다른 것에 영향을 받는 경우를 나타내는 것으로 해석할 수 있다. 고전검사이론의 변별도 지수(discrimination index)와 유사하지만 이 기울기들은 변별도 모수(discrimination parameters)이다. 낮거나 높은 점근선을 가지고 있는 문항 모수치들은 문항 반응들이 바닥, 천장 효과를 가지고 있는 위치를 가리켜 주는 것으로 해석할 수 있다. 낮은 점근선을 가진 경우 보통 추측도 모수(guessing parameter)라고 부른다. 모형을 유연하게 만들기 위해서 기본적인 곤란도 모수 외에 다른 모수들을 통계 모형에 포함할 것인지, 아니면 특정 규칙 조건에서의 편차(deviations)로 볼 것인지 대하여 서술한 연구가 있다(Hambleton, Swaminathan, & Rogers, 1991; Wright, 1968, 1977).

두 번째 구인의 형태는 이론에 따라 순서화되거나 순서화되지 않는 분리된 계층(discrete classes)의 세트이다. 이에 해당하는 심리측정의 모형은 잠재 계층 모형(latent class(LC) model)이라 불린다(예는 Haertel, 1990 참조). 이 모형에서, 문제-해결 전략과 같은 인지의 형태는 특정 분리된 계층 내에서만 발생하며, 범주 안에서 구인에 대한 응답자들 차이는 없다. 예를 들어, 잠재 계층 접근법은 응답자들이 몇 개의 다른 전략을 사용하고 있는 경우 유용하게 활용할 수 있다. 여기서 계층의 종류는 인지적 정교함이라는 기준에 의해 순서화할 수 있으며, 더 복잡한 관계를 가질 수도 있다.

9.2.1 측정 모형에 복잡성 추가

앞서 설명한 모형에 추가할 수 있는 측정 맥락의 다른 복잡성(complexities)이 있다. 첫째, 구인을 하나의 속성이 아닌 복수의 속성으로 구성된 것으로 생각할 수 있다. 연속 구인 접근법(continuous construct approach)에서, 이 방법은 고전적 시각에서 요인 분석 모형(factor analysis model)으로, 연속 접근법에서는 다차원 문항반응모형(multidimensional item response model, MIRM)으로 소개되고 있다(자세한 예는, Adams, Wilson, & Wang, 1997와 Reckase, 1972 참조). 이전의 내용과는 반대로, 문항이 더 복잡해질 때 모형에 모수들을 추가함으로써 응답자의 모형을 강화시킨 것이다. 이 모형들은 다른 구인들에 대한 여러 증거를 측정 상황에 함께 포함시킨다.

둘째, 시간 추이에 따른 반복적인 측정치는 원래 구인의 변화 패턴과 관련한 구인 지표로 볼 수 있다(Bryk & Raudenbush, 1992; Collins & Wugalter, 1992; Embreton, 1996; Muthen & Khoo, 1998; Willet & Sayer, 1994; Wu, Adams, & Wilson, 1998). 예를 들어, 일반화가능도이론에서 이용되는 모수와 유사한 ANOVA의 효과(effect) 모수들은(Fischer, 1973; Linarce, 1989) 채점자 특성과 문항 설계 요인들 같은 관찰 효과 (observational effects)를 모형화할 수 있다. 또한 인지 전략의 종류처럼 문항 곤란도에 영향을 주는 구인의 복잡성 증가시키는 모형화에도 사용될 수 있다.

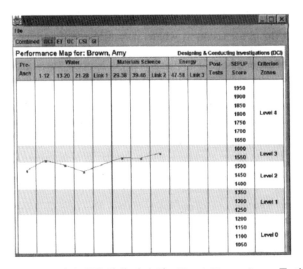

〈그림 9.1〉 IEY 구인에 대한 학생 발달 차트(GradeMap software를 사용하여 산출되었음. Wilson, Kennedy, & Draney, 2004).

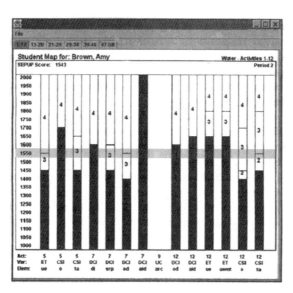

〈그림 9.2〉 BEAR 평가 시스템에서 한 학생의 Kidmap(GradeMap software를
사용하여 산출되었음, Wilson, Kennedy, & Draney, 2004).

세 번째 접근은 인지 모형의 요소들을 기본 통계 모형에 결합시키는
것이다. 2장에서 설명한 구인지도가 바로 그 예이다. GradeMap 프로그
램(Wilson, Kennedy, & Draney, 2004)을 사용한 예가 <그림 9.1>에 소개
되어 있다. <그림 9.1>에서 기준 영역(criterion zones)에 표시된 수준
(levels)은 <그림 2.4>에서 정의된 것이다. 이 그림에서는 시간의 흐름에
따라 개별 응답자에 대한 평가를 기준 영역과 관련하여 어떻게 의미 있
게 제시할 수 있는가를 볼 수 있다. 이 접근법은 집단의 평가 결과를
보고할 때나 대규모 국가 조사에도 적용될 수 있다(예: Department of
Employment, Education, and Youth Affairs, 1997). 또한 개인차를 진단하
는 데 도움을 주기 위해 개별 학생들의 결과를 연구할 수 있다. 6장에서
설명된 Kidmap 기법이 그 하나의 예이다. Kidmap 방법은 특정 변인에서
하나의 위치로 설명하기 어려운 반응을 한 응답자를 찾아내기 위해 응답

자의 기대 반응과 관찰 반응의 차이를 이용한다. <그림 9.2>는 GradeMap 프로그램의 한 예이다. 여기서, 적합도 지표는 Amy Brown의 반응에 추가로 주목할 필요가 있다는 것을 알려주는 데 사용되었다. 이 Kidmap의 형식은 <그림 6.7>에 나타난 것과는 다르지만, 설명하고자 하는 내용은 같다. Amy Brown이 각 문항에서 응답하리라 기대되는 결과는 회색 밴드로 표시되어 있고 실제 관찰된 결과들은 검정색 음영으로 처리되어 있다. 여기서 Amy는 몇 개의 문항에 대해 이상한 방식으로 반응했고, 이 문항들의 내용 분석 결과가 어떻게 나올지는 의문이다. Tatsuoka(1990, 1995)에 의해 개발된 유사한 기법이 있으며, 이 방법은 특정한 인지 진단에 중점을 두고 있다.

9.2.2 통계 모형에 인지 구조 모수 추가

우리는 통계 모형 모수에 구인의 다양한 요소들을 직접 표현함으로서 단순히 해석을 보고하는 이전의 방법에서 한 단계 더 나아갈 수 있다. 통계적 관점에서 이는 가장 선호되는 방법이다. 그러나 해석의 복잡성을 가져올 수 있기 때문에 적용에 신중함을 기해야 한다. 이 방법의 비교적 간단한 예는 차별문항기능 모수들을 통계적 모형에 통합시키는 것이다. 이 모수들은 집단 간 다른 효과들에 대하여 문항 곤란도와 같은 다른 모수들을 조정한다. 보통 문항의 결함으로 추정되는 것이 보이면 수정이 필요한 문제점으로 여겨져 왔다(예를 들면, Holland & Wainer, 1993). 그러나 이 절에서는, 그러한 모수들이 다른 문제-해결전략들을 사용하거나 언어적 차이와 같은 다른 구인 효과를 고려하는 데 사용될 수 있다 (Lane, Wang, & Magone, 1996; Ercikan, 1998).

많이 사용되는 또 다른 전략은 관찰치의 해석 가능성을 높이기 위해 원래 샘플을 복수의 집단으로 나누어 계층적으로 도식화하는 것이다.

이는 응답자나 문항 측면에서 모두 가능하다. 응답자 측면에서 보면, 진단 목적을 가지고 응답자들을 잠재적 집단으로 나눌 수 있다(예: Haertel & Wiley, 1993; Junker, 2001). 문항을 계층으로 나누는 방법에서는 각각의 문항 수준에서가 아니라 능력 또는 기술에 따른 수준에서 계층별로 결과를 해석한다(Janssen, Tuerlinckx, Meulders, & De Boeck, 2000). 또한 부분적으로 연속적인 혹은 비연속적인 구인들을 이용하여 연속적(continuum) 접근법과 잠재 계층(latent class) 방법을 결합할 수도 있다(Wilson, 1994b). 예를 들면, saltus model(Mislevy & Wilson, 1996; Wilson, 1989)은 더욱 표준화된 기술 향상에 따른 계단형 발달을 반영할 수 있도록 설계되었다.

9.2.3 인지적 구조의 통계적 모형화에 관한 일반화된 접근

인지적 구조의 모형화에 대한 몇 가지 접근법이 있다. 하나는 통합모형(unified model)(DiBello, Stout, & Roussos, 1995)으로, 이것은 과업 분석을 통해 응답자의 행위를 잠재 계층 분류화한다는 가정을 기초로 한다. 두 번째 접근은 M^{2}RCML(Pirolli & Wilson, 1998)로서, 지식(knowledge) - 수준 학습과 상징(symbol) - 수준 학습 사이의 차이를 기반으로 하고 있다(Dennett, 1988; Newell, 1982). 이 방법은 LISP 튜터와의 학습(Draney, Pirolli, & Wilson, 1995) 및 평행 척도(balance scale)를 포함하는 논리의 분석을 위한 규칙 평가(Pirolli & Wilson, 1998)에 적용되었다.

한편 Bayes net라고 불리는 접근법이 측정 분야 이외의 통계학자들에 의해 개발되었다(Anderson, Jensen, Olesen, & Jensen, 1989; Pearl, 1998). 교육평가를 위한 Bayes net에서는 두 종류의 변인이 나타난다. 하나는 학생들의 지식과 기술을 고려하는 것이고 또 다른 하나는 학생들이 말하고 행동하거나, 만드는 것들의 측면이다(Mislevy, 1996). 여기에서 논의된 모든 통계 모형은 이러한 논리를 반영하고 있으며, 모두 Bayes nets의 특별한 시행으로 표현될 수 있다. 앞서 설명한 모형들은 해당 분야에서 다양한 경험을 가진 연구자들이 컴퓨터 프로그램을 만들고 예제를 개발하면서 이론을 발전시켰다. Bayes nets는 지능 튜터링 시스템과 같이 복잡한 평가맥락을 바탕으로 한 통계모형으로 사용되어 왔다(예: Martin, VanLenn, 1995; Mislevy & Gitomer, 1996).

9.2.4 앞으로의 전망

앞서 논의한 통계 모형들은 문항의 관찰로부터 추론하는 일정한 규칙을 제공한다. 현재 활용되고 있는 통계 모형들은 교육평가나 심리측정과 같은 광범위한 영역에서 다양한 추론이 가능하게 한다. 단순히 하나의 점수가 아닌 여러 구인들을 이용하여 응답자를 특성화하는 것이 가능하며, 특정 시점에서만 측정하지 않고 시간의 흐름에 따라 응답자의 변화를 기록할 수도 있다. 또한 여러 가치 있는 대안을 다룰 수 있으며, 평가 결과에 대하여 모형화하고 모니터링하며 개선시킬 수도 있다. 그리고 응답자 수준에서 반응을 모형화할 뿐만 아니라 학급이나 학교, 주 단위와 같은 집단 수준에서도 모형화할 수 있다.

그러나 아쉽게도 새로운 모형과 방법에 대해 이해하기가 쉽지 않고 결과 산출 과정에도 고도의 전문 기술이 요구되기 때문에 실제 널리 사용되지 않는다. 심리측정 모형을 개발하기 위해서는 인지 학습 모형의 주요한 특성과 의미 있는 인지 과정에 대한 관찰에 집중해야 한다. 이 과정은 통계 모형을 통해 다양한 추론, 필요한 관찰, 제공해야 하는 작업 및 필요한 패턴 등을 효율적으로 표현해야 하기 때문에 어려운 작업이다. 이용 가능한 다양한 모형을 가지고 있다고 해서 측정 모형 문제를 쉽게 해결할 수 있지는 않다. 측정 모형의 특성을 구인의 이론적인 측면과 관찰 유형에 연관시키는 일에 더 많은 노력이 요구된다. 과학자를 비롯한 여러 분야의 전문가, 검사도구 개발자, 심리측정학자들의 협업을 통해 다양한 통계 모형을 발전시켜 나갈 수 있다.

9.3 특정한 적용 영역에 대한 더 깊은 인식: 교육평가

앞의 여덟 개 장에서 살펴 본 내용을 더 풍부하게 하는 방법은 특정 영역에서의 적용 가능성을 모색해 보는 것이다. 적용 가능한 많은 분야가 있기 때문에 가능성이 보이는 한 분야를 우선 선정할 필요가 있다. 다양한 영역에서 이론적 측면이나 실제 측정 방법과 관련한 오랜 역사를 가지고 있는 반면 몇몇 분야는 상대적으로 짧은 역사를 가지고 있다. 교육평가 분야는 긴 시간 동안 측정분야와 함께해 왔으며, 교육 평가에 대한 가장 오래된 기록은 기원전 2세기 중국으로 거슬러 올라간다(the Imperial Civil Service Examinations; Webber, 1989). 이처럼 교육평가 분야에서 측정은 유구한 역사를 가지고 있다. 이와 관련한 많은 문헌을 독자들이 직접 읽는 것도 좋지만 이 주제와 관련하여 권위 있고 광범위한 참고문헌을 담고 있는 책을 언급하고자 한다. 그것은 Linn(1989)의 책이다.

이 절의 뒷부분에서는 교육평가의 현대적인 방법 중 하나를 예로 들어 설명할 것이다. 그것은 바로 The BEAR Assessment System(Wilson & Sloane, 2000)이며, ①발달적 관점, ②교수와 평가의 일치, ③교사들에 의한 관리, 그리고 ④질적 증거, 이 네 가지 원리로 요약될 수 있다. 특히, BEAR Assessment System 적용의 한 예인 IEY 교육과정(Science Education for Public Understanding Program, 1995)을 살펴볼 것이다.

9.3.1 발달적 관점

BEAR Assessment System의 첫 번째 원리는 교육 평가 시스템은 학생의 학습 발달 측면에 기초해야 한다는 것이다. 학생들의 이해 정도에 대한 평가는 학습이 일정한 시간, 즉 교육 시간 동안 어떻게 변화하는지 보여줄 수 있는 모형을 필요로 한다. 발달적 관점은 한 번만 보는 시험 상황이나 횡단적(cross-sectional) 접근법이 아닌 학습 과정과 그 과정을 통한 개인의 성장에 초점을 맞춘다. 이 문제에 대한 BEAR의 전략은 특정 교육과정에 나타나는 세부 수준과 주 표준(state standards) 및 교육과정의 정확하지 않은 설명을 조정하는 일종의 성장 변인(progress variables, 이 책에서는 구인지도)을 개발하는 것이다(Masters, Adams, & Wilson, 1990). 이러한 성장 변인들은 다양한 수준에서 정의될 수 있다. 가장 세부적인 하위 단계에서, 모든 교육의 단위는 변인 중 적어도 한 개는 학생 성장에 어떤 방식으로든 기여하는 것으로 여겨진다. 이는 모든 평가는 하나 또는 그 이상의 변인과 밀접하게 연결되어 있기 때문이다. 학급 수준에서는 교육과정을 통한 학생들의 성장을 격주로 조사하며 교육과정에서 의도하는 바를 자세한 수준까지 명시할 수 있다. 더 높은 단계에서는, 한 학기나 일 년과 같이 오랜 기간에 걸쳐 유용한 변인을 모을 수 있다. 이를 이용한 교정된 척도는 학생들의 성장을 도울 수 있으며 교사가 개별 학생 및 집단의 진행 상황을 파악할 수 있게 한다. 이 수준에서는 한 학기 동안의 학급, 일 년 동안의 학교의 성장이 목표가 될 수도 있다. "기준과 평가 사이의 횡단보도(cross-walk)" 아이디어는 Baker에 의해 제안되었다(Land, 1997 p6에서 인용). 이 변인들은 교육과정을 표준 문서와 다른 교육과정 및 해당 과정과 특별히 연관되지 않은 평가와 관련시키는 개념적 기반을 마련한다.

IEY 예: 성장 변인 세트의 예는 2.2.2에서 설명한 Issues, Evidence, and You (IEY; Science Education for Public Understanding Program, 1995) 중학교 과학 교육과정에서 가져온 것이다. 발달적 관점의 원리를 따라, SEPUP 교육과정 개발자들과 함께 BEAR 연구자들은 IEY 학년도에 학생들이 경험할 것으로 예상되는 학습을 포함한 성장 변인의 틀을 고안하였다. <그림 9.3>에서 다섯 개의 IEY 변인을 볼 수 있다.

개념 이해(Understanding Concepts, UC) - 관련 있는 과학적 개념을 문제 해결에 적용하기 위해 물질, 에너지, 또는 한계점의 특성과 상호작용 같은 과학적 개념을 이해하기. 이 변인은 전통적인 "과학 내용"의 IEY 버전이다.
연구 설계와 수행(Designing and Conducting Investigation, DCI) - 과학 실험 설계하기, 과학 조사 완수하기, 자료 수집을 위한 실험적인 절차 수행하기, 자료를 기록하고 구조화하기 그리고 실험 결과를 분석하고 해석하기. 이 변인은 전통적인 "과학 절차"의 IEY 버전이다.
증거와 교환(Evidence and Tradeoffs, ET) - 이용 가능한 증거를 바탕으로 다양한 해결책의 장-단점 평가하기와 객관적인 과학적 정보 파악하기. 이 변인과 다음 두 개 변인은 비교적 새로운 개념이다.
과학 정보 의사소통(Communicating Scientific Information, CM) - 청중에게 오류 없이 효과적으로 의사소통하며 결과를 구조화하고 발표하기
집단 상호작용(Group Interaction, GI) - 실험과 같은 하나의 과제를 완성하는 과정을 친구와 함께하고 공유하는 기술 발달시키기

〈그림 9.3〉 IEY에서 성장 변인의 예

개념 이해, 연구 설계 및 수행, 그리고 증거와 교환 이 세 가지는 주요한 변인이며 자주 사용된다. 과학 시험의 일반적인 내용은 이 틀 안에 존재하며, 전통적인 과학 내용은 "개념 이해" 성장 변인 항목에 해당한다. 따라서 이 시스템을 사용하는 교사들은 전통적인 접근을 통해서 얻는 것과 비교하여 손해는 없으며, 오히려 더 얻는 것이 있을 수도 있다. 과학 정보 의사소통에서 학생의 행동은 이 변인에 대한 학생의 성장을

모니터링 하는 교사의 관심에 따라 모든 활동이 평가와 결부지어질 수 있다. 마지막 변인인 집단 상호작용은 SEPUP 4-2-1 교수 모형을 바탕으로 하고 있으며, 이 변인은 학생의 활동을 (a) 과학적 조사를 위한 네 명의 그룹 활동, (b) 조사 보고서 쓰는 것을 완성하는 짝 활동, (c) 평가에 대한 개별 학생의 반응으로 구성된다(Science Educational for Public Understanding Program, 1995). 이것은 일 년 내내 평가될 수 있다.

9.3.2 교수와 평가 사이의 일치

현대 교육 평가에서 종종 평가를 교육과정 및 교수-학습 과정에 통합시켜야 한다는 요구가 있다. 이와 관련하여 BEAR 평가의 두 번째 원리는 교수(instruction)와 평가를 일치시켜야 한다는 것이다. 이 원리는 내용 타당도 증거의 기본적인 내용이기도 하다(American Educational Research Association, American Psychological Association, National Council for Measurement in Education, 2001). 검사 문항들은 예상되는 인지적 내용과 수준에 의해 정의된 영역으로부터 적절하게 표집된다. 그러나 현실에서는 교사가 만든 시험뿐만 아니라 고부담, 표준화 시험과 같은 전통적인 검사에서 기본적인 수준의 내용 지식을 평가하는 문항만 너무 많고 복잡한 수준의 지식 이해는 도외시한다는 비판을 받아왔다.

교육과정, 교수-학습, 그리고 평가 사이의 조화는 교육과정 개발과 평가 측면 모두에서 논의되어 왔다. 교육과정 개발 관점에서, 교수-학습에 대한 새로운 접근법은 책무성(accountability) 평가 때문에 많이 위축되었다. 학생들이 구 단위나 주 단위 시험에서 접하게 될 내용을 가르치기 위해 정규 교과과정의 교육자료 사용을 중단하는 교사에 대한 보고들이 다수 존재한다. 평가의 측면에서 보면, 평가 중심 개혁 주창자들은 고부담시험을 교육과정 개혁 목표에 부합시킴으로써 "시험에 맞게 가르치는" 경향이 조성되기를 바라고 있다. Resnick과 Resnick(1992)은 다음과 같이 주장하였다. "평가는 교사들이 교사 본래의 일, 학생들이 더 잘 이해하고 수행할 수 있도록 설계되어야 한다. 이것이 진정한 교육 개혁의 목표가 되어야 한다."(p.59).

BEAR 평가시스템에서 교수-학습과 평가 사이의 조화는 시스템의 두 주요한 부분인 성장 변인과 평가 과제를 통해 확립되고 유지된다. 앞에서 성장 변인의 주요한 동기는 평가 틀로서의 역할에 있음을 보았다. 두 번째 원리는 평가를 위한 틀과 교육과정 및 교수-학습을 위한 틀이 같은 것이어야 한다는 것이다. 이것은 평가의 필요에 의해 교육과정을 이끄는 것이 아니라 평가와 교수-학습, 이 두 가지가 함께 가야 한다는 것을 의미한다. 교수-학습과 평가를 구성할 때 성장 변인을 사용하는 것은 그 둘이 적어도 기획 단계에서 일치할 수 있게 하는 한 가지 방법이다. 이를 견고하게 하기 위해서는 학급 상호작용의 수준에서도 일치해야 한다.

평가는 교육과정 안에서 교수 실제의 범위와 형식을 반영해야 한다. 학급 수준에서, 평가 과제는 교육적으로 중요한 시점에 제공되며 교육의 전체적인 흐름 안에 있어야 한다. 그래야 교사들이 특정 주제에 대해 학생들이 얼마나 많은 성장을 했는지 파악할 수 있다(이것에 대한 자세한 내용은 Minstrell(1998)을 참고). 좋은 방법 중 하나는 교수 자료와 평가 과제를 동시에 개발하는 것이다. 이것은 접근 가능한 응답을 만들기 위해 좋은 교육 순서를 적용하고 본격적인 교육활동(instructional event)을 개발하는 것이다. 학급이나 학교 수준에서 평가 과제들은 평가가 발생하는 맥락 범위 전반에 걸쳐 생성할 수 있다.

IEY 예(계속): IEY 성장 변인들은 거의 모든 IEY 교육과정의 개발을 위한 개념틀을 형성했다. IEY 교수자료와 평가는 핵심적인 성장 변인 세트를 중심으로 만들어졌다. 일단 다섯 개의 성장 변인이 정해진 후에, 각 활동의 모든 교육 목표와 모든 평가 과제는 다섯 개의 IEY 변인 하나 혹은 둘 이상과 연결되었다. 평가 과제들은 다양한 범위의 수업에서 IEY 일치 여부에 대한 평가를 위해 사용되었다. 여기에는 개인 및 그룹 과제, 데이터 처리 질문, 독서에 따른 질문 등이 포함된다. 모든 평가 형식은 개방형 질문이며, 응답에 대하여 상세하게 설명하도록 요구한다. 대부분의 평가 과제는 교사들이 학생의 교실 활동에 주의를 기울일 수 있는 방법인 지필 형식이다.

<그림 9.4>는 평가 형식의 한 예로 IEY 활동 19에서 가져온 것이다: "중성화는 오염에 대한 해결책이 될 수 있는가?" 이것은 학생들에게 여러 활동과 실험 및 읽기에서 얻은 정보를 통합하도록 요구하는 IEY의 전형적인 평가 형식이다. 또한 학생들이 자신의 논리를 설명할 것을 요구한다. 이것은 선행 교육과정에 대한 자료 없이 완벽하게 대답할 수 없다. 이는 증거와 교환 변인과 관련된 것이며, 정답이 하나만 있는 것이 아니다. 학생들은 자신의 생각이나 활동에 대하여 진술하거나 특정한 결정을 하고, 이를 통하여 배운 것들을 논의하도록 요구 받는다. 수행활동은 단순히 그들이 이끌어 낸 결론뿐만 아니라, 논의의 타당도에 의해서도 판단된다.

산성 물질의 중성화에 대하여 배운 것들을 바탕으로, 당신은 중성화가 산성으로 인한 오염을 위한 해결책으로 사용될 수 있다고 생각하는가? 당신의 답을 자세하게 설명하시오. 그리고 결론에 이르기 전에 고려되어야 하는 중성화의 장단점과 다른 요인들에 대해 모두 기술하시오.

〈그림 9.4〉 IEY 평가 과제

일반적인 대규모 시험에서 제공하는 요약 정보와 유사하게, BEAR 연구원들은 전통적인 형식의 문항들로 구성된 "연계검사(Link Tests)"를 개발했다.

각 문항은 적어도 한 개 이상 변인과 연결되어 있고 평가 과제와 같이 교육과정에 포함된 것이 아니라, 짧거나 중간 길이 정도의 쓰기 응답을 요구한다. 예는 <그림 9.5>에 있다.

당신은 유리로 된 주방용품을 만드는 한 회사의 운송팀을 책임지고 있다. 당신은 배달할 때 물건이 깨지지 않게 포장하기 위해 무슨 재료를 사용할지 결정해야 한다. 당신에게는 잘게 잘라진 신문, 스티로폼 알갱이, 그리고 옥수수녹말 형태의 둥근 물체(cornstarch foam pellets), 이 세 가지 재료가 있다. 스티로폼은 구겼을 때 원래 모양으로 되돌아가지만, 신문과 녹말 물체는 그렇지 않다. 스티로폼과 녹말 물체는 모두 물에 뜬다. 스티로폼을 포장하는 재료로 재사용할 수는 있지만, 땅에 매립되면 분해되지 않을 것이다. 신문지는 쉽게 재활용할 수 있고, 녹말 물체 는 물에 쉽게 용해될 수 있다.
당신은 어떤 재료를 사용할 것인가? 각 재료의 장단점에 대해서 논하라. 당신의 논의에서 만들어진 교환 혹은 타협안(trade-offs)을 자세히 설명하라.

〈그림 9.5〉 증거와 교환 변인과 관련된 연계 문항

연계검사는 IEY과정에서 주요한 전환 시점에 실시되는 검사이다. 시험은 해당 과정의 내용과 관련한 개방형 문항들로 IEY변인들을 이용하여 학생들의 능력을 좀 더 세부적으로 평가할 수 있게 한다. 연계검사 문항들은 교사가 각 단원의 마지막 또는 한 해 동안 시행되는 다른 검사에 이용할 수 있도록 문제은행으로도 이용 된다. 교사는 연계 검사 문항들을 변인과 연계한 모형, 개방형 질문으로 사용하거나 다른 교사가 만든 검사의 특정 문항을 이용할 수도 있다. 연계검사는 IEY 내에서 대규모 평가와 유사한 기능을 한다. 효율성을 요구하는 곳에서는 선다형 문항(multiple-choice)과 같은 다른 유형의 평가가 사용될 수도 있다.

9.3.3 교사들에 의한 관리

BEAR 평가의 세 번째 원리는 교사들이 시스템의 관리자가 되어야한다는 것이다. 교사는 효율적으로 측정할 수 있는 검사도구를 가지고, 평가 자료를 적절하게 사용해야 한다. 교사에 의한 관리는 두 가지 중요한 이슈를 포함하고 있다. 첫째, 교수-학습 절차를 알려주고 안내하기위해 평가 정보를 사용할 사람은 바로 교사들이다. 학생에 대한 평가가적절하게 이루어지기 위해서, 교사는 (a) 학생 활동 결과물을 모으고 선택하는 과정에 참여해야 하고, (b) 즉각적으로 채점하고 결과를 사용할수 있어야 한다. (c) 또한 교육 관련 용어로 결과를 해석할 수 있어야하며, (d) 평가 시스템을 교실에서 활성화하는 데 창조적인 역할을 해야한다. 이 조건들이 충족되어야만 교사가 실제로 평가시스템을 능숙하게사용할 수 있을 것이다.

둘째, 교사 전문성과 책무성에 대한 이슈는 교사가 학생의 성장과 수행의 증거를 모으고 해석하는 데 더욱 중심적이고 활발한 역할을 할 것을 요구한다(Tucker, 1991). 교사는 학생들이 배울 것으로 기대되는 것과학습의 증거로서 포함시켜야 할 것에 대한 충분한 이해가 필요하다. 그렇게 되면 교사들은 학생들의 수행과 교육의 결과를 주도적으로 보여주고, 설명하고, 지지할 수 있게 된다.

이러한 시각은 교수-학습 과정에 대한 새로운 관점, 교사의 새로운 역할과 함께 교실에서의 새로운 평가 문화를 요구한다(Brown, Campione, Webber, & McGilly, 1992; Cole, 1991; Resnick & Resnick, 1992; Torrance, 1995a, 1995b; Zessoules & Gardner, 1991). 교사가 수업에서이러한 평가를 사용하기 위해 준비하는 작업은 어려운 도전일 수 있다. 그러나 평가에 대한 교사의 이해와 믿음은 궁극적으로 변화를 가져오는성공의 열쇠이다(Airasian, 1988; Stake, 1991).

IEY 예, (계속): 연계 문항과 평가 과제로부터 얻은 정보가 IEY 교사에게 유용하게 활용되려면 IEY 변인들의 교육 목표가 해석 가능한 용어로 표현되어야 한다. 이것은 또한 지적이면서 효율적으로 시행할 수 있는 방법으로 이루어져야 한다. 이러한 두 가지 관점과 관련하여 BEAR에서는 IEY 채점 기준표를 제공한다. IEY 채점 기준표는 각 변인의 요소를 정의하고, 점수대별 수행 기준이나 특성에 대한 설명을 포함하고 있다. 다섯 개의 IEY 변인들에 대한 채점 안내가 있으며, 각 변인은 두 개에서 네 개 사이의 구성요소를 가지고 있다. 그리고 채점 기준표는 이러한 각각의 요소에 대해 구체적인 설명을 제공한다. 평가 과제에서 학생의 수행 수준은 변인에 대한 채점 기준표에 의해 결정된다. 채점 기준표의 일반 지침은 특정 변인과 관련된 여러 검사에서 모두 이용된다. 이는 어떤 특정한 평가를 위해서는 채점 기준에 대한 특별한 해석이 필요하다는 것을 의미하기도 한다. BEAR에서는 전체를 위한 일반 채점 기준과 개별 평가를 위한 기준의 조합이 각각 개별 채점 기준표를 제공하는 것보다 교사들에게 더 효율적이라는 것을 알게 되었다. 교실에서 교사들이 사용하는 채점 기준표가 대규모 검사에서 사용하는 채점 기준표가 될 수도 있다. 일반적으로 학생들의 수준, 단계에 따라 사용되는 문항들이 다르다. 그러나 공개되는 문항들의 세부적인 수준도 공유될 수 있다. 많은 경우 여전히 공통의 기본 개념을 바탕으로 해야 하지만, 특정 상황에서는 각 문항에 대해 개별적인 채점 기준표를 사용하는 것이 더 좋을 수도 있다.

IEY 채점 기준표는 SOLO 분류학(Biggs & Collis, 1982)의 일반적인 논리를 사용한다. "완전하고 정확한" 반응으로 인식되는 것은 "3"으로 코딩된다. 학생이 적어도 하나의 필수적인 요소를 빠뜨리고 부분적으로 옳은 응답을 하는 것은 "2"로 코딩된다. 학생이 전반적으로 낮은 수준이지만 엉터리가 아닌 응답을 하는 것은 "1"로 코딩된다. 관련 없는 응답은

"0"으로 코딩되며, 현저하게 뛰어난 방법으로 "3"을 넘어서는 응답을 하면 "4"로 코딩된다. 모든 IEY 채점 기준표는 이 구조를 따르지만, 개별 IEY 변인들에 특수하게 적용하기 위한 세부적인 기준을 함께 사용한다. 증거와 교환 변인 채점 기준표가 <그림 9.6>에 제시되어 있다. 이 채점 기준표의 오른편은 2단원의 IEY 예시 구인을 구성한 것이다.

증거과 교환 변인(Evidence and Tradeoffs(ET))

점수	증거 사용하기: 선택을 뒷받침하기 위해 관련된 증거를 바탕으로 객관적인 이유(들)를 사용하여 반응한다.	교환하기 위해 증거 사용하기: 문제의 다양한 측면을 인지하고, 선택하기 위해 증거에 의해 지지되는, 객관적인 근거를 사용하여 문제를 설명한다.
4	문제에 대한 응답이 단계3을 달성하고, 현저하게 뛰어난 방법으로 단계3을 넘어선다. 예를 들면, 제공되는 자료, 타당도와 증거의 질에 대해 묻거나 정당화하기	뛰어난 방법으로 선택에 추가적인 영향을 줄 수 있는 증거를 제안한다. 예를 들면, 제공되는 자료, 타당도, 증거에 대한 질문과 그것이 선택에 어떻게 영향을 미치는지에 대해 설명하기
3	문제에 대해 객관적인 의견을 제시하고, 관련한 정확한 증거를 이용하여 각각에 대하여 지지한다.	문제에 대해 적어도 두 개의 관점에 대해 논의하고, 각 관점과 관련한 증거에 의해 지지되는 객관적인 이유를 제공한다.
2	응답에 대한 몇 개의 객관적인 의견을 말하고, 지지하는 증거도 제시하지만, 적어도 하나의 이유를 놓치거나, 증거가의 일부분이 불충분하다.	문제에 대하여 적어도 하나의 관점을 언급하고, 몇몇 객관적인 이유를 제시하나 그 이유가 불완전하고 증거가 빠져 있다. 단지 한 개의 정확한 관점만이 제공되었다.
1	선택에 대한 주관적인 이유(의견)만을 제시하고, 부정확하고 관련 없는 증거를 사용한다.	문제에 대하여 적어도 하나의 관점을 진술하지만, 주관적인 의견만을 제시하며 부정확하고 관련 없는 증거를 사용한다.
0	응답없음; 판독이 어려운 응답; 응답이 근거를 제공하고 있지 않고, 선택을 지지하는 증거도 없다.	응답없음; 판독이 어려운 응답; 응답에 근거가 결여되어 있고 결정을 지지하기 위한 어떠한 증거도 제공되지 않는다.
×	학생이 응답할 기회를 갖지 않았다.	

〈그림 9.6〉 증거와 교환(ET) 채점 기준표

채점 기준표를 해석하기 위해서, 교사에게 학생 평가의 구체적인 예시가 제공되어야 한다. BEAR에서는 이를 "모범예시(Exemplars)"라고 부른다. 여기에서는 각 변인에 대해 다양한 발달수준에 있는 학생들로부터 기대할 수 있는 구체적인 예가 제공된다. 그러므로 모범예시는 교사가 이용할 수 있는 하나의 평가 시스템이며, 채점 기준표의 이해를 도와준다.

IEY를 사용한 BEAR 평가 시스템을 시범적으로 사용하였던 교사가 채점한, 실제 예시들이 IEY문서에 포함되어 있다. 여기에는 특정 평가 활동에 대한 각 점수 수준에 해당하는 학생의 반응들이 설명되어 있다. <그림 9.7>은 활동 12의 3단계 반응의 예이다.

Level 3	다양한 선택의 장점과 단점에 대해 살펴보기 위해 주제와 관련한 정확한 정보를 사용한다. 그리고 증거에 의해 뒷받침되는 선택을 한다.

"As an edjucated employee of the Grizzelyville water company, I am well aware of the controversy surrounding the topic of the chlorination of our drinking water. I have read the two articals regarding the pro's and cons of chlorinated water. I have made an informed decision based on the evidence presented the articals entitled "The Peru Story" and "700 Extra People May bet Cancer in the US." It is my recommendation that our towns water be chlorin treated. The risks of infecting our citizens with a bacterial diseease such as cholera would be inevitable if we drink nontreated water. Our town should learn from the country of Peru. The artical "The Peru Story" reads thousands of inocent people die of cholera epidemic. In just months 3,500 people were killed and more infected with the diease. On the other hand if we do in fact chlorine treat our drinking water a risk is posed. An increase in bladder and rectal cancer is directly related to drinking chlorinated water. Specifically 700 more people in the US may get cancer. However, the cholera risk far outweighs the cancer risk for 2 very important reasons. Many more people will be effected by cholera where as the chance of one of our citizens getting cancer due to the water would be very minimal. Also cholera is a spreading diease where as cancer is not. If our town was infected with cholera we could pass it on to millions of others. And so, after careful consideration it is my opion that the citizens of Grizzelyville drink chlorine treated water."	Comment 염소 처리 문제에 대한 장단점을 작성하고 이를 뒷받침하였다. 염소 처리 선택이 결정되었다.

〈그림 9.7〉 "The Peru Story" 활동 12의 3 단계 수준의 반응 모범예시

9.3.4 질적 증거(Quality Evidence)

수행평가의 질 문제는 주 단위의 평가 시스템과 같은 고부담 검사에서 주로 탐구되고 논의되어 왔다. 평가의 안정성 및 보편성을 얻기 위해서는 학급 수준에서 사용되는 평가의 경우에도 기술적인 질 관리가 논의되어야 한다. Wolf, Bixby, Glen, and Gardner(1991)의 주장에도 불구하고, 학급 기반 평가의 질 관리를 위한 실제적인 노력은 고부담 평가 프로그램에 비해 소홀히 다뤄져왔다.

유용한 학급 기반 평가를 위해, BEAR는 평가의 질 관리를 위한 공정성(fairness) 기준을 세워야 한다고 주장한다. 교사들은 "교사가 직접 만드는 검사"를 계속 제작하겠지만, 검사도구의 비교가능성 및 타당도를 확보하기 위해 특별한 노력을 기울이는 일은 매우 드물 것이다. 그러나 교육과정에 근거하여 학급 기반 평가 절차를 개발할 수 있고, 교사들이 쉽게 사용할 수 있도록 제작할 수 있다. 평가 과정에서 만들어진 여러 증거는 개별 평가, 학생의 수행활동, 교수 결과, 프로그램 효과 적합성 등에 의해 판단되어야 한다.

시대와 분야를 막론하고 결과의 비교가능성을 확보하기 위해서는 다음과 같은 절차들이 필요하다. (a) 다른 형식으로 획득한 정보의 일관성을 조사한다. (b) 학생의 수행활동을 성장 변인 위에 표시한다. (c) 책무성 시스템의 구성 요소인 성취도 변인을 위한 과제와 평정자에 대해 기술한다. (d) 신뢰도와 같은 질 관리 변인이 동일하게 작용할 수 있는 시스템을 확립한다.

신뢰도 계수와 표준오차와 같은 전통적인 질 관리 지표와 달리, BEAR 평가 시스템은 이 책에서 설명한 네 개의 구성요소 접근법을 통합시키며, 성장지도(progress map)를 사용한다. 성장지도는 학급 수준과 대규모 검사 모두에서 사용할 수 있다(예: Department of Employment,

Education, and Youth Affairs, 1997 참조). 성장지도는 평가 결과를 보여주기 위한 공통의 수단이며, 평가 시스템의 일관성에 유의미성을 더한다.

　IEY 예, (계속): BEAR는 IEY 변인들의 다양한 성장지도를 개발하였다. 특정 변인의 시각적인 표현인 성장지도는 한 해 동안 특정 변인이 어떻게 평가 과제에서 학생의 수행활동에 의해 나타나고 발달되었는지를 보여준다. 성장지도는 IEY 교사들의 학생 자료의 분석에서 도출되었으며, ConQuest 소프트웨어를 사용하였다(Wu, Adams, & Wilson, 1998). 이 프로그램에서는 다층(multilevel), 다차원(multidimensional) Rasch 계열 모형을 추정한다.

　성장지도는 학생들의 성장을 기록하고 추적할 수 있으며, 학생이 숙달한 기술과 수행 활동을 나타낼 수 있다. 연구 설계와 수행(DCI) 변인에 대한 개별 학생의 수행을 나타낸 지도가 <그림 9.1>에 있다. 교사들은 지도에 표시된 학생의 수행 위치를 통해 해당 과정의 목표와 기대 수준에 관한 학생의 발달을 확인할 수 있다. 따라서 성장지도는 학생이 전체적으로 어떻게 발전하고 있는지에 대한 피드백을 제공해주는 하나의 도구이다. 또한 그 과정에서 학생의 수행에 대한 개인별 피드백을 제공하는 데 이용될 수도 있다.

　평가 과제에서 학생 수행에 대한 시각적인 표현인 성장지도는 교사가 교육 계획을 설정하는 과정에 사용할 수 있고, 학생, 교육 관계자들, 학부모들에게 학생들이 한 해 동안 어떻게 IEY 변인들을 발달시키고 있는지 보여주기 위해 사용될 수도 있다. BEAR 평가 시스템을 사용하고 관리하는 교사는 이 지도를 이용하여 학생과 학급의 성장을 평가할 수 있다. 또한 지도는 교육 계획을 알리는 데도 사용될 수 있다. 예를 들어, 어느 학급이 평가의 특정 변인에 대한 수행을 잘 못했다면, 교사는 평가에 반영된 개념이나 이슈들을 학생들에게 다시 설명하고 가르쳐야 한다고 느낄 것이다. 학생들의 성장지도 예가 <그림 9.8>에 있다. 이 지도는 대규모의 평가에서 단지 평균만을 제공하는 것이 아니라, 전체적인 분포를 보여주며, 학생들 개개인의 수행을 나타내기 위해 사용될 수도 있다. 따라서 지도는 학생들의 평균은 다르지만 범위가 겹쳐지는 복잡한 관계들을 포함하여 나타낼 수 있다.

<그림 9.8> 그룹 학생들의 성장 지도

	학생		문항
			활동 12.4　7.4
			활동 5.4　16.4
			활동 18.4
			활동 12.3
			활동 7.3
		마이클	
	브라운	산드라	활동 15.3
4 – 높은 수준의	존슨		활동 16.3
	앤드류		활동 18.3
		앤더슨	
3 – 정확한	사이몬	버쳐	
	알렉산더		활동 12.2
	토마슨		활동 7.2
			활동 5.2
2 – 불충분한	윌리암스		
	존슨		활동 16.2
	맥클라런		활동 18.2
			활동 12.1
1 – 틀린			활동 7.1
			활동 5.1
			활동 16.1
			활동 18.1

이 시스템에서 평가의 질 관리를 위한 전통적인 지표들도 이용 가능

하다. 예를 들면, 평가시스템의 각 부분의 연계 검사 신뢰도를 계산할 수 있으며 .65에서 .85까지의 범위를 가지고 있다. 또한 모든 네 차원 (dimension)의 구성점수의 값은 .79에서 .91까지의 범위를 갖는다. 측정 의 표준오차 또한 이용 가능하며, 이는 지도에 직접 95%의 신뢰구간을 표시하여 IEY지도상에 나타낼 수 있다.

9.4 참고 자료 : 폭넓은 이론적 관점

이 책에서는 측정의 여러 접근법 중 한 가지를 제시하였다. 네 가지 구성 요소로 대표되는 전체 도구 개발 과정을 통해 독자들은 이 접근법 의 논리를 따르고 적용할 수 있다. 그러나 이 방법에 대한 설명에만 집중 한 나머지 (a) 측정에 대한 역사적인 측면과 (b) 대안적인 측정 방법에 대해서는 거의 지면을 할애하지 못하였다. 따라서 이 책의 다음 과정에 서는 반드시 이러한 내용이 채워져야만 독자에게 더욱 충분한 역사적 이해와 함께 연구에 대한 폭넓은 아이디어를 제공할 수 있을 것이다. 측정, 평가, 심리측정 등의 영역에는 연구 가능한 참신하고 매력적인 여 러 주제가 있다. 이에 9장의 끝부분에는 주제별로 참고 가능한 문헌 목 록들을 정리해 두었다.

측정이론을 역사적 관점에서 살펴보려면 먼저 고전검사이론(또는 진 점수이론)의 이론적 배경에서 시작해야 한다. 앞서 5장에서 고전검사이 론에 대하여 간략하게 소개하였으나 평가자는 이 기본적인 개념에 대해 더 자세히 알아야 한다. 이 주제를 다룬 주요 논문이 있다(예: Edgeworth, 1888, 1892; Spearman, 1904, 1907). 이 논문들은 고전검사이론의 기술적 인 세부사항들뿐만 아니라 이론의 근본 철학을 담고 있으므로 읽어볼 만한 가치가 있다. 그러나 이러한 고전들에서 설명하는 내용에도 한계가 있고, 항상 폭넓은 개관을 제공하는 것은 아니다. 따라서 독자들은 그 분야의 새로운 연구들을 함께 참조해야 한다. 최신의 연구들은 기존 책들에서 종종 한 장으로 간략하게 소개되어 있었다. 저자가 찾은 몇 가지 훌륭한 연구물을 소개하면 다음과 같다. Thorndike(1982) 연구에서는 전체적인 논리를 따르기 위해 복잡한 수리적 지식이 요구되지만(특히, 신뢰도 단원), 그는 고전검사이론 부분의 기본적인 관계를 매우 간략하게 설명하였다. 기초적인 내용에서부터 종합적인 설명까지 Allen과 Yen (1979)에 자세하게 실려 있다. 그래도 가장 권위 있는 고전은 Lord와 Novick(1968)로 볼 수 있다.

5장의 섹션 5.1에서 소개한 측정의 의미를 강조한 대안적인 접근법은 매우 다양한 역사를 가지고 있다. Guttman(1944, 1950)의 기여는 앞에서 설명했다. 최근 인기 있는 주제는 준거참조평가(criterion-referenced testing)이다. Glaser(1963)의 여러 논문에 나와 있는 측정을 다루는 필수 개념은 응답자의 수행을 평가자가 어떻게 알 수 있는가의 관점으로부터 시작되어야 한다는 것이다. Berk(1980)의 논문 모음집에는 이 접근법에서 다루고 있는 내용에 대한 몇 가지 생각이 적혀 있다. Berk 책에 포함되어 있는 일반화가능도이론(Cronbach, Gleser, Nanda, & Rajaratnam, 1972)은 측정에 유용한 의미(meaningfulness)를 더하는 방법이다(더 최근의 내용을 보려면 Shavelson & Webb, 1991을 참조하라). 이와 유사한 최근의 시각은 National Research Council(2001) 보고서, "학생들이 아는 것을 알기(Knowing What Student Know)"를 참고하면 된다.

이 책에서는 문항반응모형이 구인지도를 포함하는 네 가지 구성 요소 (four building blocks) 등을 이용하는 것과 동일한 의미를 가지고 있는 것으로 설명되었지만, 모든 사람에게 그렇게 받아들여지는 것은 아니다. 이 책에서와 다른 견해를 가지고 있는 사람들은 실제 사용 측면에 중점을 두고 있을 것으로 보인다. 문항반응모형의 사용은 주로 기술적 척도 문제에 대한 해결책으로 여겨지며, 이 책의 6장(섹션 6.1)에서 제기된 대부분의 주장은 잘 고려되지 않는 것처럼 보인다. 문항반응모형의 기본적인 내용은 Birnbaum(1968)에 의해 제공 되었으며, 포괄적인 내용은 Lord(1980)에 담겨있다. 두 책에서 논의된 내용에 대한 최신 버전은 Bock(1997)과 Wright(1997)에서 찾아 볼 수 있다. 측정 관련 많은 연구물에서 해당 분야의 대한 소개는 일반적으로 기술적인 주제에 대한 내용으로 구성되어 있다. 이 책의 접근법은 분명히 측정 분야에서 소개하는 일반적인 시각과는 반대되는 관점을 취하고 있다. 이것은 기술적인 문제들이 중요하지 않다는 의미는 아니다. 5장과 6장에서 소개한 모형을 연구에 사용하는 주요한 이유 중 하나는 실제적이고 기술적인 문제를 다룰 수 있기 때문이다. 이러한 내용과 관련한 참고문헌으로는 van der Linden 과 Hambleton(1996), Fischer와 Molenaar(1995)가 있다.

※ 기타 : 특별한 측정학 주제에 대한 참고문헌

9A.1 측정에 대한 역사적 관점에서 본 아이디어와 개념

역사적 기술(記述):

Cronbach, L. J. (1951). Coefficient alpha and the internal structure of tests. *psychometrika, 16*, 297-334.

Edgeworth, F. Y. (1888). The statistics of examinations. *Journal of the Royal Statistical Society, 51*, 599-635.

Guttman, L. (1944). A basis for scaling qualitative data. *American sociological review, 9*, 139-150.

Rasch, G. (1960). *Probabilistic models for some intelligence and attainment tests.* [Reprinted by University of Chicago Press, 1980]

Rasch, G. (1977). On Specific Objectivity: An attempt at Formalizing the Request for Generality and Validity of Scientific Statements. *Danish Yearbook of Philosophy, 14,* 58-94.

Robinson, D. N. (1977). *Significant contributions to the history of psychology, 1750-1920, Series B Psychometrics and educational psychology, Volume 4, Binet, Simon, Stern, & Galton,* Washington, DC: University Press of America (pp. 9-14, 45-69, 261-273, all by Binet).

Spearman, C. (1904). The proof and measurement of association between two things. *American journal of psychology, 15,* 72-101.

Spearman, C. (1907). Demonstration of formulae for true measurement of correlation. *American Journal of Psychology, 18,* 161-169.

Thurstone, L. L. (1925). A method of scaling psychological and educational tests. *Journal of educational psychology, 16,* 433.

측정학 역사에 대한 견해

Traub, R. E. (1997). Classical test theory in historical perspective. *Educational Measurement: Issues and Practice, 16*(4), 8-14.

Brennan, R. L. (1997). A Perspective on the History of Generabability Theory. *Educational Measurement: Issues and Practice, 16*(4), 14-20.

Bock, R. D. (1997). A brief history of item theory response. *Educational Measurement: Issues and Practice, 16*(4), 21-33.

Wright, B. D. (1997). A history of social science measurement. *Educational Measurement: Issues and Practice, 16*(4), 33-45.

9A.2 결과 타당도

Linn, R. L. (1997). Evaluating the validity of assessments: The consequences of use. *Educational Measurement: Issues and Practice, 16*(2), 14-16.

Mehrens, W. A. (1997). The consequences of consequential validity. *Educational Measurement: Issues and Practice, 16* (2), 16-18.

Popham, W. J. (1997). Consequential validity: right concern-wrong concept. *Educational Measurement: Issues and Practice, 16* (2), 9-13.

Shepard, L. A. (1997). The centrality of test use and consequences for test validity. *Educational Measurement: Issues and Practice, 16* (2), 5-24.

Wolf, D., Bixby, J., Glenn, J. Ⅲ, & Gardner, H. (1991). To use their minds well: Investigating new forms of student assessment. *Review of Research in Education, 17*, 31-74.

9A.3 "웨비곤 호수(Lake Wobegone)": 측정과 정책에 대한 흥미로운 논쟁

Cannell, J. J. (1988). Nationally normed elementary achievement testing in America's public schools: How all 50 states are above the national average. *Educational Measurement: issues and practice, 7*, 5-9.

Phillips, G. W., & Finn, C. E. (1988). The Lake Wobegon Effect: A Skeleton in the Testing Closet? *Educational Measurement: Issues and Practice, 7*, 10-12.

■ 참고문헌

Adams, R. J., & Khoo, S. T. (1996). *Quest*. Melbourne, Australia: Australian Council for Educational Research.

Adams, R. J., Wilson, M., & Wang, W (1997). The multidimensional random coefficients multinomial logit model. *Applied Psychological Measurement, 21*, 1-23.

Agresti, A. (1984). *Analysis of ordinal categorical data*. New York: Wiley.

Airasian, P W (1988). Measurement-driven instruction: A closer look. *Educational Measurement: Issues and Practice, 7*, 6-11.

Allen, M. J., & Yen, W M. (1979). *Introduction to measurement theory*. Monterey, CA: Brooks/Cole.

American Institutes for Research. (2000). *Voluntary National Test, Cognitive Laboratory Report, Year 2*. Palo Alto, CA: Author.

American Educational Research Association, American Psychological Association, National Council for Measurement in Education. (1985). *Standards for educational and psychological testing*. Washington, DC: American Psychological Association.

American Educational Research Association, American Psychological Association, National Council for Measurement in Education. (1999). *Standards for educational and psychological testing*. Washington, DC: American Educational Research Association.

Andersen, S. K., Jensen, F. V, Olesen, K. G., &Jensen, F. (1989). HUGIN: *A shell for building Bayesian belief universes for expert systems*. Aalborg, Denmark: HUGIN Expert Ltd.

Anderson, J. R., Greeno, J. G., Reder, L. M., & Simon, H. A. (2000). Perspectives on learning, thinking, and activity. *Educational Researcher, 29*, 11-13.

Andersson, B., & Karrqvist, C. (1981). Light and its qualities (in Swedish).

EKNA-Rapport nr8, Institutionen för Praktisk Pedagogik. Gothenburg: Gothenburg University.

Andrich, D. (2004). Controversy and the Rasch model: A characteristic of a scientific revolution? *Medical Care, 42*(1 suppl.), 7-16.

Armon, C. (1984). *Ideals of the good life: Evaluative reasoning in children and adults.* Unpublished doctoral dissertation, Harvard University, Cambridge.

Baddeley, A. (1986). *Working memory.* Oxford: Clarendon.

Ball, S.J. (1985). Participant observation with pupils. InR.J. Burgess (Ed.),*Strategies of educational research: Qualitative methods* (pp. 23-56). London: The Palmer Press.

Bassok, M., & Holyoak, K. J. (1989). Interdomain transfer between isomorphic topics in algebra and physics. *Journal of Experimental Psychology: Memory, Learning, and Cognition, 15,* 153-166.

Berk, R. A. (1980). *Criterion-referenced measurement: The state of the art.* Baltimore, MD: Johns Hopkins Press.

Biggs, J. B., & Collis, K. F. (1982). *Evaluating the quality of learning: The SOLO taxonomy.* New York: Academic Press.

Biggs, J. B., & Moore, R J. (1993). *The process of learning* (3rd ed.). New York: Prentice-Hall.

Binet, A., & Simon, T. (1905). Upon the necessity of establishing a scientific diagnosis of inferior states of intelligence. *L'Annee Psychologique,* 163-191. [Trans, from the French: D. N. Robinson (1977). *Significant Contributions to the History of Psychology, 1750-1920, Series B Psychometrics and Educational Psychology, Volume 4, Binet, Simon, Stern, & Galton.* Washington: UPA.]

Birnbaum, A. (1968). Estimation of an ability. In F. M. Lord & M. R. Novick (Eds.), *Statistical theories of mental test scores* (pp. 453-479). Reading, MA: Addison-Wesley.

Bock, R. D. (1997). A brief history of item response theory. *Educational*

Measurement: Issues and Practice, 16, 21-32.

Bock, R. D., & Jones, L. V (1968). *The measurement and prediction of judgment and choice.* San Francisco: Holden-Day.

Brennan, R. L. (2001). *Generalizability theory.* New York: Springer.

Brown, A. L., Campione, J. C., Webber, L. S., & McGilly, K. (1992). Interactive learning environments: A new look at assessment and instruction. In B. R. Gifford & M. C. O'Connor (Eds.), *Changing assessments* (pp. 121-211). Boston: Kluwer Academic Publishers.

Bryk, A. S., & Raudenbush, S. (1992). *Hierarchical linear models: Applications and data analysis methods.* Newbury Park, CA: Sage.

Cannell, J. J. (1988). Nationally normed elementary achievement testing in America's public schools: How all 50 states are above the national average. *Educational Measurement: Issues and Practices, 7,* 5-9.

Carroll, J. B. (1993). *Human cognitive abilities.* Cambridge: Cambridge University Press.

Case, R. (1992). *The mind's staircase: Exploring the conceptual underpinnings of children's thought and knowledge.* Hillsdale, NJ: Lawrence Erlbaum Associates.

Cheng, R W, & Holyoak, K. J. (1985). Pragmatic reasoning schemas. *Cognitive-Psychology, 17,* 391-416.

Chi, M. T. H., Glaser, R., & Rees, E. (1982). Expertise in problem-solving. In R. J. Steinberg (Ed.), *Advances in thepsychology of human intelligence* (Vol. 1, pp.7-75). Hillsdale, NJ: Lawrence Erlbaum Associates.

Claesgens,J., Scalise, K., Draney, K., Wilson, M., & Stacey,A. (2002, April). *Perspectives of chemists: A framework to promote conceptual understanding of chemistry.* Paper presented at the annual meeting of the American Educational Research Association, New Orleans.

Cohen, J. (1960). A coefficient of agreement for nominal scales. *Educational and Psychological Measurement, 20,* 37-46.

Cole, N. (1991). The impact of science assessment on classroom practice. In G. Kulm & S. Malcom (Eds.), *Science assessment in the service of reform* (pp. 97-106). Washington, DC: American Association for the Advancement of Science.

Collins, L. M., & Wugalter, S. E. (1992). Latent class models for stage-sequential dynamic latent variables. *Multivariate Behavioral Research, 27*(1), 131-157.

Commons, M. L., Richards, F. A., with Ruf, F. J., Armstrong-Roche, M., & Bretzius, S. (1983). A general model of stage theory. In M. Commons, F. A. Richards, & C. Armon (Eds.), *Beyond formal operations* (pp. 120-140). New York, NY: Praeger.

Commons, M. L, Straughn, J., Meaney, M., Johnstone, J., Weaver, J. H., Lichtenbaum, E., Sonnert, G., & Rodriquez, J. (1995, November). *The general stage scoring system: How to score anything.* Paper presented at the annual meeting of the Association for Moral Education.

Cronbach, L. J. (1951). Coefficient alpha and the internal structure of tests. *Psychometrika, 16,* 297-334.

Cronbach, L. J. (1990). *Essentials of psychological testing* (5th ed.). New York: Harper & Row.

Cronbach, L. J., Gleser, G. C., Nanda, H., & Rajaratnam, N. (1972). *The dependability of behavioral measurement: Theory of generalizability for scores and profiles.* New York: Wiley.

Dahlgren, L. O. (1984). Outcomes of learning. In F. Martin, D. Hounsell, & N. Entwistle (Eds.), *The experience of learning* (pp. 19-35). Edinburgh: Scottish Academic Press.

Dawson, T. L. (1998). A good education is ... :*A life-span investigation of developmental and conceptual features of evaluative reasoning about education.* Unpublished doctoral dissertation, University of California, Berkeley.

Dennett, D. C. (1988). *The intentional stance.* Cambridge, MA: Bradford

Books, MIT Press.

Department of Employment, Education, and Youth Affairs. (1997). *National School English Literacy Survey.* Canberra, Australia: Author.

DiBello, L. V, Stout, W F., & Roussos, L. A. (1995). Unified cognitive/psychometric diagnostic assessment likelihood-based classification techniques. In P D. Nichols, S. F. Chipman, & R. L. Brennan (Eds.), *Cognitively diagnostic assessment* (pp. 361-389). Hillsdale, NJ: Lawrence Erlbaum Associates.

Dobson, A.J. (1983). *An introduction to statistical modeling.* London: Chapman & Hall.

Draney, K. I., Pirolli, R, & Wilson, M. (1995). A measurement model for a complex cognitive skill. In R Nichols, S. Chipman, & R. Brennan (Eds.), *Cognitively diagnostic assessment* (pp. 103-126). Hillsdale, NJ: Lawrence Erlbaum Associates.

Edgeworth, F. Y (1888). The statistics of examinations. *Journal of the Royal Statistical Society, 51,* 599-635.

Edgeworth, F. Y (1892). Correlated averages. *Philosophical Magazine* (5th Series), *34,* 190-204.

Embretson, S. E. (1996). Multicomponent response models. In WJ. van der Linden & R. K. Hambleton (Eds.), *Handbook of modern item response theory* (pp. 305-322). New York: Springer.

Engelhard, G., & Wilson, M. (Eds.). (1996). *Objective measurement III: Theory into practice.* Norwood, NJ: Ablex.

Ercikan, K. (1998). Translation effects in international assessments. *International Journal of Educational Research, 29,* 543-553-

Fischer, G. H. (1973). The linear logistic test model as an instrument in educational research. *Acta Psychologica, 37,* 359-374.

Fischer, G. H., & Molenaar, I. W (Eds.). (1995). *Rasch models: Foundations, recent developments, and applications.* New York: Springer-Verlag.

Gershenfeld, N. (1998). *The nature of mathematical modeling.* Cambridge:

Cambridge University Press.

Glaser, R. (1963). Instructional technology and the measurement of learning outcomes: Some questions. *American Psychologist, 18,* 519-521.

Guttman, L. (1944). A basis for scaling qualitative data. *American Sociological Review, 9,* 139-150.

Guttman, L. A. (1950). The basis for scalogram analysis. In S. A. Stouffer, L. A. Guttman, F. A. Suchman, P F. Lazarsfeld, S. A. Star, &J. A. Clausen (Eds.), *Studies in social psychology in World War II: Vol. 4. Measurement and prediction.* (pp. 60-90). Princeton: Princeton University Press.

Haertel, E. H. (1990). Continuous and discrete latent structure models for item response data. *Psychometrika, 55,* 477-494.

Haertel, E. H., & Wiley, D. E. (1993). Representations of ability structures: Implications for testing. In N. Frederiksen, R. J. Mislevy, & 1.1. Bejar (Eds.), *Test theory for a new generation of tests* (pp. 359-384). Hillsdale, NJ: Lawrence Erlbaum Associates.

Haladyna, T. M. (1996). *Writing test items to evaluate higher order thinking.* New York: Pearson Education.

Haladyna, T. M. (1999). *Developing and validating multiple-choice items* (2nd ed.). Mahwah, NJ: Lawrence Erlbaum Associates.

Hambleton, R. K., Swaminathan, H., & Rogers, H. J. (1991). *Fundamentals of item response theory.* Newbury Park, CA: Sage.

Hatano, G. (1990). The nature of everyday science: A brief introduction. *British Journal of Developmental Psychology, 8,* 245-250.

Holland, B. S., & Copenhaver, M. (1988). Improved Bonferroni-type multiple testing procedures. *Psychological Bulletin, 104,* 145-149.

Holland, P W, & Wainer, H. (1993). *Differential item functioning.* Hillsdale, NJ: Lawrence Erlbaum Associates.

Hunt, E., & Minstrell, J. (1996). Effective instruction in science and mathematics: Psychological principles and social constraints. *Issues in*

Education: Contributions from Educational Psychology, 2, 123-162.

Janssen, R., Tuerlinckx, F, Meulders, M., & De Boeck, P (2000). An hierarchical IRT model for mastery classification. *Journal of Educational and Behavioral Statistics, 25,* 285-306.

Junker, B. (2001). Some statistical models and computational methods that may be useful for cognitively-relevant assessment. In National Research Council, *Knowing what students know: The science and design of educational assessment* (Committee on the Foundations of Assessment. J. Pellegrino, N. Chudowsky, & R. Glaser, Eds., Division on Behavioral and Social Sciences and Education). Washington, DC: National Academy Press.

Kofsky, E. (1966). A scalogram study of classificatory development. *Child Development, 37,* 191-204.

Kolstad, A., Cohen, J., Baldi, S., Chan, T., deFur, E., & Angeles, J. (1998). Should *NCES adopt a standard? The response probability convention used in reporting data from IKT assessment scales.* Washington, DC: American Institutes for Research.

Kuder, G. E, & Richardson, M. W. (1937). The theory of the estimation of test reliability. *Psychometrika, 2,* 151-160.

Land, R. (1997). Moving up to complex assessment systems. *Evaluation Comment, 7,* 1-21.

Lane, S., Wang, N., & Magone, M. (1996). Gender-related differential item functioning on a middle-school madiematics performance assessment. *Educational Measurement: Issues and Practice, 15,* 21-28.

Levine, R., & Huberman, M. (2000). *High school exit examination: Cognitive laboratory testing of selected items.* Palo Alto, CA: American Institutes for Research.

Linacre, J. M. (1989). *Many-faceted Rasch measurement.* Chicago: MESA Press.

Linn, R. L. (1989). *Educational measurement.* New York: American Council on Education.

Linn, R. L. (1997). Evaluating the validity of assessments: The consequences of use. *Educational Measurement: Issues and Practice, 16,* 5-8.

Longford, N. T, Holland, P. W, & Thayer, D. T. (1993). Stability of the MH D-DIF statistics across populations. In P.W Holland & H. Wainer (Eds.), *Differential item functioning* (pp. 67-113). Hillsdale, NJ: Lawrence Erlbaum Associates.

Lord, F. M. (1952). A theory of test scores. *Psychometric Monograph, 7.*

Lord, F. M. (1980). *Applications of item response theory topractical testing problems.* Hillsdale, NJ: Lawrence Erlbaum Associates.

Lord, F. M., & Novick, M. R. (1968). *Statistical theories of' mentaltest scores.* Reading, MA: Addison-Wesley.

Marshall, S. R (1995). *Schemas in problem-solving.* New York: Cambridge University Press.

Martin, J. D., & VanLehn, K. (1995). A Bayesian approach to cognitive assessment. In R Nichols, S. Chipman, & R. Brennan (Eds.), *Cognitively diagnostic assessment* (pp. 141-166). Hillsdale, NJ: Lawrence Erlbaum Associates.

Marlon, F. (1981). Phenomenography — .Describing conceptions of the world around us. *Instructional Science, 10,* 177-200.

Marlon, F. (1983). Beyond individual differences. *Educational Psychology, 3,* 289-303.

Marlon, F. (1986). Phenomenography — .A research approach to investigating different undersiandings of reality. *Journal of Thought, 21,* 29-49.

Marion, F. (1988). Phenomenography — .Exploring different conceptions of reality. In D. Fetterman (Ed.), *Qualitative approaches to evaluation in education* (pp. 176-205). New York: Praeger.

Marton, F, Hounsell, D., & Entwistle, N. (Eds.). (1984). *The experience of learning.* Edinburgh: Scottish Academic Press.

Masters, G. N., Adams, R.J.,& Wilson, M. (1990). Charting of student progress. In T. Husen & T. N. Postlethwaite (Eds.), *International encyclopedia of education: Research and studies. Supplementary Volume 2* (pp. 628-634). Oxford: Pergamon.

Masters, G. N., & Forster, M. (1996). *Developmental assessment: Assessment resource kit.* Hawthorn, Australia: ACER Press.

Masters, G. N., & Wilson, M. (1997). *Developmental assessment.* Berkeley, CA: BEAR Research Report, University of California.

McHorney, C. A., Ware, J. E., Rachel Lu, J. F, & Sheibourne, C. D. (1994). The MOS 36-item short-fonn health survey (SF-36): III. Tests of data quality, scaling assumptions, and reliability across diverse patient groups. *Medical Care, 32,* 40-66.

Mehrens, W. A. (1997). The consequences of consequential validity. *Educational Measurement: Issues and Practice, 16,* 5-8.

Messick, S. (1989). Validity. In R. L. Linn (Ed.), *Educational measurement* (3rd ed., pp. 13-103). New York: American Council on Education/ Macmillan.

Metz, K. (1995). Reassessment of developmental constraints on children's science instruction. *Review of Educational Research, 65,* 93-127.

Minstrell, J. (2000). Student thinking and related assessment: Creating a facet-based learning environment. In National Research Council, *Grading the nation's report card: Research from the evaluation of NAEP* (pp. 44-73). Committee on the Evaluation of National and State Assessments of Educational Progress. N. S. Raju, J. W Pellegrino, M. W Bertenthal, K. J. Mitchell, & L. R.Jones (Eds.), Commission on Behavioral and Social Sciences and Education. Washington, DC: National Academy Press.

Mislevy, R. J. (1996). Test theory reconceived. *Journal of Educational Measurement, 33,* 379-416.

Mislevy, R. J., & Gitomer, D. H. (1996). The role of probability-based inference in an intelligent tutoring system. *User Modeling and*

User-Adapted Interaction, 5, 253-282.

Mislevy, R. J., Steinberg, L. S., & Almond, R. G. (2003). On the structure of educational assessments. *Measurement: Interdisciplinary Research and Perspectives, 1,* 1-62.

Mislevy, R. J., & Wilson, M. (1996). Marginal maximum likelihood estimation for a psychometric model of discontinuous development. *Psychometrika, 61,* 41-71.

Mislevy, R. J., Wilson, M., Ercikan, K., & Chudowsky, N. (2003). Psychometric principles in student assessment. In D. Stufflebeam & T. Kellaghan (Eds.), *International handbook of educational evaluation* (pp. 489-532). Dordrecht, the Netherlands: Kluwer Academic Press.

Muthen, B. O., & Khoo, S. T. (1998). Longitudinal studies of achievement growth using latent variable modeling. *Learning and Individual Differences, 10,* 73-101.

National Research Council. (1999). *How people learn: Brain, mind, experience, and school* (Committee on Developments in the Science of Learning. J. D. Bransford, A. L. Brown, & R. R. Cocking, Eds., Commission on Behavioral and Social Sciences and Education). Washington, DC: National Academy Press.

National Research Council. (2001). *Knowing what students know: The science and design of educational assessment* (Committee on the Foundations of Assessment. J. Pellegrino, N. Chudowsky, & R, Glaser, Eds., Division on Behavioral and Social Sciences and Educations). Washington, DC: National Academy Press.

Newell, A. (1982). The knowledge level. *Artificial Intelligence, 18,* 87-127.

Newell, A. (1990). *Unified theories of cognition.* Cambridge, MA: Harvard University Press.

Niaz, M., & Lawson, A. (1985). Balancing chemical equations: The role of developmental level and mental capacity. *Journal of Research in Science Teaching, 22*(1), 41-51.

Nitko, A. J. (1983). *Educational tests and measurement: An introduction.* New York: Harcourt Brace Jovanovich.

Ochs, E., Jacoby, S., & Gonzalez, E (1994). Interpretive journeys: How physicists talk and travel through graphic space. *Configurations, 2,* 151-172.

Organization for Economic Co-operation and Development. (1999). *Measuring student knowledge and skills: A new framework for assessment.* Paris: OECD Publications.

Osterlind, S.J. (1998). *Constructing test items: Multiple-choice, constructed-response, performance, and other formats* (2nd ed.). New York: Kluwer Academic Publishers.

Pack, I. (2002). *Investigations of differential item functioning: Comparisons among approaches, and extension to a multidimensional context.* Unpublished doctoral dissertation, University of California, Berkeley.

Patton, M. Q. (1980). *Qualitative evaluation methods.* Beverly Hills, CA: Sage.

Pearl, J. (1988). *Probabilistic reasoning in intelligent systems: Networks of plausible inference.* San Mateo, CA: Kaufmann.

Phillips, G. W, & Finn, C. E., Jr. (1988). The Lake Wobegone effect: A skeleton in the testing closet? *Educational Measurement: Issues and Practices, 7,* 10-12.

Pirolli, E, & Wilson, M. (1998). A theory of the measurement of knowledge content, access, and learning. *Psychological Review, 105,* 58-82.

Plake, B. S., Impara, J. C., & Spies, R. A. (2003). *The fifteenth mental measurements yearbook.* Lincoln, NE: University of Nebraska Press.

Popham, W J. (1997). Consequential validity: Right concern — .wrong concept. *Educational Measurement: Issues and Practice, 16,* 9-13.

Raczek, A. E., Ware, J. E., Bjorner, J. B., Gandek, B., Haley, S. M., Aaronson, N. K., Apolone, G., Bech, P, Brazier, J. E., Bullinger, M., & Sullivan, M. (1998). Comparison of Rasch and summated rating scales constructed from the SF-36 Physical Functioning items in seven countries: Results from the IQOLA Project. *Journal of Clinical Epidemiology, 51,* 1203-1211.

Ramsden, P., Masters, G., Stephanou, A., Walsh, E., Martin, E., Laurillard, D., & Marton, F. (1993). Phenomenographic research and the measurement of understanding: An investigation of students' conceptions of speed, distance and time. *International Journal of Educational Research, 19*(3), 301-316.

Rasch, G. (I960). *Probabilistic models for some intelligence and attainment tests.* [Reprinted by University of Chicago Press, 1980.]

Rasch, G. (1977). On specific objectivity: An attempt at formalizing the request for generality and validity of scientific statements. *Danish Yearbook of Philosophy, 14,* 58-94.

Reckase, M. D. (1972). *Development and application of a multivariate logistic latent trait model.* Unpublished doctoral dissertation, Syracuse University, Syracuse, NY

Resnick, L. B., & Resnick, D. P (1992). Assessing the thinking curriculum: New tools for educational reform. In B. R. Gifford & M. C. O'Connor (Eds.), *Changing assessments* (pp. 37-75). Boston: Kluwer Academic Publishers.

Robinson, D. N. (1977). *Significant contributions to the history of psychology, 1750-1920, Series B Psychometrics and educational psychology, Vol. 4, Binet, Simon, Stern, & Galton.* Washington, DC: University Press of America.

Roid, G., & Haladyna, T. M. (1982), *Technology for test-item writing.* New York: Academic Press.

Rosenbloom, P, & Newell, A. (1987). Learning by chunking: A production system model of practice. In D. Klahr & P Langley (Eds.), *Production system models of learning and development* (pp. 221-286). Cambridge, MA: MIT Press.

Samejima, F. (1969). Estimation of latent trait ability using a response pattern of graded scores. *Psychometrika Monograph Supplement, 18.*

Science Education for Public Understanding Program. (1995). *Issues, evidence,& you.* Ronkonkoma, NY: Lab-Aids.

Science Education for Public Understanding Program. (1995). Issues, evidence and you: Teacher's guide. Berkeley, CA: University of California, Berkeley, Lawrence Hall of Science.

Shavelson, R. J., & Webb, N. M. (1991). *Generalizability theory: A primer.* Newbury Park, CA: Sage.

Shepard, L. A. (1997). The centrality of test use and consequences for test validity. *Educational Measurement: Issues and Practice, 16,* 5-8.

Siegler, R. S. (1998). *Children's thinking* (3rd ed.). Upper Saddle River, NJ: Prentice-Hall.

Skinner, B. F. (1938). *The behavior of organisms: An experimental analysis.* New York: Appleton-Century-Crofts.

Spearman, C. (1904). The proof and measurement of association between two things. *American Journal of Psychology, 15,* 72-101.

Spearman, C. (1907). Demonstration of formulae for true measurement of correlation. *American Journal of Psychology, 18,* 161-169.

Stake, R. (1991). *Advances in program evaluation: Volume 1, Part A. Using assessment policy to reform education.* Greenwich, CT: JAI.

Stevens, S. S. (1946). On the theory of scales of measurement. *Science, 103,* 677-680.

Stinson, C., Milbrath, C., & Reidbord, S. (1993). Segmentation of spontaneous speech in therapy. *Psychotherapy Research, 31,* 21-33.

Tatsuoka, K. K. (1990). Toward an integration of item response theory and cognitive error diagnosis. In N. Frederiksen, R. Glaser, A. Lesgold, & M. G. Shafto (Eds.), *Diagnostic monitoring of skill and knowledge acquisition* (pp.327-359). Hillsdale, NJ: Lawrence Erlbaum Associates.

Tatsuoka, K. K. (1995). Architecture of knowledge structures and cognitive diagnosis: A statistical pattern recognition and classification approach. In P D. Nichols, S. F. Chipman, & R. L. Brennan (Eds.), *Cognitively diagnostic assessment* (pp. 327-360). Hillsdale, NJ: Lawrence Erlbaum Associates.

Thomas, J. W, & Rohwer, W. D., Jr. (1993). Proficient autonomous learning: Problems and prospects. In M. Rabinowitz (Ed.), *Cognitive science foundations of instruction* (pp. 1-32). Hillsdale, NJ: Lawrence Erlbaum Associates.

Thorndike, R. L. (1982). *Applied psychometrics.* Boston: Houghton-Mifflin.

Thurstone, L. L. (1925). A method of scaling psychological and educational tests. *Journal of Educational Psychology, 16,* 433-451.

Thurstone, L. L. (1928). Attitudes can be measured. *American Journal of Sociology, 33,* 529-554.

Torrance, H. (1995a). The role of assessment in educational reform. In H. Torrance (Ed.), *Evaluating authentic assessment* (pp. 144-156). Philadelphia: Open University Press.

Torrance, H. (1995b). Teacher involvement in new approaches to assessment. In H. Torrance (Ed.), *Evaluating authentic assessment* (pp. 44-56). Philadelphia: Open University Press.

Traub, R. E. (1997). Classical test theory in historical perspective. *Educational Measurement: Issues and Practice, 16,* 8-13.

Tucker, M. (1991). Why assessment is now issue number one. In G. Kulm & S. Malcom (Eds.), *Science assessment in the service of reform* (pp. 3-15). Washington, DC: American Association for the Advancement of Science.

van der Linden, W. J., & Hambleton, R. K. (1996). *Handbook of modern item response theory.* New York: Springer.

Ware, J. E., & Gandek, B. (1998). Overview of the SF-36 Health Survey and the International Quality of Life Assessment (IQOLA) Project.

Journal of ClinicalEpidemiology, 51, 903-912.

Warkentin, R., Bol, L., & Wilson, M. (1997). Using the partial credit model to verify a theoretical model of academic studying. In M. Wilson, G. Engelhard, & K. Draney (Eds.), *Objective measurement IV: Theory into practice* (pp. 71-96). Norwood, NJ: Ablex.

Webber, C. (1989). The mandarin mentality: Civil service and university admissions testing in Europe and Asia. In B. R. Gifford (Ed.), *Test policy and the politics of opportunity allocation: The workplace and the law* (pp. 33-60). Boston: Kluwer.

Wertsch, J. V (1998). *Mind as action.* New York: Oxford University Press.

White, B. Y, & Frederiksen, J. R. (1998). Inquiry, modeling, and metacognition: Making science accessible to all students. *Cognition and Instruction, 16,* 3-118.

Wiggins, G. (1989b). Teaching to the (authentic) test. *Educational Leadership, 46*(7), 41-47.

Willet, J., & Sayer, A. (1994). Using covariance structure analysis to detect correlates and predictors of individual change over time. *Psychological Bulletin, 116,* 363-380.

Wilson, M. (1989). Saltus: A psychometric model of discontinuity in cognitive development. *Psychological Bulletin, 105*(2), 276-289.

Wilson, M. (Ed.). (1992a). *Objective measurement: Theory into practice.* Norwood, NJ: Ablex.

Wilson, M. (1992b). The ordered partition model: An extension of the partial credit model. *Applied Psychological Measurement, 16*(3), 309-325.

Wilson, M. (Ed.). (1994a). *Objective measurement II: Theory into practice.* Norwood, NJ: Ablex.

Wilson, M. (1994b). Measurement of developmental levels. In T. Husen & T. N. Postlethwaite (Eds.), *International encyclopedia of education: Research and studies* (2nd ed., pp. 1508-1514). Oxford: Pergamon.

Wilson, M. (2003). Cognitive psychology and assessment practices. In R.

Fernandez-Ballesteros (Ed.), *Encyclopedia of psychological assessment* (pp.244-248) Newberry Park, CA: Sage.

Wilson, M. (2004). On choosing a model for measuring. *Methods of Psychological Research −.Online*.

Wilson, M. (in press). Assessment tools: Psychometric and statistical. In J. W Guthrie (Ed.), *Encyclopedia of education* (2nd ed.). NewYork: Macmillan Reference USA.

Wilson, M., & Adams, R.J. (1995). Rasch models for item bundles. *Psychometrika, 60*, 181-198.

Wilson, M., & Case, H. (2000). An examination of variation in rater severity over time: A study of rater drift. In M. Wilson & G. Engelhard (Eds.), *Objective measurement: Theory into practice* (Vol. 5, pp. 113-134). Stamford, CT: Ablex.

Wilson, M., & Draney, K. (1997). Partial credit in a developmental context: The case for adopting a mixture model approach. In M. Wilson, G. Engelhard, & K. Draney (Eds.), *Objective measurement IV: Theory into practice*. Norwood, NJ: Ablex.

Wilson, M., & Draney, K. (2000, June). *Developmental assessment strategies in a statewide testing program: Scale interpretation, standard setting, and task-scoring for the Golden State Examinations*. Paper presented at the Council of Chief State School Officers National Conference on Large Scale Assessment, Snowbird, UT.

Wilson, M., & Engelhard, G. (Eds.). (2000). *Objective measurement V Theory into practice*. Stamford, CT: Ablex.

Wilson, M., Engelhard, G., & Draney, K. (Eds.). (1997). *Objective measurement IV: Theory into practice*. Norwood, NJ: Ablex.

Wilson M., & Hoskens, M. (2001). The rater bundle model. *Journal of Educational and Behavioral Statistics, 26*, 283-306.

Wilson, M., Kennedy, C, & Draney, K. (2004). *GradeMap 3.1* (computer program). Berkeley, CA: BEAR Center, University of California.

Wilson, M., Roberts, L., Drancy, K., Samson, S., & Sloane, K. (2000). *SEPUP Assessment Resources Handbook*. Berkeley, CA: BEAR Center Research Reports, University of California.

Wilson, M., & Sloane, K. (2000). From principles to practice: An embedded assessment system. *Applied Measurement in Education, 13*, 181-208.

Wolf, D., Bixby, J., Glenn, J., Ill, & Gardner, H. (1991). To use their minds well: Investigating new forms of student assessment. *Review of Research in Education, 17*, 31-74.

Wright, B. D. (1968). Sample-free test calibration and person measurement. *Proceedings of the 1967 Invitational Conference on Testing* (pp. 85-101). Princeton, NJ: Educational Testing Service.

Wright, B. D. (1977). Solving measurement problems with the Rasch model. *Journal of Educational Measurement, 14*, 97-116.

Wright, B. D. (1997). A history of social science measurement. *Educational Measurement: Issues and Practice, 16*, 33-45.

Wright, B. D., &Masters, G. N. (1981). *Rating scale analysis*. Chicago: MESA Press.

Wright, B. D., & Stone, M. (1979). *Best test design*. Chicago: MESA Press.

Wu, M. L. (1997). *The development and application of a fit test for use with Marginal Maximum Likelihood estimation and generalized item response models*. Unpublished master's thesis, University of Melbourne.

Wu, M. L., Adams, R.J.,& Wilson, M. (1998). ACER*ConQuest* [computerprogram]. Hawthorn, Australia: ACER.

Yamamoto, K., & Gitomer, D. H. (1993). Application of a HYBRID model to a test of cognitive skill representation. In N. Frederiksen & R. J. Mislevy (Eds.), *Test theory for a new generation of tests* (pp. 275-295). Hillsdale, NJ: Lawrence Erlbaum Associates.

Yen, W. M. (1985). Increasing item complexity: A possible cause of scale shrinkage for unidimensional Item Response Theory. *Psychometrika,*

50, 399-410.

Zessoules, R., & Gardner, H. (1991). Authentic assessment: Beyond the buzzword and into the classroom. In V Perrone (Ed.), *Expanding student assessment* (pp. 47-71). Alexandria, VA: Association for Supervision and Curriculum Development.

■ 찾아보기